儿童文学与学前儿童教育教学发展

高君竹 蒋亚娟 李 娟 著

中国出版集团 现代出版社

图书在版编目（CIP）数据

儿童文学与学前儿童教育教学发展 / 高君竹，蒋亚娟，李娟著. -- 北京：现代出版社，2023.8

ISBN 978-7-5231-0502-3

Ⅰ.①儿… Ⅱ.①高… ②蒋… ③李… Ⅲ.①儿童文学-教学研究-学前教育 Ⅳ.①G613.3

中国国家版本馆 CIP 数据核字（2023）第 155565 号

儿童文学与学前儿童教育教学发展

作　　者	高君竹　蒋亚娟　李　娟
责任编辑	袁　涛
出版发行	现代出版社
地　　址	北京市朝阳区安外安华里 504 号
邮　　编	10011
电　　话	010-64267325　64245264（传真）
网　　址	www.1980xcl.com
印　　刷	三河市宏达印刷有限公司
版　　次	2023 年 8 月第 1 版　2023 年 8 月第 1 次印刷
开　　本	185 毫米×260 毫米　1/16
印　　张	13
字　　数	308 千字
书　　号	ISBN 978-7-5231-0502-3
定　　价	68.00 元

版权所有，侵权必究，未经许可，不得转载

前　言

儿童是人类的希望，儿童文学凝聚着人类对儿童的爱与期待，儿童文学在儿童的健康成长中扮演着十分重要的角色。改革开放40多年以来，我国儿童文学的研究与教学取得了丰硕成果，儿童文学的内容也呈现了繁荣的局面。另外，学前儿童教育是国民教育体系的重要组成部分，是基础教育的重点，对提高义务教育的质量和提高国民素质具有重要意义。当前，越来越多的国家开始意识到，学前儿童教育教学具有十分重要的社会价值，可以间接为国家积累财富。因而，关注与发展学前儿童教育已成为国际共识，世界各国也相继出台一些与学前儿童教育相关的法案，同时采取一系列措施来促进本国学前儿童教育活动的开展。

基于此，本书从现代学前教育发展需要及一线教学实际出发，以"儿童文学与学前儿童教育教学发展"为题，写了一部教师易教、学生乐学、理论新颖、内容广泛、编排有特色、服务教育实践性强的著作。具体内容包括：儿童文学与学前儿童教育教学、儿童文学教学设计与教育发展、学前儿童品性教育与教学发展、学前儿童德行教育与教学发展、学前儿童健康教育与教学发展、学前儿童社会教育与教学发展。

本书在写作过程中有如下特点：

第一，理论领先。吸收了当代学前教育理论与实践研究的最新成果。

第二，注重实践。呈现丰富的实践方法与途径，突出教材的系统性、实用性、操作性。

第三，语言朴实。语言表述简明易懂，深入浅出。

第四，大胆创新。内容结构多元化创新，方便读者的使用与操作；一些开放性的争议理论可以得到思考与讨论。

在写作过程中，我们参考了大量书籍和论文，对于这些文献的作者，在此表示衷心的感谢。由于笔者水平有限，书中难免有不妥之处，敬请广大读者批评指正。

目 录

第一章 儿童文学与学前儿童教育教学 …… 1

第一节 学前儿童文学教育中媒介体现 …… 1
第二节 学前儿童发展与学前教育体系 …… 2
第三节 儿童学前教育课程的具体构建 …… 24

第二章 儿童文学教学设计与教育发展 …… 54

第一节 不同类型的儿童文学教学设计 …… 54
第二节 儿童文学教育对素质培养作用 …… 75
第三节 儿童文学教育中情感素养培育 …… 79
第四节 儿童文学阅读中唤醒教育发展 …… 82

第三章 学前儿童品性教育与教学发展 …… 86

第一节 学前儿童活力教育与教学发展 …… 86
第二节 学前儿童兴趣教育与教学发展 …… 87
第三节 学前儿童思维教育与教学发展 …… 90
第四节 学前儿童同情教育与教学发展 …… 91

第四章 学前儿童德行教育与教学发展 …… 95

第一节 学前儿童德育教育与教学发展 …… 95
第二节 学前儿童智育教育与教学发展 …… 101
第三节 学前儿童美育教育与教学发展 …… 105

第五章 学前儿童健康教育与教学发展 ……………………………………… 111

  第一节 学前儿童健康教育目标与内容 …………………………………… 111
  第二节 学前儿童身心保健教育的指导 …………………………………… 125
  第三节 学前儿童体育活动的教学设计 …………………………………… 148
  第四节 学前儿童健康教育的评价体系 …………………………………… 169

第六章 学前儿童社会教育与教学发展 ……………………………………… 182

  第一节 学前儿童社会教育体系的探索 …………………………………… 182
  第二节 学前儿童的社会教育活动构建 …………………………………… 191
  第三节 学前儿童的社会教育评价研究 …………………………………… 196
  第四节 学前儿童社会教育课程实践性 …………………………………… 197

参考文献 …………………………………………………………………………… 200

第一章　儿童文学与学前儿童教育教学

第一节　学前儿童文学教育中媒介体现

近些年来，我国学前教育事业的发展十分迅速，在不断的改革过程当中，人们越来越重视对于学前儿童的引导和教育。学前儿童对于文学方面的接触将有效和积极地引导其在未来的学习当中的方向，而文学教育对于学前儿童来说也有着十分重要的作用，不仅能培养学前儿童的文学素养，让学前儿童所了解的文学内容更加丰富，同时也会增强学前儿童的社会性，从而帮助学前儿童在未来能够健康地成长。下面就对学前儿童文学教育的功能进行探究，探讨媒介时代，学前儿童文学教育的重要性。

一、媒介时代对学前儿童文学素养教育的作用

"培养学前儿童的文学素养是一件十分重要的事情，同时，学前儿童文学教育在整个幼儿教育当中起到十分关键的作用。"[①] 在媒介时代之下，利用文学教育对学前儿童进行培养，可以增加学前儿童的想象力。而且在早期的教育当中，一定要抓住学前儿童学习和思维能力敏捷的特点，把文学教育放到重要的地位，让学前儿童更加全面地了解丰富的文学。由浅入深，让学前儿童在不断地理解和学习过程当中培养自身强大的想象力。然而在媒介时代到来的影响之下，更多的人选择放弃书本阅读，而是通过利用视觉和听觉的方式来进行学习，这样就会容易导致儿童在成长过程当中养成不爱动脑的习惯，甚至疲于动脑。这样不但不能增强学前儿童的想象能力，还对学前儿童未来的培养和发展带来了很大的阻碍。所以，媒介时代背景之下的教育一定要注意合理利用媒介。同时，将文学教育的作用更加突出地运用到学前儿童的培养当中，帮助学前儿童养成良好的学习习惯，学前培养儿童丰富的想象力。

在媒介时代，利用多媒体的协助，可以将学前儿童的文学教育进行得更加充分。当然，作为幼儿教师，要恰当地使用和利用多媒体辅助手段，使文学教育得到更好的普及，帮助学前儿童养成良好的道德品质。在儿童的成长过程当中，道德品质的培养是学前阶段

---

① 杨颖. 媒介时代背景下的学前儿童文学教育浅谈 [J]. 数码世界，2018（2）：178.

十分重要的一项内容。因为很多学前儿童的文学作品中都塑造了品德高尚的人物，学前儿童可以以他们作为榜样，对自身的道德观念产生一定的积极影响，帮助学前儿童分辨对与错，好与坏。而多媒体的影响也要避免不良内容的出现，要将媒介合理利用到文学教育过程当中，这样才能够更好地对学前儿童的思想道德品质的认知和培养带来更好的帮助。

二、媒介时代对学前儿童文学教育的性质分析

之所以强调对学前儿童要进行文学教育，主要是因为学前儿童的文学教育中可以凸显文学的价值和艺术性，同时，对于学前儿童带来的积极影响也十分突出。总而言之，学前儿童的教育中，文学是十分重要的一方面内容。所以，只有加强对学前儿童的文学教育，将文学的教育性质更好地凸显出来，才能帮助学前儿童更好地认知和产生良好的道德品质。在文学作品中，丰富的人物性格以及一些富有感染力的价值特点，对于学前儿童来说都有着十分重要的教育功能。因此，在媒介时代，要想对学前儿童进行更加积极和健康的引导，文学教育是十分基础且必不可少的一项教育内容。要将文学教育更好地融入媒介当中，帮助学前儿童更好地认知并培养良好的道德品质。同时会在帮助学前儿童增加想象力的同时丰富他们的个人知识，让学前儿童未来的发展前途更加广阔，也为我国未来的发展作出更好的贡献。

学前儿童的文学教育在整个教育中起到了十分关键的作用，不仅能够帮助儿童形成更加优秀的人格品质，还会帮助儿童更好地了解文学知识，提高儿童的文学审美素养。同时，可以让学前儿童更多地进行文字方面的认识，让学前儿童的成长更加全面，进一步提高我国人口文化素质。

第二节 学前儿童发展与学前教育体系

一、学前儿童心理发展的年龄特征

"所谓学前儿童心理发展的年龄特征，就是学前儿童心理发展的各个不同年龄阶段所形成和表现出来的那些一般的、典型的和本质的心理特点。"[①] 通常而言，学前儿童的心理发展被划分为0~1岁、1~3岁、3~4岁、4~5岁和5~6岁五个阶段，在每一阶段都呈现出其年龄特征。

---

① 闫静，张鑫. 应用型学前教育专业课程模式研究 [M]. 长春：吉林出版集团股份有限公司，2018：52.

（一）0~1岁学前儿童心理发展的年龄特征

0~1岁是学前儿童的婴儿期，不过学前儿童在这一时期已经在心理方面获得了快速发展，具体表现在以下几个方面。

1. 动作发展得较为迅速

0~1岁学前儿童正处于快速成长过程中，而其动作的发展尤为迅速，并与心理发展产生了极其密切的关系。具体而言，这一时期学前儿童的动作主要呈现出了以下鲜明的规律。

（1）逐渐由无意动作发展为有意动作。0~1岁学前儿童最初的动作多是无意的，换言之，其作出的各种动作都是本能的，而且没有任何目的。不过，随着年龄的不断增长，其动作会逐渐发展成有意的。

（2）逐渐由整体、混乱的动作发展到局部、准确、专门化的动作。0~1岁学前儿童最初的动作大多是手脚乱动，全身参与，而且是笼统的、不明确的动作。但是，伴随着婴儿的逐渐成长，其动作会逐渐发展为局部、准确和专门化的动作。

（3）逐渐由粗大动作发展到精细动作。0~1岁学前儿童，其动作最先是出现大肌肉的动作，如头部动作、躯体动作、双臂动作、腿部动作等。不过，随着年龄的增长，其会出现手的精细动作，如用手指捏东西、拿筷子、握笔等。

（4）逐渐由上部动作发展到下部动作。0~1岁学前儿童，其动作的发展顺序是先学会抬头，再学会翻身、坐、站、爬，最后才能学会走路。

2. 产生心理活动且获得发展

0~1岁学前儿童开始产生心理活动并获得了迅速发展，表现在以下方面。

（1）语言理解能力得到最初发展。0~1岁学前儿童虽然还没有正式产生语言，但是已经为语言的产生做了很多准备。据相关研究表明，0~1岁学前儿童能够敏感地察觉到语言刺激，在出生10天左右便能将语音和其他声音区别开来，并明显地表现出对语音的偏爱，尤其偏爱母亲的语音。随着不断长大，0~1岁的学前儿童出现了最初的语言理解能力，表现为能够发出各种声音、用不同的声音招呼别人、听懂一些简单的词等。

（2）认知活动得到最初发展。0~1岁学前儿童的认知活动有了最初发展，而这突出地表现在视觉和听觉的发展以及感知的发生两个方面。

第一，视觉和听觉的发展。0~1岁学前儿童的视线，能够随着物体的移动而移动，还能够对视听目标进行主动寻找。例如，当大人给他看一个漂亮的玩具时，他会一直盯着看，如果将这个玩具拿走他则会东张西望地四处寻找。0~1岁学前儿童由于视觉和听觉的不断发展，将逐渐学会对自己熟悉的人与不熟悉的人进行分辨。因此，当一个陌生人要抱他时，他会辨认出来，甚至大哭，稍大一点儿的婴儿还会尽力挣脱。因此，认生是学前儿童认知能力发展过程中的重要变化。

第二，感知的发生。0~1岁学前儿童在视觉和听觉发展的基础上，开始产生手眼协调动作。换言之，这一时期的学前儿童既能够通过眼看、耳听来认识世界，也能够用手将自己看到的东西拿起来。而他们用手拿自己看到的东西时，最初还不能准确地去拿，只是手在物体旁边乱晃；稍稍长大一些后，他们就逐渐能够沿着自己的视线去抓所看见的东西，这表明其动作已经有了方向和目的。由此可知，0~1岁的学前儿童已经能够对物体的形状、大小等进行感知了。

（3）情感得到初步发展。0~1岁学前儿童已经有了情感的初步发展，这是通过以下方面具体体现出来的。

第一，产生了表达情绪的能力。0~1岁学前儿童很早便表现出了情绪，并产生了表达情绪的能力。不过，其这一时期的情绪表达与自身的生理需要是否得到满足有极大关系，如在饥饿时会哭闹、在吃饱时会发出"咿咿呀呀"的满足的声音。

第二，产生了识别他人情绪的能力。0~1岁学前儿童，既产生了表达情绪的能力，也产生了识别他人情绪的能力。因此，当他们看到有人发怒时，会表现出明显的紧张与不安。

第三，产生了情绪分化的能力。0~1岁学前儿童在逐渐成长的过程中，情绪开始出现分化，而且有了一些社会性的反应。因此，其很早就能够将母亲的面孔辨认出来，还会对他最接近的人产生依恋，具体表现为当他所接近的人要离开时会紧张、哭闹、感到不安；当他最接近的人在身边时会表现出愉快、舒适、有安全感。

3. 对周围世界开始适应与认知

（1）对周围的世界进行适应。0~1岁学前儿童在出生之前，处于一个安全舒适的胎内环境，而出生后则面临着一个全新的、充满变化的胎外环境。对于他们而言，这一变化是巨大的，但为了维持生命活动不得不适应。

（2）对周围的世界进行认知。0~1岁学前儿童在出生后不久，便能够对进入他视野的物体进行注视，还会逐渐产生倾听声音的能力，从而得以认识周围的世界。

4. 产生与他人进行交往的需求

0~1岁的学前儿童表现出了明显的与人交往的需求，最为重要的表现是当身边有人陪伴时会表现得很愉快，而当身边没有人时则会哭闹。

（二）1~3岁学前儿童心理发展的年龄特征

1~3岁是学前儿童学会走路、学会说话的一个重要时期，也是其心理获得进一步发展的重要时期。具体而言，1~3岁的学前儿童的心理发展主要呈现出以下鲜明的特征：

1. 动作发展逐渐变得完善

1~3岁学前儿童的各种动作相比之前，有了很大的发展，并呈现出逐渐完善的趋势，具体表现在以下两个方面。

（1）逐渐学会了自如行走。学前儿童在1岁左右时刚刚开始学步，走路还很不稳，2岁以后便能够较为自如地行走，并开始学习跑、跳和攀登等动作。不过，他们这一时期的行走动作还不够灵活，且比较缓慢、笨拙，摔跤也是常有的事。但他们往往非常喜欢走路，通过锻炼，他们的行走动作也会很快地成熟起来。

（2）逐渐学会了用手使用工具。1~3岁学前儿童的手部动作相比之前更加灵活了，往往能够将各种东西较为准确地拿住，并开始使用勺子、碗等工具。他们在用手使用工具时，虽然还较为笨拙和不够准确，但相比以前的手部动作已有很大进步。

2. 独立性逐渐开始凸显

1~3岁学前儿童逐渐学会了独立行走，因而不再像以前那么顺从，这从侧面反映了其已经出现了独立性。对于学前儿童而言，独立性的出现是其心理发展的重要一步，也标志着其开始出现了自我意识。换言之，独立性的出现，标志着学前儿童在心理水平方面已经有了很大程度的提高。

3. 产生了新的心理活动

1~3岁学前儿童相比之前出现了一些新的心理活动，主要是通过以下方面体现出来。

（1）语言能力有突破性发展。1~3岁学前儿童的语言能力获得了突破性发展，已经能够说一些简单的词语和句子，还提高了对语言的理解水平。

通常而言，1~3岁学前儿童首先会说和理解的词是他们经常接触到的物体的名称，如饭等；其次是对成人的称呼，如爸爸、妈妈等；再次是衣服和玩具的名称，如球、帽等；最后是对人的身体的称呼，如嘴、眼、手、耳等。另外，1~3岁学前儿童在1岁半以前，发音非常不准确，还喜欢说话时用叠音，如手手、车车等，而且他们这一时期所说的句子大多不完整，常常是以词代句，或是句子非常简单。但接近3岁时，其在与成人不断地言语交流活动中，语言能力有了明显的提高，往往可以在不知不觉中就能说出1000多个词语，并且能够说出一些较为完整的句子。

（2）出现想象和思维活动。1~3岁学前儿童在对物体进行操作时，通常会伴随着一些简单的想象活动，如会将筷子当成小提琴来拉等。而想象活动的出现，使得1~3岁学前儿童的游戏活动能力有了进一步的提高。

1~3岁学前儿童能以已有的记忆表象为基础，对事物进行简单的判断、概括与推断，如将性别、年龄不同的人进行分类，并赋予不同的称呼；还能够对一些简单的事物作出判断，如会提问"太阳为什么会落山""月亮为什么不睡觉"等问题。这表明，1~3岁学前儿童已经出现了思维活动。不过，其这一时期的思维活动有着鲜明直观行动性特点，即在进行行动的同时进行思维。

（三）3~4岁学前儿童心理发展的年龄特征

3~4岁学前儿童已经达到了进入幼儿园小班的年龄，而且其这一时期的心理获得了进一步的发展。具体而言，3~4岁学前儿童的心理发展主要呈现出以下鲜明的特征：

1. 开始喜欢模仿他人

3~4岁学前儿童有着很强的模仿力，且其模仿多集中在表面现象上，如模仿幼儿园教师说话的声调、坐的姿势等。但不可否认的是，模仿是3~4岁学前儿童进行学习的最主要方式，且对他们行为习惯的养成有着重要影响。不过，在3~4岁学前儿童进行各种各样模仿活动的过程中，许多不良的行为习惯也会随之形成。因此，无论是家长还是幼儿园教师，都要注意自己在3~4岁学前儿童面前的一言一行。

2. 依靠动作、行动来认知事物

3~4岁学前儿童在对事物进行认知时，主要依靠的是动作和行动。换言之，他们在认知事物时是先做再想，而不是做之前先想好。此外，3~4岁学前儿童的注意力也往往与动作相连，并很容易因为动作而分散了注意力。因此，在组织3~4岁学前儿童进行活动时，要尽可能减少他们手中的无关玩具。

3. 情绪较大并且极不稳定

3~4岁学前儿童的情绪越来越大，常常会因为微不足道的小事而哭闹，而且此时他们听不进去任何的道理。但是，父母和幼儿园教师如果用其他的事情分散他们的注意力，他们则很容易破涕为笑。另外，3~4岁学前儿童的情绪很不稳定，很容易被外界环境所影响。对此，家长和幼儿园教师要有充分的认识，并积极采取有效的措施引导、调节他们的情绪。

（四）4~5岁学前儿童心理发展的年龄特征

4~5岁学前儿童已经达到了进入幼儿园中班的年龄，而且其这一时期的心理获得了进一步的发展。具体而言，4~5岁学前儿童的心理发展主要呈现出以下鲜明的特征。

1. 活泼好动的特性较为突出

活泼好动本身就是学前儿童的一个重要特征，而这一特征在4~5岁表现得更为突出。具体而言，4~5岁学前儿童可以说一刻不停地都在进行活动，而且对任何东西、任何事情都感到新鲜和好奇，但是，他们还没有形成较强的自我控制能力，常常让家长和幼儿园教师感到非常难带。不过，这也正体现了4~5岁学前儿童所具有的浓厚童趣。

2. 逐渐意识并遵守相关规则

4~5岁学前儿童已经意识到日常生活中有一些规则需要遵守，并开始遵守这些规则。例如，他们逐渐意识到了教室内不可大喊大叫和追跑、不可乱扔垃圾、遇到人多要排队、饭前要洗手等行为规范与生活准则，并在日常生活中遵循着这些规则。此外，4~5岁学前儿童已经可以在进行集体活动时初步遵守集体活动规则，还能够理解一些游戏规则等。这些都表明，4~5岁学前儿童的心理已经得到了极大发展。

3. 自身可以对游戏进行组织

4~5岁学前儿童相比之前更加爱玩，也更加会玩了，而且他们已经能够理解游戏规则并遵守，还能够自己组织游戏，并确定游戏主题、安排游戏角色等。而且，4~5岁学前儿童在游戏过程中，会逐渐结成一定的同伴关系，进而对如何与他人相处进行初步的学习。在其影响下，4~5岁学前儿童的社会性会得到进一步的发展。

4. 具体的形象思维开始凸显

4~5岁学前儿童在进行思维时，主要依靠的是自己头脑中的表象，因而其思维有着鲜明的具体性和形象性特征。换言之，4~5岁学前儿童的思维是具体形象的思维。4~5岁学前儿童的思维具有形象性和具体性，表现在很多方面，从听故事到理解事物，从掌握数的概念到解决问题等，都有一定的表现。例如，当幼儿园教师带领小朋友用旧报纸做贺卡后，这些小朋友在回家后想要为妈妈做一个贺卡时，通常会坚持要用旧报纸，而不会选择其他纸张。

（五）5~6岁学前儿童心理发展的年龄特征

5~6岁学前儿童已经达到了进入幼儿园大班的年龄，而且其这一时期的心理获得了进一步的发展。具体而言，5~6岁学前儿童的心理发展主要呈现出以下鲜明的特征。

第一，产生了强烈的好奇心和求知欲望。5~6岁学前儿童有着强烈的好奇心和求知欲望，他们会对各种各样的问题刨根问底。5~6岁学前儿童不再满足于对事物的表面现象进行了解，而是要切实弄清楚事的本质特点。

第二，认知水平得到了极大提高。5~6岁学前儿童与之前相比，提高了认知水平，最主要的表现是对智力活动越来越喜欢，而且一旦学到新的知识或新的技能便会感到非常兴奋。

第三，自身个性雏形形成并逐渐显现。在心理学上，个性又称"人格"，指的是一个人比较稳定的、具有一定倾向性和各种心理特点或品质的独特结合。学前儿童的个性并不是先天具有的，而是在出生后很长一段时间内通过与外界环境的相互接触和相互作用而逐渐形成的。具体而言，学前儿童个性的雏形形成于5~6岁，并呈现出一些鲜明的特征：

一是5~6岁学前儿童已经能够对自己的情绪进行克制,而且其情绪变化与之前相比小了很多。不过,这也使得他们不再将自己的思想感情明显地外露出来,因而有时很难了解他们的真实想法。二是5~6岁学前儿童在对待事物时,已经形成了自己较为稳定的态度,而且他们在看待问题时也逐渐产生了自己的见解。三是5~6岁学前儿童已经能够对自己的行为进行思考,而且有时候会对自己的行为产生顾虑。需要特别指出的是,5~6岁学前儿童虽然已经逐渐形成了自身个性的雏形,但其个性仍有着很大的可塑性。因此,家长和幼儿园教师在日常生活和学习中,要注意引导学前儿童形成良好的个性。

第四,对认知方法有了初步掌握。5~6岁学前儿童已经对认知方法有了初步的掌握,已经能够有意地自觉控制和调节自己心理活动的行为,而且在观察、注意、记忆、思维、想象等认知活动方面具有了一定的方法。具体而言,5~6岁学前儿童对认知方法的初步掌握是通过以下方面体现出来的:一是5~6岁学前儿童在对图片进行观察时,随意性逐渐减弱,能够按照一定的规律或一定的顺序去看。二是5~6岁学前儿童在进行绘画时,通常是想好之后再动笔。三是5~6岁学前儿童在注意事物时,若无法集中注意力,则会主动采取一些有助于集中注意力的方法。例如,当他们发现某个地方很喧闹不适合看书时,会自动寻找一个安静的地方看书。四是5~6岁学前儿童在对事物进行记忆时,已经学会了运用一定的方法,如边听边念等。五是5~6岁学前儿童在对问题进行解决时,会事先对自己的思维及活动过程进行规划,并注意运用一些方法对问题进行更好的解决。

第五,抽象逻辑思维开始显现。5~6岁学前儿童虽然仍以具体形象思维为主,但也开始出现了抽象逻辑思维,具体表现在以下方面:一是5~6岁学前儿童已经能够按照一定的标准归类事物,而且能够判断出事物之间的关系;二是5~6岁学前儿童已经对"序"有了初步的概念,能够正确地排列顺序;三是5~6岁学前儿童已经对数的概念、抽象的概念(如困难、勇敢、左、右等)、类的概念有了初步的了解与掌握;四是5~6岁学前儿童已经能够按照类别来记忆事物;五是5~6岁学前儿童已经能够简单地判断事物间的因果关系。

二、学前教育体系的内容构建

根据教育活动的目的性、计划性与系统性,可以将学前教育划分为广义的学前教育和狭义的学前教育。广义的学前教育是指幼儿入读小学以前,参加的各种身心发展类活动,如跟随父母外出旅游、参观博物馆、完成家务劳动、读书、听音乐、看电影等,都属于广义学前教育的活动范畴。狭义的学前教育是指具备学前教育从业资质的机构,根据幼儿的身心特点确定培养目标,对不符合小学入学标准的儿童,进行专业指导和启蒙教育,促使儿童获得身心协调发展,并为儿童进入小学接受教育提前做好准备。

（一）学前教育的理论

1. 我国学前教育理论

学前教育思想早在远古时期已有萌芽。在劳动生产力水平低下的原始社会，为了获取必要的生活资料，儿童参加生产劳动，学到技艺与习俗，塑造了学前教育的基本雏形。步入奴隶社会以后，文字的问世、国家的出现、社会生产力的发展以及私有财产的形成，推动了宫廷学前教育的诞生。作为世界上最早提出胎教理念并实施胎教制度的国家，指导孕妇的日常起居，助力胎儿的生长发育，在我国早有文字记载。及至战国时期，慈母关爱逐渐发展成为学前家庭教育的普遍共识。

20世纪以后，德国教育家福禄培尔与意大利幼儿教育家蒙台梭利，以及美国实用主义哲学家杜威的教育思想开始传入中国，并影响了国内幼儿园的建立与发展。在此种时代背景下，国内诞生了一批从事学前教育理论研究与实践创新的近现代教育家，其中最著名的当属陶行知与陈鹤琴。

（1）陶行知的"生活教育"理论。陶行知的教育思想深受瑞士近代著名教育家裴斯泰洛齐和美国教育家杜威的影响。为了打通学校、社会与教育三者之间的关系，陶行知在杜威"教育即生活"与"学校即社会"的基础上，提出了"生活教育"理论。

"生活教育"理论主要包括三项基本内容。首先是"生活即教育"。陶行知认为，变化的生活使得生活富含教育意义，而生活与教育等同，则意味着教育不能脱离生活，生活的需要规定着教育的内容与方法。由此可知，生活决定教育，教育可以改造生活并推动受教育者不断进步。此处需要注意，教育在传授系统知识的同时，具有与生活明显不同的特殊性，这也是"生活即教育"的局限所在。其次是"社会即学校"。陶行知认为，社会既是生活场所，也是教育场所。以社会为学校，根据社会需要改造传统学校，可以使学校成为社会生活的重要组成部分。最后是"教学做合一"。陶行知认为，"教学做合一"是实行杜威"教育即生活"理念碰壁后寻到的新路。作为"生活教育"理论的重要主张，"教学做合一"从具体层面落实了"生活即教育"的教学方法问题。

（2）陈鹤琴的"活教育"理论。作为我国近现代学前教育理论与实践的开拓者，陈鹤琴一生致力于建设具有中国特色的现代儿童教育体系。新中国成立前夕，陈鹤琴在近十年教学实践的基础上，提出了"活教育"理论，为国内的传统教育改革提供了极富价值的研究思路。

"活教育"理论主要包括三大纲领。首先是"活教育"的目的论。陈鹤琴认为，"活教育的目的就是在做人，做中国人，做现代中国人"。由此可见，"做人"是"活教育"必须解决的关键问题。培养拥有健全身体、创造能力、服务精神、合作态度、世界眼光的爱国家、爱人类、爱真理的中国人，"活教育"才能完成肩负的教育使命。其次是"活教育"的课程论。陈鹤琴认为，直接经验是儿童获取知识的重要来源，而自然与社会则是开展教育活动的"活教材"。作为活动课程论的"活教育"，必须重视儿童的健康活动、社会活动、科学活动、艺术活动和文学活动。最后是"活教育"的方法论。陈鹤琴认为，"做"是儿童真正收获知识的基本途径，也是儿童身心协调发展的必要条件。活教育理论主张将教学过程分为实验观察、阅读参考、发表创作和批评检讨。参与教学的完整过程，教师与学生都能在"做"中，不断地完善知识体系，并实现身心的健康发展。

2. 国外学前教育理论

（1）埃里克森心理社会发展理论。埃里克森心理社会发展理论的核心内容是关于每一个人的生命周期的各个阶段，贯穿于人们从出生到死亡的整个过程。心理社会理论强调人的发展的社会环境，在社会环境中解决每一个发展阶段中相应的问题。这样的阶段理论有助于教师预知每一个儿童的发展过程中的重要问题，可以帮助儿童在每一个阶段中达到一种健康的平衡状态，并且基于生活事件协调先前经历过的阶段，使之达到再平衡状态。以下介绍的内容是有关儿童在他们的发展过程中形成的重要关系，主要是与他们周围的人和环境所形成的关系。

第一，婴儿期。在埃里克森的心理社会发展理论中，婴儿期（信任/不信任）是第一个阶段。个体在这个阶段形成基本的"信任"，得到"希望"的力量。在婴儿期阶段中，婴儿在他们所处的环境中与其看护人权衡着信任和不信任的关系。如果婴儿的需求能够得以持续地、准确地、关爱地得到满足，那么就形成信任，婴儿就会认为这个世界是安全的、可靠的。

第二，学步期。学步期可以帮助儿童发展自主能力，锻炼他们的自我意志之力。在学步期阶段中，儿童根据自己的意愿来作出行为。学步期的幼童开始到处活动，能够控制自己的身体行为。如果他们具备了足够的信任感，从而敢于冒险，尝试新的活动，把握周围的环境，那么他们就形成了自主性。在这个阶段也形成了一种对立：一方面是儿童自己的意愿；另一方面则是儿童周围的人和环境所给予的限制。所以，儿童在这个阶段常常会形成挫败感，这种情绪往往表现为发脾气和不听话。

第三，学前期。学前期阶段（主动/愧疚）是游戏的年龄，在此期间儿童可以发展主动性，锻炼坚强的意志。

在3~5岁这个年龄段，儿童正在形成并且开始表现出人类社会群体成员所必备的基本技能和特征。例如，使用较为复杂的语言，建构性地、戏剧性地玩耍某些物体或者一起参与游戏，读写能力开始萌芽，包括理解图片、符号、标识和名称。

在学前期阶段中，游戏是主要的活动，儿童通过假装的形式来尝试、学习和应用新的知识。学前期的儿童总是想尽办法开展游戏，或者和其他人一起，或者自己一个人。儿童在这个阶段表现出明显的主动性，努力尝试新的事物。提出问题，触摸周围的物体，敢于冒险。

在儿童发展的每一个阶段中，他们都具有内在的动机。在人们相互之间的关系中，儿童的内在动机的驱动来自他们的运动发育和心智发展。在上一个阶段即学步期的发展中，由于能够走开或跑远，幼童产生了自主性。这个学前期阶段产生的主动性也是基于这样的身心发展：道德感开始形成，交际技能初步成熟，就有利于目标明确的行为的顺利开展。儿童从人际关系中获得的快乐有利于他们不断地尝试和创造，也有助于共情的形成和发展。

第四，学龄期。学龄期（勤奋/自卑）的儿童表现出勤奋的特征，他们开始有所成效，能力得以培养。

5岁之前，从最初的新生儿开始，儿童逐渐掌握了各种各样的身体动作技能和语言交际方法，也慢慢学到了在日常生活中与人相处的种种途径。于是儿童就这样长大了，迎接正式的学校学习阶段的系统训练。

此外，儿童教育专家在研究教学方法的时候，把6～8岁的儿童归类为幼儿阶段。埃里克森理论所说的学龄期则贯穿整个小学阶段，这也是西格蒙德·弗洛伊德所说的潜伏期。在全世界各个地方，人们都期望儿童在六七岁的时候能够成为较为合格的社会成员。在学龄期阶段，儿童有义务也有责任去遵循各种社会规则。通过观察成人和大孩子们的言行举止，遵从他们的教导去训练，儿童学习相应的社会知识。如果有成人和同伴们的有效参与，书写和数学这样的技能学习也会有最好的效果。

（2）维果茨基学前儿童教育理论。维果茨基及其学生的理论应该放在当时的社会背景下看待，其中包括当时已有的以及新兴的育儿观和教育实践。在考虑维果茨基思想对今天西方和其他地方的幼儿教育的适用性时，了解这些实践的异同十分重要。为了帮助读者更好地理解基于维果茨基的幼儿教育理论，将对一些术语进行定义，并简要概述维果茨基及其学生所处的时代的幼儿教育系统。

第一，维果茨基儿童早期的认知。维果茨基及其学生在20世纪90年代初的著作中对术语"儿童早期"（early childhood）和"儿童早期教育"（early childhood education）的使用。在西方文献中，对于这两个术语的使用并不一致。最广泛的定义来自全美幼教协会和经济合作与发展组织（OECD），他们将"儿童早期"定义为0～8岁；而世界卫生组织将产前期纳入"儿童早期"的定义。同时，大多数关于儿童早期课程和教学法的出版物关注的对象是3岁至进入小学阶段的儿童。这种与"早期教育"有关的术语的不一致性在俄罗斯或苏联表现得很明显，维果茨基主义者及后维果茨基主义者的大部分研究就是在这种情况下进行的。在维果茨基时代，儿童8岁入学；随后，入学年龄降低到7岁；再后来，6岁的儿童也可以选择入学，让他们多接受一年的初等教育。

关于文化—历史方法与儿童早期教育的关系，维果茨基和他的学生们主要将他们的理论应用于中心式教育或课堂教育,而关注家庭等其他背景的研究则明显较少,这一方面可以归因于苏联政府对社会科学强加的集体主义思想;另一方面也可以归因于越来越多的职业母亲给孩子选择中心式幼儿教育机构。接受学前教育计划服务的大多是 3~6 岁的儿童,而只有少数的父母会让 3 岁以下婴幼儿进入幼儿园,即便这些幼儿园也是以中心为基础,并配备了合格的幼儿教师。

第二,维果茨基儿童发展理论。维果茨基教育方法的一个特点是,他和他的学生不只是把课堂看作应用学习发展理论的地方,还将其作为研究儿童发展的"实验室"。因为在他看来,儿童的发展由社会背景塑造。这种方法可以延伸到为有特殊需要的儿童设计的项目,以及那些旨在取代父母照料的项目,如孤儿院和寄宿学校。将所有这些不同背景下的研究整合起来,使得维果茨基和他的学生提出了丰富的理论。

对维果茨基而言,儿童早期并不是一个按时间顺序排列的概念。它与童年中期有质的区别,它由三个不同的时期或"年龄段"组成,每个年龄段都建立在前一个年龄段的基础上。婴儿期指的是儿童从出生到大概 12 个月龄的时期;幼儿期(或维果茨基所说的"早期")指的是 12~36 个月龄;学龄前期指的则是从 36 个月龄一直到上学之前,包括西方所说的幼儿园时期。维果茨基的"年龄段"既是社会形态,也是生物构造。从婴幼儿时期到学龄前和小学阶段的每一个年龄段,都是以儿童心理过程结构所发生的系统变化来界定的,也是由儿童在独特的社会发展情境中成长所产生的主要发展成就来界定的。维果茨基认为这种社会情境既是发展的发动机,也是发展的基本来源。这一观点决定了维果茨基的研究方法是从一个年龄阶段过渡到下一个年龄阶段。

虽然维果茨基在有生之年没有完成他的儿童发展理论,但他的著作表明,他把发展看作一系列稳定期,随后是关键期。质变在这些关键期发生,整个心理机能系统也在这一时期发生了重组,从而出现了认知和社会情感的新形态或发展成就。在稳定期,虽然新形态没有出现,但儿童仍然继续发展他们现有的能力,发展表现为儿童能够记住和处理事物数量的变化。

从表面上来看,关键期(或维果茨基所说的"危机")伴随着儿童行为的变化,这些变化往往被成人认为是消极的:过去随和、顺从的儿童开始以一种"对立—反抗"的方式行事。维果茨基把这些突如其来的变化解释为:儿童新出现的需要与当前的社会发展情境对这个儿童的制约发生了冲突。如果能克服这种分歧,就会推动儿童进入下一个发展水平。维果茨基和他的学生们把与这些危机相关的典型年龄确定为 1 岁、3 岁和 7 岁。这些转折点对应着从婴儿期到学步期、从学步期到学龄前期、从学龄前期到学龄期的过渡。

维果茨基最初的稳定期和关键期的观点得到了完善和扩展,并形成了一个理论,其中包含了明确定义的发展阶段,还解释了儿童从一个阶段过渡到下一个阶段的潜在机制。维果茨基主义者对儿童发展理论的主要贡献之一就是阐述了维果茨基关于社会情境发展的概念，形成了主导活动思想。主导活动指的是一定发展阶段的儿童与社会环境之间的一种互动，这种互动对儿童的发展是最有利的。儿童参与主导活动会形成这个年龄段的新形态（发展成就），并为他们进入下一个年龄段做好准备。反过来，发展成就被定义为能力和技能，这些能力和技能不仅对特定年龄段而言是新的，而且对儿童在下一个阶段参与主导活动也至关重要。

第三，维果茨基理论在儿童发展中的意义。要描述维果茨基的幼儿教育方法，就不得不提及他对游戏的看法。游戏不仅是学龄前期和幼儿园阶段的主导活动，而且是基于维果茨基的帮助下的游戏方法，也是文化—历史理论的主要原则实际应用的例子。虽然维果茨基主义者与其他许多儿童发展理论家一样都相信游戏的重要性，但他们对游戏的定义和成人在游戏中帮助儿童的作用的看法是独特的。首先，在他们把游戏定义为主导活动的过程中，维果茨基把重点放在一种特定的游戏上——通常被称为假装的、社会戏剧性的或虚拟的游戏，而忽略了其他许多类型的活动，如运动、游戏、物体操作和探索，这些活动过去（现在仍然）被大多数教育者和非教育者称为"游戏"。其次，在维果茨基及其学生的著作中，他们所谓的游戏特征是后来被称为"完全发展的"游戏形式，而不是学步期儿童或较年幼的学龄前儿童在启蒙阶段玩的游戏。

维果茨基认为这种"完全发展的"游戏主要有以下特点：儿童创造一个想象的场景，扮演和表演角色，遵循由特定角色决定的一系列规则。每一个特征都对儿童的发展起着重要作用，并可以将其理解为儿童高级心理机能的发展。在想象的情境中进行角色扮演，要求儿童做出两种类型的动作：外部动作和内部动作。在游戏中，这些内部动作，即"有意义的操作"，仍然依赖于对对象的外部操作。然而，内部动作的出现标志着一个儿童开始从早期的思维方式—感觉运动和视觉表征—向更高级的象征性思维过渡。因此，虚拟游戏为两个高级心理机能—思维和想象—奠定了基础。因此，与人们普遍认为的儿童需要想象力的观点相反，维果茨基主义者认为想象力是游戏的产物，当儿童不再需要玩具和道具作为物理"支点"来帮助赋予现有物体新的意义时，想象力就会出现。

根据维果茨基的观点，另一种促进高级心理机能发展的方式是促进有意的、刻意的行为。维果茨基的游戏观与其他理论不同，其他理论将游戏视为一种活动，在这种活动中，儿童完全不受任何约束。此外，维果茨基的学生丹尼尔·埃尔科宁详细阐述了维果茨基的观点，提出了文化—历史游戏理论，也称为"有意行为学派"。这种游戏特征之所以成为可能，是因为儿童扮演的角色、他们使用的装扮道具以及他们在扮演这些角色和使用这些道具时需要遵守的规则之间存在着内在的联系。对于学龄前儿童而言，游戏是他们参与的第一项活动，在这项活动中，儿童不是被这个年龄段普遍存在的即时满足的需要驱使，而是被抑制其即时冲动的需要驱使。

维果茨基游戏理论的另一个决定性原则是它的社会文化本质。由于不同文化背景下的儿童在发展过程中所处的社会环境不同，游戏在其发展过程中的作用也不同。在前工业文化中，游戏的主要功能是让儿童为参与明确定义的"成人"活动做准备，而现代游戏则是非实用主义的，没有为儿童准备特定的技能或活动，但是让儿童为今天的学习任务以及人类尚不能想象的未来任务做准备。维果茨基通过文化—历史观来看待游戏，这意味着游戏不是自发地出现在某个儿童身上的东西，而是由儿童在与其他人的互动中共同建构的，这些互动的性质和程度由社会环境决定。虽然由年长儿童担任游戏导师的多年龄游戏小组曾经是儿童文化的一个共同特征，但如今在许多西方国家，这种互动越来越少，这就使越来越少的儿童能够在读完幼儿园后达到"充分发展"的游戏水平。随着越来越多的儿童在幼儿园和学前班与同龄孩子一起度过，教儿童如何游戏成为成人的责任。

（二）学前教育的观念

20世纪80年代以来，由于各国的普遍重视与投入，学前教育在世界范围内，尤其是在第三世界里获得长足的发展。各国适龄儿童入园率都有不同程度的增长，各国学前教育的质量也有大幅度的提高。现代学前教育开始走向成熟和繁荣。在这一现代学前教育迅速发展、分化的时期里，也相继涌现出许多新的发展趋势和发展导向。20世纪90年代以来，由于现代学前教育理论的多元化、研究工作的科学化、研究手段的现代化以及学前教育实践的系统化等原因，学前教育的发展开始逐渐走上正轨，其态势也逐渐明朗和显见。

实践离不开观念的指导，而实践也是检验观念正确与否的唯一标准，观念和实践既是相互对立的关系，也是"你中有我、我中有你"的关系，二者相辅相成、相互促进。现代学前教育思想及实践呈现出不同的发展状态，这是现代学前教育发展的集中体现，说明其正在日益走向成熟。例如，现代学前教育在20世纪六七十年代刚刚起步，学前教育实践远远落后于社会的发展，学前教育观念却比较先进，二者之间有很大的差距。而现在，学前教育观念和学前教育实践之间的距离却恰到好处，二者相互促进，保持良好的动态发展过程。总而言之，现代学前教育中影响力较大的新观念主要有以下几个方面。

1. 胎教的兴起和发展

胎儿心理研究的不断发展及取得的一系列成果让胎教也随之兴起。从严格意义上来说，胎教这种学前教育实践活动在我国历史悠久，并不是现代社会才有的新观念。古籍资料显示，我国古人对胎教的记载远远早于希腊著名哲学家亚里士多德提出的胎教观点。但是亚里士多德的胎教观点与我国传统的胎教观念有很大的区别，前者具有很强的逻辑性和科学性，是建立在实践研究基础上的新观念，而我国传统的胎教观念则是通过观察研究形成，建立在经验的基础上，因此并没有太多的科学依据。

胎教的兴起和发展得益于两本胎教著作的出版。1987年，日本著名教育家、企业家井深大先生来华访问并讲学，为此，我国专门翻译并出版了其著作《零岁：教育的最佳时期》，对于望子成龙、望女成凤的中国父母们来说，这本书中的观点以及井深大先生演讲中提及的观念让他们感到震撼，同时也使中国从事儿童教育研究的专家学者感到震惊，让他们看到胎教这一领域未来发展的前景，胎教重新焕发了生机。从此以后，我国众多学者开始了胎教理论和实验研究，多种多样的胎教实践活动也在全国各地如火如荼地开展，很多父母十分支持。然而，受到传统思想的影响，加上胎教的发展在某些方面偏离了原来的方向，很多人对胎教的科学性提出了质疑，认为它并不可行，甚至是一种迷信。后来，北京人民医院刘泽伦教授在《胎教的实用与科研》这本书中详细介绍了20世纪80年代中后期以来国内外胎教取得的重大科研成果，说明了胎教的实用性，让人们开始重新相信胎教的科学性和可行性，也提高了现代胎教在我国学术领域的地位，促进了我国现代胎教的发展。

2. 儿童发展作为学前教育目标

立足于儿童身心发展的规律，不同国家的学前教育工作者提出了新的学前教育目标，即以儿童发展为核心。由此，学前教育目标的三个特点被提出：第一，强调儿童的全面发展，不能偏重某一方面；第二，放眼未来，高瞻远瞩，培养儿童的交际能力、创新能力、合作能力，促进儿童个性发展，形成分享、宽容、诚实等优秀品质；第三，个体发展和群体发展同样重要。学前教育的根本目标应该是促进儿童全面发展。

3. 学前教育过程的科学认识

学前教育的过程主要是教师的"教"和儿童的"学"以及二者之间的关系三个维度。目前人们对学前教育过程形成了两个新的认识：一是对儿童的学习活动有了更深刻的认识；二是重新定义了师生关系。

（1）对儿童学习活动的认识更加科学。传统观念认为，儿童的学习活动离不开教师的组织和指导，也就是在上课等集体教育过程中开展，除此之外家庭、社会等场所的学习活动都不是真正意义上的学习。而现代的观点认为儿童的学习活动可以分为三种类型：一是接受式学习，也就是儿童被动地接受教师传递的知识，主要是幼儿园教学；二是游戏过程中的学习，也就是儿童的游戏活动；三是发现学习，由儿童主动去发现和学习知识，通过一系列的探索活动实现。

（2）对师生之间的关系有了更加科学的认识。传统观念认为学前教育过程中师生关系主要有三种类型：第一种是教师占主导地位的师生关系，这也是最传统的观点。这种师生关系的典型是我国和苏联的学前教育观念及实践。第二种是以儿童为中心的师生关系。这种类型的师生关系理论的基础是杜威三中心理论中的"儿童中心"，同时受到西方教育学理论的影响，侧重于儿童的发展和主动学习，并提出在教育过程中，教师是辅助者，观察儿童的学习活动、创设相关的情境，并对儿童的表现作出评价。第三种是目前比较流行的以教师为主导、以儿童为主体的模式。师生双方都是主体，这一观点似乎是前两种观点的综合。这种新型模式可以说是一种进步的师生关系，不再是完全以教师为主导，由教师掌控全局，而是认识到儿童在学前教育中的重要地位。但是仍存在一系列问题需要解决。因为它对学前教育过程中师生关系的理解仍然是非动态的、机械的，没有深入到实质。

（三）学前教育的对象

关于学前教育实施对象的年龄范围，在不同的国家人们有不同的看法。例如，在美国，学前教育是指对从出生到8岁儿童所实施的教育。苏联在20世纪60年代前，将学前儿童的年龄分为先学前期（0~3岁）和学前期（3~7岁）。在我国，由于婴幼儿（即0~6岁儿童）都是进入小学以前的儿童，因此，对0~6岁年龄阶段的婴幼儿所实施的教育称为学前教育。学前教育是人生早期阶段的教育，所以，婴幼儿教育又叫作"早期教育"。"幼儿教育是指对3~6岁年龄阶段的幼儿所实施的教育，是与婴儿教育（0~3岁婴儿的教育）相对而言的一个概念。"①

（四）学前教育的形式

向0~6岁婴幼儿实施的教育有两种主要形式：第一，是由父母或其他养护者在家庭中进行，称为学前家庭教育；第二，是在家庭以外由社会组织进行，称为学前社会教育。学前家庭教育与学前社会教育是学前教育的主要社会实践形式。

学前家庭教育作为学前教育的基础形式，主要是指家庭作为育儿场所对幼儿身心造成的潜在影响。幼儿所处的家庭环境是幼儿必须面对的生存现实。来自家长的爱与陪伴，是幼儿身心健康发展的前提与保障。尊重幼儿的身心发展规律，是家庭教育帮助幼儿构建健全人格的重要手段。由于家庭是幼儿长期置身其中的生活场所，家庭为幼儿创设的学习与生活环境，对幼儿的健康成长发挥着极其重要的作用。因此，长期性是学前家庭教育的主要特点。

学前社会教育作为学前教育的强化手段，主要是指符合学前教育办学条件的机构，为年龄尚未达到小学入读标准的幼儿，提供有组织的专业化系统教育。促进幼儿身心的全面发展，是学前社会教育肩负的重任。目前，幼儿园教育是学前社会教育的主体。幼儿园教育在我国归属于学校教育系统，和学校教育相同，幼儿园教育具有家庭、社会所不及的优点，如群体性（面向众多儿童而非单个个体）、目标性（有明确培养目标）、计划性（教育的实施是有计划、有步骤地进行）、专业性（有专门的具有专业素质的幼儿教师）和系统性、多样性等特点。

---

① 柳阳辉. 学前教育学教程［M］. 上海：复旦大学出版社，2015：3.

(五)学前教育的内容

1. 学前教育内容的组织

按照相应的教育规则编制学前教育教学内容。教学内容要以幼儿生活为出发点。教学结构以幼儿生活为核心,逐级扩展,从幼儿最熟悉的家庭生活,到邻居之间的往来,再到社会活动,最后延伸至国家重大事件。教学进程设计要以幼儿感性经验充足的内容为原点,优化排列不同层面、不同分类的知识内容教学顺序,先易后难,使幼儿循序渐进吸收全面、完整的知识内容。

知识逻辑或者心理成长逻辑是学前教育教学内容编制的两种思路。知识逻辑编制思路注重建立逻辑通顺、合理的知识结构,再按照知识的难易程度,教学内容编制从易到难。心理成长逻辑编制思路注重幼儿的感性体验、能力、爱好和素质成长需求,教学内容由熟悉到陌生。现实教学活动不论采用哪一种内容编制思路,都不可能做得面面俱到,不过,幼儿的喜好倾向和基础能力,都是学前教育知识和幼儿生活有机关联的首要条件。教师有效编制并施行各方面知识教学可以采用渗透式教学或组织主题活动,推动幼儿健全成长。

2. 学前教育内容的选择

(1) 学前教育内容的选择依据。

第一,社会进步所需。作为人成长发展至关重要阶段,幼儿阶段教育质量影响深远,根据幼儿自身能力和成长需要,编著、筛选适合幼儿的学习内容,并制定合理有效的学习计划,致力于最大限度激发、引导幼儿潜在能力正确发展。社会发展不但可以改变人们的生活、行为习惯,还影响着人们价值观的确立,儿童教育改变也势在必行。面对新兴社会提出的新诉求,儿童教育在培养幼儿良好心性和心理素质、长期的学习积极性和较强的学习能力、灵活高效的思维思考能力、果断的决断能力、活跃的想象力、团队合作能力、人际交往能力等的同时,也要关注社会发展需求变化,及时调整教育内容和教学策略,大力培养孩子的现代化人才素质。

第二,学前教育教学目标。幼儿园以培养德、智、体、美综合素质人才为最终教育目的。为了确保孩子成长为符合社会发展需要、卓越优异的综合型人才,幼儿园要以此为目标选择适合的教学内容,以幼儿为主体,以教师为主导,科学开展教育教学工作。

第三,幼儿身心成长独特表现。幼儿阶段是人身心成长十分重要的阶段,此阶段的学习质量和能力积累对以后发展意义重大,主要表现在以下方面:①幼儿在此阶段主要是通过感知、认识事物表象来获取知识;②幼儿心理和行为控制力、调节能力尚在起步阶段,对外界事物影响抵抗力甚弱;③幼儿性格在此时期已初见端倪,但仍处于形成阶段,对外界事物变化非常敏感,易受干扰。为了引导幼儿知识学习、兴趣爱好、行为习惯、技能等能力正确全面发展,学前教育必须选择最优学前教育教学内容,结合科学合理教学设计,从而整体促进幼儿需要学前教育选择合适的内容,通过课程教学,对学前儿童在知识技能、兴趣爱好、行为习惯、才能方面以及对人对己的态度方面作出正确的引导,促进幼儿健全发展。

(2)学前教育内容的选择原则。学前教育内容的选择原则主要有以下几个方面。

第一,全面性原则。学前教育旨在启蒙开智,尽量让幼儿接触广泛事物,积累丰富的表象的认知经验,进而多角度、多方面、多领域推动幼儿整体健康成长。为了增强幼儿综合素质,教师根据幼儿实际条件,从多领域中筛选恰当知识,例如包含个人生活、家庭生活、集体生活的生活类知识,事物认知类知识、心理情感类知识、行为活动类知识等,再制订灵活有效的教学实施计划。

第二,趣味性原则。幼儿的兴趣爱好和困惑是学前教育筛选教育内容的关键导向。作为一线幼儿教育工作者,幼儿教师在收集幼儿爱好、困惑等方面具有很大优势。为了有效、正确引导幼儿学习成长,教师必须整合、提炼、解析幼儿爱好和疑惑所涉及的知识,以此作为学前教育关键内容,同时将幼儿对某些事物的喜好和关注力转换为学习积极性,将幼儿已有知识和技能作为成长基础。

第三,时代性原则。为了紧跟时代发展步伐,学前教育也必须根据时代的新要求灵活调整教育内容,因此,不同时期的学前教育具有不同时代特色。根据社会发展新要求,教育内容与幼儿学习习惯、生活环境、社会变化的关系愈加紧密,互相影响,互相促进。教师要充分发挥教育内容的灵活性和多样性,从社会新兴事物、新动态、新困难中汲取新鲜有利的教育内容,为幼儿奠定良好的发展基础。

3. 学前教育内容的发展

"学前教育是基础教育的重要组成部分和奠基阶段。积极发展学前教育,已经成为当前促进社会公平、构建和谐社会的必然需要。"① 以下重点围绕德育、智育、体育、美育四个方面展开论述。

(1)学前教育内容的发展元素之德育。作为一种社会意识,道德是人们受一定社会因素影响形成发展起来的共同生活行为准则总和,是对社会存在的一种表现,也是一种行为评判准绳。道德教育简称为德育。学前期幼儿身心发展状态不稳定,道德认知、道德情感、道德行为只具备雏形。学前教育通过德育教学,将道德标准转换成幼儿优秀的道德素养。

身处全球经济大融合、行业竞争激烈大环境下,新一代人必须具备良好的综合素质,例如创新精神、独立思考能力、竞争意识、坚韧意志、良好沟通能力等,才能成为社会发展的中流砥柱。优质的学前德育教育为其他方面的教育活动提供了有利保障。为了更好适

---

① 韩寒,李忠宴. 我国积极发展学前教育的社会意义 [J]. 新课程(下),2011(3):111.

应社会和经济进步，学前道德教育从目标制定到内容整合，都必须秉持最新教育理念。同时，作为智力发展、个性品质的关键确立期，学前教育受环境和独生子女政策影响，道德教育意义愈加重要。

儿童社会性发展教育和儿童个性素养发展教育是学前道德教育的主要组成部分。儿童社会性发展教育是儿童必须学习的社会行为准则，有利于提高儿童社会交流能力，例如对家乡的热爱、对祖国的信仰、对集体的依赖、对劳动的热衷、对科学的追求等情绪表现。儿童个性素养发展教育主要指真诚自信、勇敢开朗等优秀品行的培养。

（2）学前教育内容的发展元素之智育。智育是全面发展教育的重要组成部分，是有目的、有计划地使受教育者掌握系统的科学基础知识和基本技能，促进受教育者智力发展的教育过程。从学前儿童认知特点出发，有目的、有计划地组织活动，使儿童获得粗浅的知识和技能，进而促进儿童思维能力的发展。

学前智育的内容主要包括：儿童认知能力的培养，如感知觉、观察力、语言能力、思维能力、想象力、动手操作等内容；基本的、常用的知识，包括与幼儿生活密切相关的生活常识、社会知识、语言知识、自然知识、初步知识、音乐和美术的知识等；儿童学习兴趣的激发和学习习惯的养成等方面的内容。

（3）学前教育内容的发展元素之体育。身体健康无恙、体态健全、体能达标，且适应能力强、精力充沛，具有一定自控力是学前儿童健康的显著表现。心理健康和身体健康是学前儿童健康的重要内容。学前儿童体育指的是依照学前儿童身心发展规则，制订科学强身健体教学计划。

幼儿园开展体育活动，不仅有利于儿童生理和心理的健康发展，还关系到未来的国民素质，从小进行体育锻炼，增强学前儿童体质，培养适合未来发展所需的建设者。同时，学前教育把体育放在首位，主要是因为幼儿期的身体各个器官和系统都比较柔嫩，发育不成熟，机能不够完善，适应环境的能力也较弱等特点决定的，也为实施其他各育奠定了物质基础。因此，学前儿童进行适当的体育锻炼是非常必要的。

（4）学前教育内容的发展元素之美育。审美教育是指组织开展审美实践活动，有计划地激发人对美的审视感知，陶冶情操，升华心灵，简称为美育。世间万物皆有美，只是具体表现形式不同。以学龄前儿童为教学对象的审美教育即学前儿童美育。其目的在于引导幼儿如何感知美的存在，如何分辨美，如何表达美，形成赏心悦目、情怀高尚的心理状态。积极乐观的情绪可以提升儿童的美感意识，这种意识会随着儿童内心的成长逐渐成熟。一般情况下，学龄前儿童只能感受到事物表层的美，通过动作、表情和活动表达自身对美的感知。

作为一种社会文明表现，美育已成为国家建设社会文明的重要组成部分，备受重视。科学的审美教育，可以引导学龄前儿童锻炼感知力，培养优秀性情，塑造高尚情操，同时触发幼儿对美的欣赏和追求，鼓励幼儿勇于创造美、表现美，促进幼儿自我完善，刻画健全人格。

培养幼儿对美的初步感知力，表达美的兴趣和创造美的能力是学龄前儿童审美教育的根本目的。学龄前儿童的审美教育从基础的感受美和欣赏美开始，以此为基础逐步增加表达美、创造美的能力。

在进行具体审美教育工作时，教师起着非常重要的作用，同时也肩负着重要教学任务，可以从以下方面开启美育工作。

第一，美化儿童生活、学习时所处环境，例如在装饰园区、家庭室内外环境时，幼儿园或家长可以选用富含童心、童趣的装饰品，颜色和线条设计上倾向于儿童化、艺术化，着力营造舒适美观、整洁有序的生活环境，潜移默化影响儿童各种感官体验，带领儿童发现美。

第二，从多姿多彩的大自然，到现实生活中美的人与物，再到美轮美奂的艺术品，教师带领儿童亲身接触自然、社会及人类文明结晶，将美的内涵传递给儿童，提高儿童美的感知力和表达力。

第三，遵循儿童自然成长规律，先诱导孩子无意识感受美，再慢慢有意识地指导感受美、表达美。

第四，在学龄前儿童审美教育中，游戏发挥着重要作用。教师可以充分利用学龄前儿童对游戏的喜爱，多组织发现美、表达美、创造美的主题活动，引导孩子发现美的事物、美的行为、美的语言。

（六）学前教育的方法

幼儿在学龄前阶段认知能力、接受能力、思考能力等身心发展具有一定局限性。幼儿园作为幼儿主要学习场所，在日常教学中，教师必须根据学龄前特殊需求，选用恰当的教育内容，制订合适的教学计划，采用恰如其分的教学模式，实现根本教育目标。这里针对学龄前教育经常使用的教学手段进行探讨分析，希望对教师教学创新有所帮助，帮助教师提高教育境界。

1. 探索发现法

在教学实施过程中，儿童对某些事物的特点、属性、作用等进行自主探究，教师在旁辅助。这种教学手段就是探索发现法，是儿童获得知识技能的重要途径。由于学龄前儿童尚不能深度思考，所以教师的辅导必不可少，这将十分考验教师的综合素质。在探索发现法教学活动中，教师在仔细观察儿童喜好的同时，带领儿童围绕本次探究目标问题，正确展开探索，营造活跃、轻松的探索氛围，尝试各种问题解决设想，最终得出正确结果。儿童对未知事物都会抱有强烈好奇心，希望一探究竟，因此，探索发现法能激发儿童学习积极性，提升其认知能力、探索能力、创新能力。

（1）探索法。根据现实生活条件，儿童自主或教师协助确立核心问题，通过教师指引，对核心问题逐步展开解析，最终得出结论，此种教学方法即为探索法。探索法有利于提高创新实践能力，注重儿童参与教学过程的积极性，旨在引发儿童探究心理，默默传递科学探索方法，帮助确立探索意识，塑造主动探索个性品质。探索方法的运用，需要注意三点：①探索主题的确立，不能脱离现实生活，要富有童心、童趣，还要有新意，能最大限度引发儿童想象力和好奇心；②组织小组讨论，增加同学间交流互动，创设热火朝天、轻松自由的讨论学习氛围；③教师要在恰当的时候对儿童进行正确适宜的引导、点拨与组织，保证儿童对问题的探索行之有效。

（2）发现法。布鲁纳是发现法的提出者，是美国教育心理学家。依照他的观点，所谓的发现法即儿童在教师辅导下自主发现问题，独立研究问题，得到知识的教学方法。教学在他看来是儿童吸收知识技能，充分发挥能力的过程。在运用发现法时，儿童作为发现者，直接介入知识组成过程，发现事物演变规律和关系，进而掌握完整的知识结构。通过自主探究，儿童思维灵活度、探索能力、创新意识、理解能力、记忆力等素质都会有很大提升，更有利于塑造儿童勇于探索的精神品质。

2. 直观形象法

直观形象法，顾名思义，就是基于儿童多种感官和原有认知，教师带领儿童对形象逼真的教具或现实真实存在的事物，进行多角度观察、演示、示范、范例、参观等活动，加深儿童知识理解，完成教育教学根本目标。它普遍被应用于学龄前教育教学中。直观真实的物体、图片、多媒体、语言都属于直观手段。儿童被鲜活生动的形象、色彩所吸引，学习兴趣高涨，促进儿童的知识吸收，有利于观察力、形象思维能力发展。

（1）观察法。观察法是科学、自然、体育等教学过程中经常使用的教学手段。儿童通过观察法对某一事物进行具体认知，获得更多知识，提高认知层次，提升感知力、观察力和语言能力，强化儿童学习兴趣和探究精神。教师在运用观察法时，要为儿童提供充沛的食物，传授科学、正确的观察方法，指导儿童有效观察。

（2）演示法。教师借助真实物体或形象逼真教学用具，进行操作示范，即是演示法，经常运用于科学、数学、语言等教学活动。演示法旨在增强儿童专注力，使其完整认知某种事物或现象。教师在演示法教学中，要为直观教具设计别出心裁的出场方式，紧紧抓住儿童注意力，清晰地演示操作，再结合详细的语言介绍，让儿童真正理解实物本质。

（3）示范法。通过自身或儿童的动作、语言、教学表演，教师为儿童具体模仿，即是示范法，常常应用于语言、美工、音乐、体育等教学活动。教师在示范法教学中，要站在每个儿童都能清楚看到的位置，动作放慢再结合语言介绍，达到清楚、准确模仿的效果。

（4）范例法。教师筛选典型的事例作为儿童直接模仿、学习的参照物，即是范例法。

优秀人物、先进事迹、专门的样品等都属于范例法。教师开展范例法教学时，造型简单大方、色彩鲜明的事物最易于儿童观察、理解、模仿和学习。

（5）参观法。与直观形象教学类似，参观法主要以真人、真事、真场所为儿童教育环境。不同于在幼儿园内的观察，儿童在教师陪同下对观察对象进行目的性观察，身处真实环境发挥多种感官功能，从而使得儿童形成感情共鸣或移情。

3. 讲解谈论法

通过解说、讨论、交谈等途径，教师对儿童进行教育、辅导、说教，最终实现教育目标的教育方式即是讲解谈论法。借助讲解谈论法，儿童更好吸收教师传授的知识，积累知识经验，提高智力。讲解谈论法主要有以下类别。

（1）讲解法。教师在知识传授过程中，口头为儿童讲述或阐释问题的手段，即是讲解法，其作用的充分发挥必须结合多种方法。讲解法旨在向儿童明确学习目的，加深知识理解，学会技术能力。讲解法的运用，必须吐字清楚、词要达意、表述形象生动且富含感情色彩，同时还要注重儿童的知识基础，讲解尽量简单明了，甚至要重复多遍。

（2）谈话法。以某一个问题或主题为核心，教师与儿童展开平等对话，即是谈话法。旨在提高儿童学习积极性、思维敏感性、语言表达能力。教师在进行谈话法教学时，要保持正确站姿或坐姿，专心与儿童讨论。对儿童的语言表达错误，教师要给予正确指导，鼓励儿童正确表达，从而促进儿童语言和行为的健康发展。

（3）讨论法。儿童根据自己已有知识经验，对某些知之甚少的陌生事物、不确定的问题、十分好奇的事物，表达自己的看法，即是讨论法。讨论法是儿童自我教育的一种表现。受年龄限制，儿童尚且不能独立完成，需要在教师的带领下参加讨论。轻松自由、欢乐和谐的讨论氛围是儿童发挥主观能动性的重要条件。跟随教师的指引，儿童要积极追溯已掌握的知识经验和技能，提高认知能力和思维能力。

4. 游戏法

以游戏为活动载体，教师引导儿童进行学习，并获得优秀教学成果的教学方式即游戏法。儿童普遍喜爱玩游戏，在游戏中学习，儿童身心更加放松，思维更加活跃，学习兴趣更加浓厚，教学效果也尤为显著。游戏活动教育化和教育活动游戏化是游戏法施行的两大类型。

游戏活动教育化，就是通过角色扮演游戏、结构游戏、表演游戏、规则游戏等游戏，锻炼儿童的语言表达能力，增加知识经验，增强实践能力，强化审美感知，推进儿童成长的社会化。

教育活动游戏化，就是将游戏的独特之处和儿童对游戏的喜爱，充分融入教学活动中，以游戏为教学活动载体。例如，智力游戏、听说游戏和体育游戏，此种教育形式更利于儿童吸收知识、掌握技能，促进儿童认知思维能力成长，提高儿童学习积极性。

因此，有专业学龄前儿童教育学者指出，"游戏为幼儿提供了一个轻松愉快，且又丰富刺激的，能鼓励幼儿自主学习的良好环境，使他们获得安全感、自尊和自信，获得对学习的持久热情，从而终身受益"①。

（七）学前教育的趋势

1. 学前教育理论的多样化

很长一段时间以来，我国学前教育理论发展都比较落后，是机械和形式上的发展，一直采用苏联学前教育理论。我国学前教育是分科教学，由教师传授知识，学生被动接受，这种模式持续了多年。这种模式单一固化，而不同地区经济和文化发展情况不同，所以无法满足各个地方的要求，也违背了儿童教育发展的规律，与我国国情不符。

近年来我国学前教育研究水平不断提高，国际上关于学前教育的交流也越来越多，我国学前教育取得了一系列成果，自身理论体系不断完善，而且发展越来越多样化。在此过程中，人们越来越关注蒙台梭利和皮亚杰的教育理论，探讨和研究现代开放教育理念成为学前教育界关注的重点以及主流观念。

（1）蒙台梭利教育的复兴。蒙台梭利是意大利著名的儿童教育专家。她为儿童教育事业奉献了自己的一生，并花了很长的时间研究儿童教育，开展了各种实验，而且在实验的基础上提出了全新的、更科学的教育理论，这对儿童教育的改革起到了至关重要的作用，蒙台梭利也成为世界学前教育的领军人物，对后来的学前教育工作者们产生了深远的影响。蒙台梭利提出，首先要了解儿童，才能对其进行教育。儿童的行为大多出自本能，本能是先天的，会导致行为的冲动性，与此同时也是儿童内在的天赋和力量，能够促进儿童不断发展。

（2）皮亚杰认知发展理论的教育实践。皮亚杰是20世纪最伟大的心理学家之一，他的认知发展理论开创了儿童心理学的新纪元。由于历史局限等原因，皮亚杰本人曾经忽视教育与学习在儿童发展中的作用。但是他的认知发展理论却在国际教育界受到广泛重视，并且对教育、教学的理论和实践产生了较为深远的影响。其中主要积极的影响是：①强调活动的重要性；②强调兴趣和需要的重要性；③强调儿童发展的连续性与阶段性的重要作用；④强调智力是一种积极、主动的建构过程。

20世纪70年代以来，皮亚杰认知发展理论被欧美教育工作者广泛应用于学前教育领域里，并相继形成了三种类型的皮亚杰幼儿认知教育模式，这一模式根据皮亚杰知识三类型说将幼儿社会情感和认知发展列为幼儿教育的两大目标，其中的社会情感目标又分为"同伴关系""与成人的关系"和"与学习的关系"三个方面；认知发展目标又可分为物

---

① 柳阳辉. 学前教育学 [M]. 郑州：郑州大学出版社，2012：161.

理知识、数理逻辑知识、空间和时间的建构、社会知识和表征五个方面的内容，所有这些教育目标均通过幼儿的游戏与探索在活动中达成、在操作中掌握、从做中学。

2. 学前教育方法的科学化与系统化

20世纪90年代以后，我国幼教理论工作者们与幼教实际工作者们合作，共同进行科学研究，通过实践的方式来验证幼儿教育的方法和手段，使学前教育方法和手段更加科学，形成完整的系统。例如，研究儿童对角色的认知、三种教育方式、去自我中心化训练、认知冲突等。通过实验研究，得出有价值的结论，让幼儿教师在实际教学过程中运用的教育方法有了更可靠的理论依据，并指导教学实践，促使幼儿教师不断改进教学方法，最终形成完善的幼儿教育方法体系，并普及幼儿教育中。

第三节 儿童学前教育课程的具体构建

一、儿童学前教育课程的组织

（一）学前教育课程组织的原理

学前教育课程组织的基本原理，是指在学前教育课程组织过程中所必须贯彻的具有普遍性意义的道理和规律。这些基本原理是学前教育课程基本目标和基本价值得以实现的保证，是学前儿童健全发展和教育任务完成的客观要求，也是运用教育原则的基础。具体而言，学前教育课程组织的基本原理有以下方面。

1. 相互作用的原理

课程组织是教育过程中各种要素相互作用的目的性行为过程。为了实现理想的教育效果，促进学习者的全面发展，就应当在课程组织过程中充分运用相互作用原理。实际上，相互作用原理是课程组织产生教育效应的一般作用机制，它强调人的主体性形成、发展的方式，以及与外界的相互关系。从某种程度上说，相互作用原理代表着课程组织观发展的一种必然趋势。

（1）相互作用原理的内容。根据相互作用原理，学前教育课程组织只有经过三个要素（学前儿童、学前教育者与教育情境）的相互作用，才能实现理想的教育效果，课程组织才是真正的教育。如果没有经过这三个要素的相互作用，则没有实现理想的教育效果的可能性。相互作用原理主要包括以下内容。

第一，在相互作用原理中，学前教育课程组织过程就是学前儿童、学前教育者与教育情境彼此作用的系统化过程，这三个要素是彼此联系又相对独立的系统；系统与系统之间相互作用，共同形成了学前教育课程组织过程的整体。

第二，相互作用包含两个方面：一是学前教育者与学前儿童之间的互动；二是学前教育者和学前儿童与外界事物的相互作用。这两个方面是相互联系的关系。

第三，相互作用的两个方面呈现出不同的特征。一方面，学前教育者和学前儿童之间的互动更多地形成人的社会性本质；另一方面，学前教育者和学前儿童与外界事物的互动更多地产生"理"或"知识"，反映人与自然的关系。

（2）相互作用原理的理论。

第一，心理科学和人类发展生态学。瑞士著名心理学家皮亚杰经过大量的心理研究，揭示了儿童心理发生的奥秘。他在《发生认识论原理》和《儿童心理学》两本著作中，阐明了儿童认识发生的原理，即儿童的心理起源于儿童的活动，活动是主客体之间的相互作用，认识起因于主客体之间的相互作用。而主客体相互作用的过程，就是主体不断适应外界，进行同化、顺应、取得平衡的过程。在皮亚杰看来，人就是经过与外界不停地相互作用，从而获取经验、增长智慧、增强适应能力。

美国生态心理学家布朗芬布伦纳建立的人类发展生态学，也为课程组织的相互作用原理提供了支持。人类发展生态学的基本观点是，人行为的发展就是自身与环境不断相互作用的结果。而人与环境的相互作用是双向的，也是动态的。人不会被动地应答环境，环境也不是静止不变的，这就需要人不断调整自己与环境的关系，实现由微观系统向中间系统到宏观系统的转变。

根据上述观点，课程组织是引导学前儿童积极、主动地相互接触和交往的过程，是帮助学前儿童扩大认知范围，改变认知结构，形成良好个性、智力的过程。在这个过程中，外界或内部心理结构的变化，都会反作用于学前教师和学前儿童。因此，学前教育课程组织必须加强对教育环境的重视，根据变化及时调整学前儿童的角色意识，注重学前儿童生长发展的生态变化。

第二，系统科学。控制论、信息论、系统论、耗散结构论等，是20世纪人类科学研究理论方法的重大突破，它们共同构成"系统科学"。控制论主要是关于生物系统和机器系统中的控制和通信的科学。美国数学家维纳是控制论的主要创立者。维纳等人发表了《行为、目的和目的论》一文，该文解释了因果性和目的性的关系，废弃了旧的目的说，给目的概念以新的内涵："一切有目的的行为都可看作需要反馈的行为。"这为系统论的创立奠定了哲学基础。

控制论认为，系统的输出变为系统的输入就是反馈，而通过反馈实现有目的的活动就是控制。根据控制论，产生了反馈控制法，该法表明，任何一个系统因为内部变化或者外部的干扰，都会产生不稳定。为了保持系统稳定，就必须进行控制。信息论与控制论相关联。该理论研究的是各种系统中信息的计量、传递、变换、储存的使用的规律。

系统论主要研究的是一切系统的模式、原理和规律。系统论把自然界、人类社会及思维看作具有不同特点的系统，而且宇宙中的任何一个客观事物，都以系统形式存在着，并发展着。

耗散结构论研究了系统是怎样发展的问题。一个系统不断与外界交换物质、能量和信息，在远离平衡状态的条件下形成稳定而有序的动态结构，这就是耗散结构。该理论认为，只有开放系统，才可能不断进化；封闭系统只可能走向退化。

据上述理论可以认为，课程组织就是课程各要素系统以一种相对整体的形式，不断交换反馈信息，形成联系，走向具有开放性的有序的过程。这个过程需要不断平衡化才能实现。学前儿童正是经过与学前教育者、外界环境不停地相互作用，进行信息交流，才逐渐达到心理平衡，获得发展。

(3) 相互作用原理的具体化。学前教育课程组织相互作用原理的具体化主要表现在以下三个方面。

第一，活动。相互作用原理要求，在学前教育课程组织中，必须充分调动并发展学前儿童活动的积极性、自觉性，尊重其主体性，在活动中求发展。按皮亚杰的观点，活动就是"主客体的相互作用"。因此，相互作用原理也可以具体化为"活动"。

第二，游戏。心理学研究表明，兴趣是学前儿童行动的动机。因此，要实现学前儿童与外界，包括与教师的相互作用，就必须选择他们喜欢的活动内容与形式。而游戏则正好是这一要求的最好表达形式，这也是经过长期的心理学与教育学研究而证明的。

第三，"师生同构"。在学前教育课程组织过程中，教师是主导者，但教师在发挥其主导作用时，必须照顾到不同学前儿童的差异，促进其社会本质和个性的最大发展。如果离开了学生，课程组织便会失去根本意义；如果离开了教师，课程组织又会失去教育的意图。因此，只有师生的相互作用，课程组织才有存在的真正意义。

(4) 相互作用原理的实践性。课程组织的相互作用原理具有较强的实践性。从国际范围内的学前教育课程实践来看，传统的教师中心组织课程模式已不再适用；儿童中心课程组织模式，虽然曾经盛极一时，但也不再被广大学前教育工作者所偏爱。而师生相互作用的课程组织模式，既能够充分发挥教师的主导作用，又能够充分尊重学前儿童的心理特征与主体性，现在已经被越来越多的人认可。

在现代发展迅速的社会，要求充分发挥和发展人的积极性、主动性、创造性、合作性等。因此，当前的学前教育也以弘扬教育主体性和人的主体性发展为时代特征。整个社会、教育大环境的开放性，信息交换频率的加快，都使人的教育与发展变得比以往任何时候都重要。学前教育课程组织的相互作用原理适时而生，也是必然而生。

2. 整体教育的原理

学前教育的目标之一就是要促进学前儿童德、智、体、美全面发展。因此，要想使学前教育课程塑造具有完整人格的学前儿童,就必须遵循整体教育原理,保证课程各因素作用的有机统一。

(1)整体教育原理的内容。学前儿童是身心有机统一发展的整体,只有用整体观看待他们,并整合各影响因素,发挥整体育人功能,才能保证学前儿童健全和谐地发展。整体教育原理的内涵主要包含以下方面。

第一,学前儿童是由身心两方面有机统一构成的完整的人,应当使其身心和谐,平行发展,不可偏废。

第二,学前儿童的健全和谐发展,是学前教育的目标。因此,要对各影响因素进行有机整合,辩证地看待儿童整体发展与因素整体合力的关系,使学前儿童健康、全面发展。

第三,影响学前儿童发展的因素是多方面的,只有将各种因素有机整合,使它们共同作用于学前儿童,才能保证学前儿童整体的发展。

(2)整体教育原理的理论。

第一,系统论和人类发展生态学。系统论的基本观点是:世界是事物的系统整体,大大小小、不同层次的子系统构成有机的整体;每个系统是由相互联系、相互作用的部分(要素)构成,这种联系和作用是发展变化的,其结构变化具有规律性和自我调节性;各系统有自己的特征,这些特征是各部分特殊的联系及其相互作用的生成物。

人类发展生态学认为,社会生态环境是影响人发展的关键因素。而社会环境是由大小不同的系统相互作用构成的,这些系统区分出不同层次,其核心就是发展的人。其中,人生活的直接环境,如托儿所、幼儿园等,是微观系统,它通过活动、角色和人际结构这三个基本要素影响人的发展。中间系统是指两个或多个微观系统之间的相互联系,如学前儿童从家庭到幼儿园,这两个机构之间形成的特殊联系对学前儿童的发展有重要作用。此外,还有一些在中间系统之外,但与微观系统相关的因素系统,如其老师的家庭与其父母的工作单位之间的关系系统,这些系统会间接地影响学前儿童,这叫作外系统。在上述三种系统之外,还存在一些共同因素,如某种社会文化观念、思想意识等,也会间接地影响学前儿童,这叫作宏观系统。学前儿童与成人一样,就生活在这四种系统构成的环境之中,其发展随着环境的变迁而具有不同特征。

根据系统论和人类发展生态学的观点,我们可以得知,外界环境系统会影响到学前儿童的发展,学前教育课程组织必须从学前儿童发展的整体性出发,重视社会环境的变迁对学前儿童的影响,注重优化学前儿童可以直接接触到的环境。此外,还要注意学前儿童从家庭到幼儿园再到小学课程目标、内容及方式的调整,注重学前教育课程在时空上的连续性。

第二,我国的教育目的和学前儿童发展观。我国的教育目的是要促进学生健全发展。目前我国教育目的明确要求,受教育者必须成为一个德、智、体、美全面发展的,有文化的、有创造力的、有健康体魄的人。这一目的同样适用于学前教育。学前儿童的发展是一个动态、连续的组织过程，他们与外界环境交互作用，以整体的方式积极地应答着外界刺激，进行着平衡，建构着客体，并使客体向着其需要的方向变化。

学前儿童发展观研究还表明，学前儿童的发展与学习，既有内在动力，也有外在动力。内在动力是兴趣、需要等，外在动力则是由外界事物、现象形成的刺激的新颖性、变化性等引起的。学前教育课程组织就是要充分调动学前儿童与环境互动的积极性，启发学前儿童活动的自发性、创造性，鼓励他们自己学习、自由创造，并且逐步拓展他们的生活经验范围，增加其与外界的关系，促进其持续性发展。

（3）整体教育原理的具体化。在过去，学前教育课程更多的是重视学科知识的传授、技能的训练，缺乏对学前儿童兴趣、爱好、发展动力等的关注。而现代学前教育课程则强调尊重儿童个性，以儿童生活与经验及活动为突出特征。无论是在课程制度、课程设计方面，还是课程编制、课程评价方面，都具有了时代的特色，也更加具体。例如，现代课程的评价标准更多地被归纳为四点：一是能顾及学前儿童心理、身体、人格等和谐发展的"完整性"；二是能综合利用各种教育因素与手段，发挥整体效力，具有"整合性"；三是能为学前儿童提供适宜的身心发展的各种经验的"广博性"；四是能照顾不同学前儿童的天赋、生长背景、学习意愿、发展倾向等个别差异的"可弹性"。由此可见，整体教育原理已经演化出了课程组织的综合化原则。

（4）整体教育原理的实践性。学前教育课程组织的整体教育原理还具有很强的实践性。这一原理不仅充分考虑到了学前儿童发展的内外影响因素，而且还密切结合了学前儿童整体发展的纵向性与横向性、个别性与群体性、个性与社会性，同时还考虑到学前儿童身心平行发展性，以及心理完整性等。

在学前教育课程的实际组织过程中，要牢牢把握整体教育原理，不仅可以充分照顾到学前儿童的个性差异，也能够帮助学前教育者纠正课程组织模式单一，方法缺乏灵活性等问题，促进学前儿童的全面、健康发展。

3. 环境陶冶的原理

环境陶冶原理是指通过美化环境来潜移默化地影响学前儿童，使其全面和谐地发展的方法。环境陶冶原理已经成为现代学前教育的一大特色，受到了大众的认同。

（1）环境陶冶原理的内容。环境陶冶原理认为，环境对学前儿童的发展具有特殊的作用，并且不同的环境有着不同的感染力。良好的教育环境不仅能够潜移默化地影响学前儿童，而且有利于学前儿童完整人格的培养。具体而言，环境陶冶原理的内容表现在以下方面。

第一，环境包括自然环境、社会环境及人文环境。

第二，环境的主要作用是陶冶人的心灵，并且是潜移默化地发挥作用的。

第三，不同环境具有不同的感染力。

第四，环境陶冶功能的大小与学前儿童年龄成反比。

第五，学前儿童的完整人格主要是人文环境陶冶的结果。

根据上述内容可以看出，有计划、有目的地创设并利用良好的教育环境，能够使学前教育目标较好地达成。

（2）环境陶冶原理的理论。

第一，儿童生理学与儿童心理学。学前儿童的发展是身心平行统一的发展。生理是心理发展的基础，心理健全又会促进身体的健康。而学前儿童的健全发展，必须通过活动来满足其心智生长、心情愉悦，通过活动可以释放机体能力，同时与外界交换能量，达到平衡。学前儿童就是在与外界环节的相互作用中不断变化、发展着的。

环境对学前儿童的发展具有特殊的作用，这与学前儿童的心理发展及学习特征有关。学前儿童的学习具有无意识强、感性特点突出、善于模仿、易受外界影响等特点，这正是环境陶冶对学前儿童更加重要的心理学原因。

但是，学前儿童年龄越小，其行为就越容易受到外界环境的影响，而随着其年龄逐渐增长，其心理的理性成分增多，行为的控制性增强，对外界环境作用的反应选择性也提高了。换言之，学前儿童年龄的大小，是环境感染力的反比例函数。

第二，儿童人类学和文化生态学。儿童人类学探讨的是儿童的内在本质是哪些内容，是怎样发展的等问题。根据儿童人类学，可以将学前教育课程组织理解为：以活动为基本内容形式，使学前儿童在探索和创造中形成完整人格的自我组织过程。需要强调的是，学前儿童本质的形成更多的是依赖于与其他人的交往，以此形成人的本质以及社会性。

人生存的环境是重要的。当把学前儿童放在人的环境，考察其社会本质时，必须将其纳入人类的文化环境之中。为此，文化生态学认为，与学前儿童行为心理发生关系的环境有以下三类：首先，学前儿童与自然的关系，特别是在学前儿童认识事物的性质以及运用方法等方面；其次，学前儿童与他人的关系，特别是学前儿童与家长、同伴、老师、团体之间和谐共处的互动关系；最后，学前儿童自己的特征，特别是学前儿童当时当地的情绪状态、交往关系状态、情境氛围等。

以上这些特殊的环境具有文化的性质，对学前儿童有深刻的影响。学前儿童从家庭走进幼儿园；从只与父母交往到与教师、同伴交往；从在熟悉的环境中成长，到能够在陌生环境中生存，这个过程实际上就是学前儿童在人类创造的社会文化中"教育"自己的过程，是学前儿童获得人类的本质的过程。由此可见，在教育中建立社会文化陶冶机制的重要性。

第三，儿童生态学。儿童生态学主要探讨的是儿童生长的生态环境，以此考察最适合儿童生长和发展的环境条件，为儿童教育创设最优的"自然生态""社会生态""学习生态"等,并减少不利于儿童发展的环境因素。

一是根据儿童生态学的观点,学前儿童的成长是由学前儿童与环境的互动关系决定的,而学前儿童成长的环境生态包括其生活中的人、事、物。其中,家庭、幼儿园等学前儿童常接触的环境的生态情况非常重要。儿童生态学要求,必须重视学前儿童成长的环境生态。具体而言,为学前儿童设置的教育生态环境必须符合以下要求:①安全性。为学前儿童安排的物质环境、行为环境必须安全、可靠。②陶冶性。环境应有利于学前儿童积极的行为、良好的心情,避免消极因素。③刺激性。环境应该可以引发学前儿童兴趣,促使其活动。④审美性。为学前儿童准备的环境,能使其受到艺术熏染。⑤适宜性。适合学前儿童身心发展的自然社会环境,不应干扰学前儿童的活动。

二是将儿童生态学理论综合运用到课程组织上,应该建立以下教育观念:①课程组织就是不断地利用优化的环境,来促使学前儿童内在的成长,使其在与外界环境的接触中,吸取环境中有利的精神营养。②课程组织的内容是:良好的学习环境、物质环境、人际环境、社会环境。③课程组织的最大目的在于通过优化环境,促进学前儿童内在潜能的发展,以取得与周围环境的动态平衡。④课程组织的方法是提供优美的环境,刺激学前儿童的感官,使其在环境中受到熏陶感染和启迪。

(3) 环境陶冶原理的具体化。环境陶冶原理具体化的主要形式就是人格塑造,情意陶冶,这在环境陶冶中占据着非常重要的地位。人格的含义较多,从不同角度看,有不同的解释。例如,从心理学角度来看,人格很多时候被称为个性,是指一种具有感觉、情感、意志等机能的主体。

我国自古以来就注重理想人格的塑造,追求人生的理想境界。例如,孔子的"圣人""君子",庄子的"真人""至人""神人",还有墨家、法家、道家等,都从不同侧面阐述了完美人格。但他们几乎都把理想人格的塑造只寄希望于"教",使其"知"。对于理性初萌的学前儿童来说,这个"教"实则不能起到真正的塑造作用。

而所谓情意陶冶,就是指平和性情、高尚情操与坚韧之志的生活教育,是转变"人性弱点"而返璞归真的"人"本然状态教育。客观而言,情和意更多的是人本身,具有很强的人文性,它是学前儿童完美人格和健全心灵的核心内容。对于学前儿童来说,要想塑造其完整人格,情意陶冶显然是一种极为理想的途径。

学前儿童的情绪具有较强的情境性、变化多端、稳定性差,想让他们以理智来控制情绪比较困难。在日常生活中,因势利导,因物而化,可以有效地促使学前儿童学会调整自己的情绪变化。而学前儿童的意志训练是与情感陶冶密不可分的,必须紧密结合学前儿童的兴趣、好奇心理、游戏活动心理,以美的环境陶冶其心灵,培养其性情,坚定其意志。促成学前儿童养成其认真负责的做事态度,建立好奇探索的学习习惯,坚定成功的自信。

(4) 环境陶冶原理的实践性。环境陶冶原理具有很高的实践性，其要求学前教育者必须创设优美适宜的教育环境，充分发挥人化环境的教育功能。具体而言，要做好以下工作。

第一，创设适应不同年龄的学前儿童身心发展需要的教育环境，要将真善美统一起来，使它们协调优化，融知识性、思想性、娱乐性于一体。

第二，创设温暖的交际环境，创建和谐的人际关系，选择和利用良好的社会环境，以此熏陶和感染学前儿童。

第三，创设优美的自然环境，发挥其美育功能。绿树成荫，花草芬芳等优美的自然环境，能够给学前儿童以美的享受，有利于培养他们对美的欣赏能力和审美情趣。另外，优美的环境也能使学前儿童心情轻松愉快，保持健康身心。

（二）学前教育课程组织的要素

1. 儿童

"学前儿童是学前教育课程组织的出发点，是进行主题建构活动的主体。"[①] 学前儿童心理的感性因素强，情绪易受环境影响，认知的动作性、具体性、形象性突出，活动性大，好奇心重，探索欲旺盛，一切行动以兴趣为原则。这些特点使学前儿童成为课程组织中特殊的要素。其发展水平和特点，成为课程组织内容的基础。美国的"适宜发展性课程"以及我国幼儿园课程改革中产生的"综合性主题活动课程"和"目标与活动课程"等，都突出了学前儿童在课程组织中的重要价值。

2. 教育者

学前教育者也是学前教育课程组织的一大要素。学前教育者控制着课程组织的过程及其方向，在组织过程中发挥着不可替代的作用。学前教育者不仅在自身的儿童观、教育观的支配下，通过实际的教育方式发生着对学前儿童的直接影响，还会产生间接、无意的影响。

具体而言，学前教育者既包括教师，也包括家长等。其中，学前教师是主体，他们必须依据学前儿童身心发展的特点和规律，根据学前教育的目的、任务等来组织教育活动。学前教师的课程组织过程不仅发生在与学前儿童相互作用时，而且发生在其他时间，如教育活动前的准备工作、之后的总结工作；不仅发生在幼儿园等教育机构之中，也发生在家庭、社区等处。因此，学前教师是学前教育者的中枢，是学前教育课程组织的主要承担者。

---

① 周德锋，秦莉，韦世祯. 学前教育课程理论与实践研究 [M]. 北京：中国书籍出版社，2015：129.

3. 情境

情境是由人、事、物及其联系构成的综合体，既包括相对静止的自然界的事物，也包括人类社会的精神物化品、人工物等，还包括社会的文化、风俗、行为环境，人的情感、态度、需要，以及由此形成的心理世界和心理环境等。

在学前教育领域，教育情境是课程组织的重要物质媒体。它不但是学前儿童作用的对象，同时又是师生共同建构的条件和结果。教育情境虽然不是主动的课程组织者，但却是教育者组织课程的基本依据。因此，应当优化教育情境，使之具有可操作性、审美性等，以更好地实现课程的目标。

（三）学前教育课程组织的价值

1. 学前教育课程组织是教育的核心过程

学前教育课程系统工程，包括教育目的的假设、课程目标的确定、课程内容的选择、课程组织以及课程评价等环节，在这个过程中，只有课程组织真正直接地与学前儿童发生实际影响。因此，课程组织是核心的教育。

学前教育课程组织，是实现学前教育目标和价值的主要承担者。因此，教育效果的优劣以及课程发展与改革成功与否的关键就在于课程组织过程进行得如何。

2. 学前教育课程组织可以累积教育效应

学前儿童发展的过程，实质上就是其生理不断成熟、经验不断累积的过程，在这个过程中，学前教育课程组织对学前儿童身心的发展具有刺激作用。

学前教育课程组织的目的是使学前儿童获得优化的经验，产生累积的教育效应。学前儿童通过自己学习、探索等，也可以获得经验，但因为学前儿童理性水平较低，容易受到外界干扰，其所获得的经验一般是零碎的、片段化的，而通过课程组织就可以使学前儿童所获的经验结构化、系统化。同时，学前教育课程组织是学前儿童累积优化的教育效应的关键环节，学前教育课程组织提供给学前儿童的经验应该形成正强化，使经验有机联系，促进学前儿童有机发展。因此，学前教育必须对课程组织予以特别重视。

3. 学前教育课程组织体现主体性的统一

主体性的发挥与发展是学前教育课程组织追求的目标之一。而学前儿童和学前教育者作为学前教育的主体，其主动性是有机统一的。

学前儿童的主体性突出表现为活动性，即活动的兴趣性、主动性、探索性和创造性等。而其主体性又通过各种活动表现出来。例如，学前儿童积极主动地玩"娃娃家"游戏，在活动区的积木角搭建"小火车""城堡"，在沙土角"挖水渠""灌溉农田""养鱼虾"等，这些活动都是学前儿童主体性的展现。

学前儿童在主体性展现的过程中，也在发展着自己的主体性。学前儿童主体性的发展是一个内部生成过程，即学前儿童在与外物相互作用时内化着外部经验而进行内部活动。经过内部活动，学前儿童逐渐形成了自信、上进、积极态度、勇气等心理特性。

学前教育课程组织也是学前教育者主体性发挥发展的过程。在这个过程中，学前教育者应以其主体性的高度发挥来促进学习儿童主体性的最优发展。学前教育者可以让学前儿童参加各种活动来达到此目标。例如，让学前儿童做玩具、粘贴图形、装饰墙壁等，以培养其主体性。

总而言之，学前儿童和学前教育者在课程组织中的主体性的关系是辩证的。学习儿童主体性的发挥、发展是学前教育者发挥、发展主体性的前提和目标，而学前教育者主体性的发挥、发展是学习儿童发挥、发展主体性的重要条件。但需要注意的是，学前教育者不能迁就和迎合学前儿童主体性的现状，这违反了学习者、教育者主体性有机统一的辩证原理，在实践中则会妨碍学习者主体性的发挥与发展。

4. 学前教育课程组织可以表现教育艺术

教育是具有艺术性的活动，教育的艺术性主要产生于教育过程的核心部分，即课程组织当中。艺术源于实践，因此，教育艺术主要也是在具有实践性的课程组织中形成的。教育艺术与课程组织相互影响，正是教育艺术，才使课程组织过程异彩纷呈；也正是在课程组织过程中，形成和表现着教育的艺术。

在学前教育实践中，可以发现有的学前教育活动显示出"活性"，学前儿童活泼，积极性高，活动环节过渡自然有序，教育效果良好。而有的学前教育活动则僵硬拼凑，没有中心，学前儿童也是被动无事，这就是学前教育活动在教育艺术上的差异性。这也就要求学前教育者要提高自身的教育水平，从而提高学前教育整体的艺术性水平。

（四）学前教育课程组织的原则

1. 游戏化的原则

游戏是学前儿童的基本活动，游戏对于学前儿童的发展相当重要。游戏既不等同于学习，也不等同于教学，它是以过程为导向，以乐趣为目的，动机发于内的自愿性、假想性、娱乐性活动。

学前教育课程组织的游戏化是有一定的心理学与教育学基础的。游戏与"娱乐性""乐趣""内在动机"等心理中的情绪、情感方面有着密切的联系；游戏本身具有动力性，能激发人的"活动性"，能使人趋向这种活动。因此，学前教育课程组织应遵循游戏化原则。

在学前教育课程组织的游戏化中，教学游戏化是一个主要形式。教学是严密组织起来的传授系统知识，促进学生发展的最有效的形式。教学游戏化就是指使教学过程变得轻松、愉快、有趣，充分发挥学习者主体性的教育过程。其主要是为了较好地帮助学前儿童发展，完成教学任务，实现教学目标。教学游戏化要求教育者要具备一定的教育意识，明确教育目标。

总而言之，课程组织游戏化旨在利用和调动学习者的自愿心理，行为的自觉性、主动性，使学习者全身心投入目的性活动之中，以更好地发挥其主观能动性，促进其全面、和谐、健康地发展。

需要注意的是，在贯彻课程组织游戏化原则时，一定要区分自愿与自由、自由与规则的关系。不能进行单纯的游戏，因为单纯的游戏是以追求乐趣为目的，而追求乐趣并不能解决人生活、学习、发展中的所有问题。因此，学前教育课程组织游戏化要适当，不能将教学或学习与游戏完全等同起来，不能把一切学前儿童进行的活动归于游戏。

2. 师生同构原则

师生同构原则是指，作为学习者的学前儿童与教育者同是课程组织的主体，这具有相对性的双主体共同进行着课程组织过程，在各自发挥着独特作用的同时，通过动态的交互联系，形成一致性课程效应。

教师和学前儿童作为课程组织的两个重要因素，其各自拥有着主体性。学前教育课程组织应该重视教师和学前儿童各自的主体性，但这是远远不够的，它还应该将学前儿童主体性和教师的主体性有机结合起来，形成统一的教育主体性，课程组织才能到达完美的教育境界。师生同构就是在尊重客观事实的基础上追求课程组织的完美性的原则，它是科学与人道的结合。师生同构原则在具体实践中应该注意以下方面。

（1）师生同构包含多方面的内容：师生共同指向于客观世界的作用、彼此之间的相互作用、内部心理的同构等。这时所说的同构是教师主体作用经由学前儿童主体性同化与顺应而实现的。

（2）师生同构原则要求教师必须平等地对待学前儿童的人格、权利。但需要注意的是，尊重学前儿童不是一味地迁就和消极适应他们，尊重是指在正视学前儿童的兴趣、爱好、需要、个人特征的基础上，积极引导学前儿童朝着利于自己整体长远发展的方向迈进。如果只是迁就学前儿童错误的行为、兴趣和倾向，这不仅不是尊重学前儿童，而且可能会不利于其健康发展。

（3）师生同构表现为在活动中的相互作用。因此，课程组织的师生同构原则并不适用于教育课程的所有环节。例如，在制定课程目标、进行课程评价时必须以学前儿童的身心特点为依据，但这不是师生同构。

（4）师生同构是师生有机的相互作用，它并不是说双方在教育的所有方面都是平分秋色的，更加不是指双方任务相同、作用相同，而是强调师生行为与心理的一致性。

（5）师生同构要求教师应该为学前儿童树立良好的形象，并且要平等对待所有的学前儿童。

（6）师生同构是全面展现双方主体性的过程，教师要尽可能地创造良好的条件，使学前儿童获得成功感和满足感，发展其充足的自信心，增长其与教师、同伴交往的积极性和乐趣，形成健康向上的个性。

（7）师生同构要求要重视师生之间的情感交流、心灵沟通，建立师生之间真诚、信任、温暖、友善、平等的关系，致力于形成优化的同构心理氛围。

（8）由于家长是学前儿童的第一任教师，因此，师生同构原则也适用于家长与学前儿童的相互关系。

3. 家园同步原则

家庭与幼教机构的合作是教育效应综合化的主要途径之一，其核心是家庭和幼教机构教育的一致性行动，即所谓的家园同步原则。

家园同步中的"家"，除了指学前儿童生活的主要场所——家庭以外，更指学前儿童的父母和照料学前儿童生活的人以及这些人对学前儿童产生的影响。这里的"园"，代表的是幼儿园、托儿所、学前班等幼教机构中的所有教育影响，以教师的影响为主。"同步"指的是同步教育。

家园同步，是学前儿童身心健全发展的客观要求。由于学前儿童正处于身心迅速成长的时期，其首要人权就是生存权。学前儿童对于其父母的极大依赖以及学前儿童与父母的血缘关系，决定了家庭、家长对学前儿童生存与发展的特殊作用。家庭和家长是学前儿童心中的"安全基地"，是学前儿童走出家门，离开父母，到其他地方生活、发展的"后盾"。而幼儿园、托儿所、学前班等幼教机构是学前儿童走出家庭而普遍进入的新场地。在这里，学前儿童除了继续"生活"以外，更主要的是在进行着"学习"，获得更多的"教育"，并开始社会化。

家园同步的重点在于强调，家园教育要有一致性的教育观念和一致性的教育措施，而如何取得教育的一致性，则是课程组织的关键性问题。家园一致性教育是学前教育课程组织的动态性整体教育原理的具体化形式之一。其目的在于通过家园合作，采取同步措施，形成教育合力，最终促进学前儿童身心全面、和谐地发展。为了实现家园一体化教育，幼儿园担负着了解家长、教育家长的任务，而家长则拥有了解幼儿园、配合幼儿园教育的责任。分清任务、明确责任、找准定位、选对措施、各司其职是家园同育的指导性思想准则。

在家园同步的具体实践中，幼儿园、托儿所等幼教机构做好家长工作是进行家园一体化教育的关键。幼儿园可以通过家访、个别交谈、家教咨询、信件来往等个别方式，围绕着学前儿童发展与教育这个中心，经常性地与家长沟通。还可以经由定期召开家长会，开办专题讲座、举办家长园地、家长开放日、家园共建等集体活动方式，帮助家长认识学前儿童教育的重要性，树立正确的教育思想，创设良好的家庭教育环境，提高家长科学教育学前儿童的水平。

提高家长对学前儿童教育工作的认识、理解、支持与配合，组织家长积极参与到学前儿童教育活动当中，是家园同步的重要方面，也是现代幼儿园教育工作发展的必然趋势。这既有利于幼儿园等幼教机构了解家庭情况，也会使家长真切感到自己的确在为教育自己的孩子而尽心尽力。

总而言之，家园同步涉及各种方面的一致性教育问题。而家园的所有努力，最终都会影响到学前儿童。因此，在课程组织中必须重视家园同步的相关问题，以促进学前儿童身心全面地发展。

二、儿童学前教育课程的设计

儿童学前教育中涉及许多课程，下面以音乐课程为例进行探讨。

（一）音乐欣赏活动课程设计

1. 音乐欣赏活动课程设计的目标

"音乐的欣赏是让人们从听觉上去感受一种美妙的旋律和声音，它是一种高尚，有品位的审美活动，儿童们在学习音乐欣赏这项活动，是指通过倾听美妙的旋律和声音让他们对音乐作品有一种从音乐本质上的认识、理解。"① 学前儿童音乐欣赏活动的价值追求主要体现在：引导儿童怀着由衷的热爱音乐的情绪情感，主动追求从自然界、生活以及音乐中获取自我满足与自我发展；有效激发幼儿的音乐兴趣，开阔他们的音乐视野，培养他们的音乐感知能力、注意力、联想力、想象力和创造力，并逐步丰富他们的美感体验，获得初步的审美能力与健康的审美情趣。

（1）音乐欣赏活动课程设计的总目标。

第一，喜爱自然的声音或生活中动听的音乐，热爱丰富多样的艺术形式，如舞蹈、歌曲、戏剧等，在听音乐或观看表演时有良好的习惯，认真倾听或观看他人的演出。

第二，对于不同的艺术形式，能够从各个方面欣赏其艺术美，了解艺术的内容、表达的情绪、塑造的形象以及表演、演奏方面的美感，并对各种音乐表现方法及其作用有简单的了解，如音乐旋律、节奏、音色、音区等。

第三，能够感知音乐，并根据自身体验发挥想象力，采用独特的方式表达自己的感受，或根据自己的理解将其表现出来。

（2）儿童音乐欣赏活动课程设计的实施目标。不同的音乐作品有不同的特点，在具体

---

① 宋光艳. 学前儿童音乐欣赏活动中的主动参与性分析［J］. 关爱明，2015（2）：443.

欣赏过程中，应该帮助学生了解作品特点，根据幼儿所处年龄阶段的发展目标，制定符合幼儿身心发展特点的欣赏目标，培养幼儿的审美情感、对美的感知能力和良好的学习品质，帮助幼儿素质和能力全面发展。

第一，审美情感方面的目标。对各种自然的声音如风雨声、虫鸣声等保持热爱并能够欣赏；在欣赏音乐的过程中能够获得满足感和愉悦感，并将自己体验到的情感表达出来，与他人分享和交流自己对音乐作品的理解和感知；能够以开放的态度看待不同形式和风格的音乐，接纳音乐的多样性。

第二，培养审美感知和表现能力的目标。对大自然和生活中的各种声音，幼儿要能够感知其高低、强弱变化；理解音乐作品中运用的一些简单的表现方法，掌握基础的音乐知识，学习一些有关艺术的专业词汇，在参与音乐活动过程中能够灵活运用；要用心去感悟和体会音乐作品中蕴含的情感，结合自己对生活的体验，发挥想象力；对于以往欣赏过的音乐作品，再次听到时要能够辨认出来，记住一些音乐作品；能够大胆尝试不同的方法来表达自己对音乐的理解，将自己的所思所想通过肢体语言、文字语言或绘画的方法传达出来，积极创新，与他人交流。

第三，培养幼儿学习品质的目标。大自然和生活中充满了各种动听的声音，幼儿很容易被这些声音所吸引，能够调动自身的视觉、听觉等感官去发现各种美好的声音，获得心灵的体验；幼儿也会认真聆听音乐作品、观看各种表演，要注意培养幼儿养成认真倾听和观看的好习惯，激发幼儿的想象力，使其充分发挥表现力，养成良好的学习品质。

总而言之，以上三个目标在各种音乐欣赏活动中都存在，而且是由易到难、循序渐进的过程，无法通过一次音乐活动完成所有的目标，也不是每次欣赏音乐作品时都要以这些目标为衡量标准，教师应该充分了解幼儿身心发展水平，选择合适的音乐作品，还要考虑幼儿园教学实际，以此来确定学习目标。

2. 音乐欣赏活动课程的设计要点

（1）采取多种方式让幼儿参与和体验。音乐这一艺术形式主要依靠听觉去欣赏，有声音才有音乐，而声音有高低、长短、强弱的变化，在此基础上，音乐运用旋律、节奏、速度、音色等表现方法，将客观世界加以描述，传达出人们丰富的情感。所以，欣赏音乐首先要学会倾听，充分调动听觉这一感官，幼儿在认真倾听音乐作品过程中会有自己的感知和体验，此外教师还要通过不同的方法，提供多种条件，加深幼儿对音乐作品的理解。

人们在感知事物的过程中，如果能够采用不同的方法，从不同的角度出发，就能够更全面、准确地感知事物。欣赏音乐作品，除了需要听觉感知，还需要其他感官的相互配合。所以，教师在帮助幼儿欣赏音乐作品时，要引导幼儿调动视觉、听觉等多种感官，从不同方面去理解音乐作品，使其体验更加全面、多层次。

第一，采用多种方式将音乐和幼儿已有的经验结合起来。幼儿园音乐教学过程中，教师可以让幼儿边听边看，调动幼儿的视觉感官，使其将音乐与实际生活相联系，这种方法更加生动形象，帮助幼儿更直观地理解音乐，化抽象为具体，加深幼儿对音乐的理解和感知。

第二，运用形象的语言表达，让音乐深入幼儿的心灵。音乐和语言有着千丝万缕的联系，密不可分，运用语言文字将音乐的意境和情感准确地表达出来，能够让幼儿身临音乐中的意境，让幼儿发自内心地喜爱音乐，也可以培养幼儿的审美情趣。

（2）教师要尊重幼儿对音乐的个性化理解。在现代美学中，艺术应该具有极大的包容性和开放性。时代在变化，音乐作品的意义也会发生变化，不同的人对同一音乐作品的理解也会有所不同，所以音乐作品的意义是丰富多样的。每个幼儿在欣赏音乐作品时，都会有自己的理解，这种理解和感受是独一无二的。所以教师在音乐教学中不能只向幼儿灌输理解的内容，而是要创设相应的情境，鼓励幼儿自己去理解音乐作品，大胆发挥想象力，并将自己的体验和感悟与他人分享。幼儿在欣赏音乐作品过程中，教师在教学方面应该更加开放包容，鼓励幼儿自主探索，不能僵化地按照预先设定的教学流程进行教学，也不能向幼儿传递固定的理解，让他们一味地接受和模仿，而是要在欣赏过程中鼓励幼儿大胆创新，生成多种理解，而不是设定多种限制，固化幼儿的思维。

（二）歌唱活动课程具体设计

1. 歌唱活动课程设计的目标

幼儿园歌唱活动课程应该指导儿童如何正确演唱歌曲，用自然的声音来表达自己的情感，将自己的感受抒发出来。同时，也要明确歌唱活动在某个领域具有特殊性和系统性。歌唱活动不仅能让儿童放松、陶冶情操，还能学会正确的演唱方法，把握好音高、节奏等；将歌曲的特点完整地表现出来，使演唱更有感染力。

（1）歌唱活动课程设计的总目标。一是喜欢参加歌唱活动，能感受歌曲中的美，并能从中感受联想周围环境、生活中美的事物；二是能用自然、好听、基本准确的音调和节奏参与歌唱活动，并能尝试运用速度、力度、音色、节奏、节拍等表现手段表现自己的情感；三是尝试用独唱、领唱、齐唱等不同演唱形式参与歌唱活动，感受其中的美；四是乐于尝试各种有关歌唱的创造性活动。

（2）歌唱教育活动课程设计的实施目标。在一次具体的歌唱活动中，我们需从审美情感、审美感知与表现能力、学习品质三方面制定幼儿园歌唱活动的目标，努力促进幼儿全面和谐地发展。

第一，培养和提高审美情感。在歌唱活动中，儿童能够全身心地投入，在活动中加深体验，积极参与活动，让自己的声音更具表现力，传达出情感并与他人进行交流，在集体演唱中能够保持声音的和谐，与集体融为一体。

第二，培养审美感知和表现能力。这指的是儿童能够体验和理解歌曲表达的内容，明确其意义和内涵；并能够采用多种不同的方式、多角度地理解歌词，初步掌握歌曲的演唱方法；能够用最自然的声音和情感，以独特的方式将歌曲呈现出来，热爱并珍惜单独展示的机会，又能够与集体融为一体，使整体声音保持和谐，学习简单的歌唱表演形式，如领唱、齐唱、声部合唱等，在集体演唱过程中能够与集体保持一定的默契；大胆创新，运用自身独特的方式演唱歌曲；演唱过程中注意保护嗓子。

第三，培养学习品质。指的是在歌曲的影响下，儿童能够在无形中得到一定的教育，精神上得到鼓舞；基本养成仔细观察和认真学习的良好品质；形成社会交往能力，能够运用声音、眼神、肢体动作等与他人进行交流。

2. 歌唱活动课程的设计要点

（1）做好活动前的准备工作。

第一，必要的经验准备。了解儿童的已有经验，并明确通过歌唱活动需要掌握或是建立的新经验是什么。例如，在《水果总动员》中，儿童的已有经验为对《十个印第安人》的旋律和歌词十分熟悉，掌握"你问我答"的游戏方法，而在活动中需要建立的新经验为能够将自己喜欢的水果创编到此旋律中，能有节奏地随着音乐玩"你问我答"的说唱游戏。又如小班歌唱活动《树叶飘飘》，教师在活动前带领幼儿到户外去捡树叶，并将树叶扬起，充分感受树叶飘落时的样子，以及树叶飘落到地上的样子。

第二，物质材料的准备。为儿童提供有助于理解与记忆歌词、节奏等内容的图谱以及其他各类的道具等，儿童表现歌曲或游戏作用的各类教具等，伴奏的乐器，音像材料、播放器以及多媒体设备等。

第三，环境创设。合理利用幼儿园、家庭与社会的各种资源，与幼儿一同创设与歌曲相匹配的场景。

（2）幼儿歌唱能力的培养要循序渐进，不能一蹴而就。在歌唱活动的整个过程中都要注重培养幼儿的歌唱能力，教师在选择教学模式和教学内容时，要充分考虑幼儿的喜好，以幼儿能接受的方式来培养他们的歌唱能力，而且要循序渐进，让幼儿愿意学、主动学，全身心地投入。在每一次的歌唱活动中，教师要引导幼儿用最自然的声音去演唱。

（3）提高幼儿对演唱的创新能力。歌唱活动不只是要教会幼儿唱歌，最根本的目的是要让幼儿学会用歌声来表达自己的情感，在歌唱活动中体验到乐趣，身心感到愉悦，让音乐成为生活的一部分。所以，教师在幼儿歌唱活动过程中要引导幼儿大胆发挥想象力和创造力。

（三）韵律活动课程具体设计

1. 韵律活动课程设计的目标

学前儿童韵律活动的价值主要有：生活和艺术中的肢体动作具有独特的美，要引导幼儿感受这种美，并逐渐喜爱上韵律活动，让幼儿用自己喜爱的肢体动作来表情达意；培养幼儿的节奏感和肢体协调性，让他们能够随着音乐运动，运用各种肢体动作来表达自己的情绪或生活的经验。

（1）韵律活动课程设计的总目标。一是喜欢跟随音乐运动，热爱音乐游戏和舞蹈等，能准确捕捉音乐的节奏，运用肢体动作来表现音乐的情感变化；二是能把握音长、音强、音色等音乐基本要素，跟随音乐的变化而不断变换动作；三是尝试将不同的动作进行融合，创造出新的肢体动作，跟随音乐运动的过程中，要保持高度的专注，动作反应要快，肢体要协调，充分发挥想象力，勇于创新。

（2）韵律活动课程设计的实施目标。要明确每一次韵律活动的重点和难点，根据幼儿所处的年龄阶段及其身心发展特点来制定韵律活动的目标，目标主要包括审美情感和感知能力的培养，以及学习品质的培养，注重幼儿综合素质的全面发展。

第一，审美情感目标。让幼儿愿意主动参与韵律活动，倾向于用肢体动作来表现和学习音乐，热爱音乐游戏；在参与节奏活动、舞蹈、音乐游戏的过程中获得愉悦感；大胆尝试用肢体动作来表现生活经验，传达自身的情绪和情感，并从中获得乐趣；学会与他人合作表演，并感受到团队合作的快乐。

第二，审美感知与表现目标。理解韵律动作蕴含的内容和情感，运用自己的方式将其表现出来；掌握一些简单的专业词汇，注重积累生活经验；对于生活中常见的事物，能够用肢体动作将其表现出来，并具有一定的创编能力；保持动作的协调和体态的优美；并借助一定的道具来表现动作。

第三，学习品质培养目标。能够积极主动地参与到韵律活动中；培养专注度，认真倾听和观察教师的示范，尊重并学习他人的表演；采用创新的方法，用肢体动作来表现音乐内涵，将自己的想象和情感体现在动作上；能够与他人共同分享同一活动空间，学会与他人交流与合作，除了语言，也能够运用动作、表情、眼神与同伴交流。

以上三个韵律活动的目标要贯穿于每一次的韵律活动中，不要妄想通过一次韵律活动就能达到所有的目标，教师要根据实际情况制定好每一次韵律活动的目标。此外，活动的实施也要根据学前儿童身心发展水平、音乐作品的内容和幼儿园教学实际情况。

2. 韵律活动课程的设计要点

（1）注重对日常生活的体验感受与经验积累。日常生活积累对于幼儿通过肢体动作表达音乐情感与想象具有重要的作用。因此，教师和家长要尽可能地充分利用各种资源努力创造便利条件，让幼儿有机会接触到各种形式的艺术作品，如可以让幼儿通过旅游、参观等方式接触公园、商店、动物等自然环境，还可以让幼儿参与到节日活动、民俗活动、戏剧等人文活动中，以此来体会生活中的喜怒哀乐。在生活经验的积累过程中，要让幼儿拥有一双发现美的眼睛，能够发现美的事物、动物、表情、旋律等，并引导他们对这些美好的事物用自己的形式进行表达和描述，真正做到用心灵去感受美、发现美和表达美。有了自身的实际感受，不仅有助于幼儿运用肢体、表情等形式表达，还可以引导幼儿在具备自身感受后能创作出美好、灵动的作品。

幼儿将韵律活动视为一种游戏，在游戏中表达出来的幼儿即兴表演能力，是幼儿自发表现的发展形式而不是教师教授的结果。幼儿表现出来的律动水平取决于幼儿的动作发展情况，教师教授的技能是很难转移到幼儿身上的，幼儿表现出来的动作技能多数都是在自身大量自我表达机会后自然发展而成的。例如，幼儿在幼儿园进行午睡起床后，可以跟随音乐在老师的带领下，进行十五分钟的音乐律动，时间长了，幼儿自然就学会了，如此反复，幼儿就习得了很多不同的律动。这样让孩子自发模仿、自然积累的形式，经过长时间的重复，孩子在肢体动作和音乐律动方面都会产生很大的变化。

（2）鼓励幼儿进行自主表达。与成人感受和理解事物的方式不同，幼儿表达自身认识和情感的方式也和成人不同。幼儿具有自己独特的感触、表达和动作，他们也具有丰富的情感和想象力，成人对幼儿的这种感知应当给予高度的理解并要认真接受。对于教师而言，他们不能用成人的评判标准来看待幼儿的审美，更不能进行同类型的统一训练，这样会扼杀孩子丰富的想象力和创造力。教师要本着尊重和鼓励的态度看待幼儿的动作表现，善于发现幼儿独特的行为特征。鼓励幼儿表现出与众不同的行为特征，并能将独特的行为和动作向幼儿进行示范，让幼儿在教师的示范中得到启发，达到教师和幼儿在表达中互相学习、互相交流并能互相提升的作用。

（3）通过视觉符合激发幼儿自主有效学习的热情。在韵律活动中，教师经常会用一些图示、图标、图谱等符号作为教学手段，用这些符号的主要目的是通过熟悉的符号代替复杂和陌生的不容易描述的事物，方便幼儿进行学习。在韵律活动中，教师也可以用图示的方法将难以理解的内容或复杂的内容进行展示，帮助幼儿解决内心疑惑，理解学习内容，促进幼儿成长。例如，在《圈圈舞》中，幼儿需要明白在"走走我的圈圈"时小黄和小蓝要往相反方向同时向前走，这对幼儿来说是比较难以理解的，这时就可以通过简单明了的图谱帮助幼儿解决这个问题，使幼儿明确自己的定位，还对小黄和小蓝的方向和定位进行了明确，为接下来进行的游戏作好了铺垫。图谱在韵律活动中的应用使舞蹈动作的设计更为生动形象，也使学习难度有所下降，让幼儿更容易接受，学习热情更高。

图示是帮助幼儿学习的另一有效符号，图示主要帮助幼儿进行自主学习，能够辅助幼儿理解某些事物或动作。这种类型的符号通常在韵律活动前或活动后帮助幼儿预习或温习某些动作技巧，所以一般放在不那么显眼的位置，幼儿可以通过图示进行自主尝试，提升自主学习能力。

图标符号的运用，可以帮助幼儿掌握舞蹈动作编排，例如，用简单的图画将幼儿律动的动作记录下来，然后做成图标，再加上配的音乐，幼儿就很容易根据歌曲节奏跳出舞蹈动作。而且图标具有重复使用的功能，将这些图标重新进行排序就可以形成一个新的舞蹈。图片对幼儿律动教育是非常有效的，教师可以根据音乐节奏做成相关图片，帮助幼儿理解和记忆表演内容，还可以理解音乐中蕴含的深意。幼儿在韵律活动中还能发挥想象力，根据图片内容创造出其他的舞蹈动作，图片在一定程度上起到了启发引导幼儿的作用。

（4）通过联想帮助幼儿创编。教师对幼儿的律动创编具有重要的引导作用，教师可以提供某种或某些改编的思路，通过循序渐进的方式引导幼儿进行更好的动作创编。例如，教师在创编"手腕转动"的律动时，首先要提供一个示范动作，如向前转动，动作示范之后教师可以引导幼儿对动作的变化进行讨论，通过讨论引导幼儿在原来的动作基础上根据自己思路和理解增加某个动作来实现创编。例如针对向前方向的变化可以引导幼儿创编出其他不同方向手腕转动的动作；也可以按原有动作，但通过变化做动作的方式，如跪着做、躺着做、蹲着做等不同方式进行创编；还可以相同的动作以不同的节奏形式做，如快节奏做和慢节奏做，大幅度做和小幅度做；还有可以通过对称或不对称地做、单手或双手做等多种方式对手腕转动这一简单的律动进行不同的创编。

针对创编部分配的音乐可以是大段音乐，也可以说某个片段或某个乐句。完成一个具有创造性的律动需要教师付出很多心血，但某一个律动毕竟时间有限，教师不需要将自己掌握的所有思路都应用到一个律动活动中去，没必要让幼儿"营养过剩"。教师在律动创作中应遵循这样一个原则：在创编时间和数量上保持适度原则，最主要的是要让幼儿在活动中有舒适愉悦的感受。要在整个律动动作创编过程中，充分地支持、鼓励和信任孩子，让幼儿充分发挥想象力和创造力，不要过分追求幼儿律动创作后的结果，重要的是要赋予幼儿在自主创作过程中的信息和勇气，以及要充分保护幼儿的想象力和创造力，通过这样的方式培养孩子的创造性思维将会让孩子受益终身。

三、儿童学前教育课程的实施

学前教育课程的实施方法具体如下。

（一）运用自然环境进行课程教学

1. 将自然环境作为创造性游戏的场所

自然环境是儿童玩创造性游戏的理想场所，因为自然界能够提供许多可以用于游戏的材料。自然界是不可预测的、真实的，能够让儿童获得丰富的感官体验。自然让户外环境成为游戏的独特场所，自然里总是存在有待探索和发现的事物。自然材料（叶子、棍子、沙子、水，等等）不仅可以让儿童动手操作，还具有鼓励儿童发挥想象力的作用。

虽然儿童能够在任何地方用任何东西玩游戏，但一些环境和材料相对而言更有益于创造性游戏的开展，被称为"游戏潜力"或"游戏价值"。我们还使用"可供性"一词来表示环境中"有意义的行为发生的可能性"，或某个环境的可玩性。在自然游戏中，可供性指的是环境所具备的能够吸引或鼓励儿童进行游戏的条件，如儿童能够动手操作开放性的材料（叶子、棍子、石头等）、可以攀爬的树、可以被握紧的雪、可以玩雪橇的小丘或者可以游泳的沟渠。当儿童的兴趣和能力与环境潜在的可供性相互作用时，游戏行为便产生了。

对不同环境中的儿童而言，与传统的操场或室内环境相比，儿童在"绿色"或"自然"区域中进行的游戏（包括想象游戏与假装游戏）更富有创造性。自然环境中的游戏促进儿童的健康成长，有助于培养儿童的专注力及其与自然界的情感联系。自然环境中的游戏还促进个性、社会性和身体的发展。自然游戏场地的可供性鼓励儿童进行体育活动，这将促进他们的大肌肉运动、身体平衡性、协调性和耐力的发展。当儿童在自然游戏场地上操作开放性材料（树叶、棍子、石头等）时，他们的小肌肉运动技能也能变得更加精细。

自然游戏场地支持想象游戏和假装游戏，并为具有不同兴趣与能力的儿童提供积极参与游戏的方法。户外自然环境还有效地提升了儿童在问题解决与创新方面的能力。自然环境的另一个益处是其疗愈的作用，这对于如今身处忙碌、复杂、常常让人倍感压力的世界上的人们而言尤为重要。疗愈性的环境能够使人们重新获得适应性能力来满足日常生活需求，如控制冲动的能力和专注于任务的能力。疗愈性的环境也能帮助人们重新获得积极的情绪状态。不论是对成人还是儿童，自然环境似乎总是比人工环境更具有疗愈性。对儿童而言，疗愈性的环境有助于改善心理健康状况，也有助于减轻注意力缺陷障碍和注意力缺陷多动障碍等症状。

当儿童轻易地被自然环境中的创造性游戏吸引时，教师可以使用一些策略来支持这种游戏。从提供多种多样的、儿童能够熟练使用的自然材料开始，如棍子、石头、松果、贝壳、叶子、水、沙等。同时，也要提供挖和耙的工具、用于收集和分类的材料（托盘、桶、盒子等），以及观察工具（放大镜、双筒望远镜）。还可以添加夹纸记录板和艺术材料，鼓励儿童仔细观察并反思自然界。

2. 把户外环境元素融入室内课程当中

凭借自然进行的创造性游戏和学习既可以发生在室内，也可以发生在室外，但这需要将自然元素带到室内。有许多方法可以实现这一目的。自然材料可以用于物理环境，自然可以作为活动计划的核心主题，与自然有关的海报、书籍和操作材料（拼图、玩具塑像等）都可以用来吸引儿童关注自然。事实上，自然可以被用作教室环境创设、儿童活动和经验的整合性背景。这就涉及将与自然有关的主题和概念用于所有教学和学习领域中。

将自然材料带进教室的物理环境中是一种促进儿童学习和欣赏自然环境的方式。由于学习区是许多早期教育机构的普遍特征，在这些区域里加入自然元素是将户外环境带进室内的途径之一。另一种将户外环境带进室内的方式是，临时布置不同的自然主题环境。例如，将整个教室变成森林或沙滩，或者仅仅是将教室的一部分用于创设自然主题的环境。不要忽视迷你环境的价值，可以把这些迷你环境变大，让儿童能够在里面游戏。在任何可能的时候，让儿童参与自然主题环境的创设过程，并尽可能多地使用自然材料。

活的动植物也应当是室内环境的一部分。一些植物可能会比另一些植物存活得更持久，起到主要的装饰作用；另一些植物则只会在教室里存活一小段时间，如鲜花，可以用来让儿童仔细观察植物随着时间推移而产生的变化。无论任何时候，都需要尽可能地让儿童参与照顾植物——给植物浇水、打开遮阳物为植物提供更多的光照、增加肥料等。还要让儿童参与植物从种子和球根开始生长的过程。种植一些可以移植到户外的植物，尤其是那些会结出果实的植物（豆子、玉米等）。一种含蓄地促使儿童主动浇花的方法是，让他们使用喷雾瓶而不是洒水壶或水桶。使用喷雾瓶会减少儿童过度浇水的可能性。

在室内喂养动物的过程更加复杂，但是结果会非常有趣而且很值得。近距离观察动物能够为儿童提供许多有趣的、令人兴奋的学习经验。儿童着迷于动物，如果有机会，他们会花大量的时间观察动物的习性和行为。他们会提出问题，请求参与照顾和喂养动物，并对熟悉的动物产生情感依恋。

学习照顾动物还可能会引发儿童学会关爱更广阔的自然界。除了了解动物及其生存所需，参与照顾教室里的动物可以培养儿童对生命体的管理意识和责任感。当儿童意识到动物和他们一样是有生命的，他们便能够从动物的角度考虑其生存所需——食物、庇护所、抵御伤害，等等。换位思考是儿童社会性和情绪情感发展中关键的一步。生态换位思考在保护自然环境中也十分重要。照顾动物，需要儿童考虑和注意他们自身以外的事物，有助于儿童学习关爱他人。

书籍和故事在大多数早期教育活动中发挥着重要的作用，每个早期教育者都应有能力选择高质量的、年龄适宜的作品。为了帮助儿童了解自然和形成对自然界的积极态度，幼儿教师应当熟悉"亲自然类书籍"和故事，并在教室里与儿童分享。幼儿教师也应当熟悉使用书籍和故事引导儿童形成亲社会思想与行为的方式。然而，在这样做的时候，教师应当时刻牢记互动性讨论的重要性，以及理解儿童将建构他们自己对周围世界的认知。书籍可以激发有意义的讨论，但它们不能"给"儿童态度和价值观。教师应当通过认真的讨论帮助儿童"发现"故事的含义及其对他们的意义，而不是仅仅将一本书从头读到尾。

此外，书籍和故事通常隐藏着信息，影响着儿童的思想和行为。亲自然类书籍帮助儿童准确地理解自然环境，并形成对自然环境的积极态度。亲自然类书籍的判定要素为：①如何描述人类与环境的关系；②如何描述自然和特定的自然元素；③如何鼓励儿童关爱自然。亲自然类书籍帮助儿童形成对于自然界的准确理解和积极情感。除了考虑以上要素，以下问题或许也有助于辨别亲自然类书籍：①故事中的角色是否表现出对自然的感激之情或对自然界的惊奇之感；②故事中的角色表现出的是对自然的同情和怜悯，还是尝试支配和控制自然界等。在寻找亲自然类的儿童书籍时，还应当考虑诗歌的力量。虽然小说和纪实类文学作品都可以帮助儿童了解和感恩自然界，但是诗歌能够拓展儿童的认识，让他们体验一种近乎有魔力的看、听和感受奇妙自然的方式，树立对自然界的尊重和关爱之心。

（二）合理整合学前教育课程环境

1. 环境学习框架的构建

户外自然环境是有意识地实现多种早期学习目标的理想场所，其中包括环境学习目标。这些目标不需要一个接一个地或者独立地落实，整合性策略相对而言更加高效和实际。北美环境教育协会（NAAEE）在《儿童早期环境教育项目：卓越实践指南》中使用了环境学习课程框架来有意识地促进儿童在各发展领域的成长与发展。框架包括六个主要领域：①社会性与情绪情感；②好奇与质疑；③环境理解能力；④环境认知能力；⑤责任感与关爱之情；⑥身体健康与发展。

（1）社会性与情绪情感。在自然环境中进行游戏和探索能够为培养儿童的自信、创造力、合作能力、沟通能力和效能感提供许多机会。当儿童在"烹饪"活动中使用自然材料（叶子、种子、棍子和水）时，仔细观察他们，就会看到儿童在共同合作的过程中分享观点，协商各自的角色，并展现出成就感。倘若再加以恰当的指导，儿童便能展现出对环境的尊重之心，提高对自然的欣赏能力，增进自己与自然的密切关系。

（2）好奇与质疑。自然环境所固有的丰富性吸引儿童进行探索和发现，从而改善他们的问题解决能力和对因果关系的理解能力。例如，观察儿童在树旁发现和查看苔藓，他们最初被苔藓吸引可能是因为它很软，与树皮形成了鲜明的对比。他们开始好奇，为何苔藓只长在树的一侧，或者它在没有根的情况下是如何生长的。经历了几天没有雨的炎热天气以后，儿童注意到苔藓变成了棕色。部分儿童建议，给苔藓浇水，隔天苔藓又变成绿色。在这个情境中，儿童了解了植物及其生长知识。他们正在获得关于植物生命的异同之处的新的理解。在这个过程中，儿童使用了自己的感官，提高了推理能力，并从中体验到了惊奇和欢喜，这些经验不仅有助于提高儿童的科学推理能力，还能培养儿童对自然界持续的兴趣与欣赏。

（3）环境理解能力。观察自然界中的个别元素可以增进我们对环境的理解。例如，发现苔藓长在树上有助于儿童认识到，并不是所有植物的根都长到地下。对于环境的理解还与模式、系统和循环有关。又如，通过与动物互动，儿童发现，动物和人类一样，需要从环境中获得同样的东西。此外，再多给儿童一点鼓励的语言，他们就能通过绘画、绘制地图和记日记来表达或者记录他们对环境的理解。这明显与读写相关，有益于儿童提高读写能力。

需要注意的是，幼儿往往以独特的视角观看和解释现象。例如，不同的儿童用不同的方式看待同一个现象，儿童的解释反映了他们各自的经验。还要注意的是，儿童对他们在自然界中所见所闻的解释，往往不会局限于科学的认知方式。儿童的解释通常更具有审美意义，而且包括了象征、比喻、精神和相关的认知方式，这些认知方式很可能会反映在儿童的绘画和其他与自然有关的经验和想法的表征中。关注儿童的成人可以通过仔细研究儿童的作品和倾听他们的解释，来窥见他们将其世界理论化的杰出能力。事实上，我们可以通过儿童的绘画而不是语言，更多地了解他们对于自然的解释，因为儿童通常更擅长凭借图像和心理表征而不是词汇来进行思考。

（4）环境认知能力。观察异同、注意事物之间的联系和顺序、作出预测和进行总结等能够增进儿童对环境的探索，这些能力的发展需要有意义的背景，而这种背景常常在自然环境中已经准备好。此外，虽然很多植物都会长出叶子和种子，但是不同种类的植物彼此之间非常不同，它们还会随着季节的变化而变化。制作叶子拓片，有时是富有美感的体验，也是一种绝妙的方法，帮助儿童认识叶子的不同形状和图案。种植种子和观察植物的生长，不仅能够吸引儿童关注植物的生长顺序，也能够吸引儿童注意自然界的奇妙。

"科学活动"可以上升为一种精神上的体验，一种充满了敬畏和惊奇的经验。可以通过多种途径开展环境学习活动。我们既希望儿童发展观察、预测、下结论等技能，也希望他们体验惊奇与发现的快乐。鼓励儿童通过绘画和游戏来记录和分享他们的意外发现，可以帮助他们欣赏认识与体验自然界的不同方式。

儿童的发现通常从丰富的感官经验开始，如注意到太阳底下的岩石摸起来是热的而阴影中的岩石摸起来是凉的；一些植物散发出沁人心脾的气味，而另一些则不能；落在窗户上的雨滴声和落在草丛上的雨滴声不同。虽然这些是感官经验，但它们也同样吸引儿童进行探索，并有助于促进他们的环境理解能力的发展。近距离观察就是这样一种能力，惊奇则是另一种。事实上，我们甚至可以将惊奇视作一种"生存技能"。"感到惊奇"对于补充我们的内在精神和重新点燃我们与地球之间的亲密之情是必要的。对如今这个忙碌而混乱的世界而言，这确实是一个合理的建议。

（5）责任感与关爱之情。当儿童与自然互动时，他们将理解，自己的活动会对其他生物产生影响。浇水会帮助植物生长，让鸟池里的水保持干净则能邀请小鸟到院子里来。观察其他生物并与之互动还能培养儿童的同情心和关爱之情。观察一只小鸟筑巢或者喂养"鸟宝宝"，可以培养儿童的保护意识。此外，园艺也可以培养儿童对自然的同理心，不仅帮助儿童与植物建立关爱的关系，还让他们更加关心昆虫，并渴望保护它们。如果没有与生物直接接触的经验，儿童可能永远不会具备这种关爱自然的品质。

（6）身体健康与发展。自然环境是儿童的天然栖息地，能够让儿童获得整体性发展。我们知道，实现理想的健康状态需要身体活动，也需要户外自然游戏场所吸引儿童用多种不同的方式使用他们的大小肌肉。例如，让儿童参与种植和收获果蔬的活动是另一种使用自然环境促进儿童身体健康的方式。大部分儿童享受做园艺的过程，而且经常渴望品尝他们帮着种植的新鲜蔬菜。在童年早期参与园艺活动，还可以启发儿童未来自己种植蔬菜的兴趣。当然，园艺也是另一个了解自然界的途径，它还能被用于促进儿童的计算、测量、记录、比较等学业技能的发展。

2. 整合课堂环境和教学目标

儿童早期环境教育的另一些挑战包括寻找学业和兴趣之间的平衡，以及结构化的（教师主导的）和非结构化的（儿童自发的）活动之间的平衡。我们需要牢记在心的是，两者都可以选择，即学业和兴趣，结构化与非结构化的活动。采取整合的方法进行教与学，既有助于培养儿童亲环境的态度、倾向和行为，也有利于其他早期学习目标的实现。

（1）读写目标。一个将有关早期读写的环境目标与学业目标相整合的例子是，当儿童大声朗读的时候，他们对书和儿童读物表现出兴趣。虽然很多教师每天都在读故事和书籍，但他们经常在室内进行。在户外分享故事和书籍可以增加多样性和提高儿童的兴趣，也能培养儿童对自然界的兴趣。对一些故事和书籍而言，户外环境比室内环境更能提供有意义的背景。可以仔细选择一些与环境相匹配的书籍，例如，在一棵树下读关于树的书，在花园里读关于向日葵的书。还可以选择一些书籍来帮助儿童增进对游戏场地和场地周围的自然环境的认识，例如关于岩石、蚯蚓和蝴蝶的纪实类书籍。

在户外分享书籍可以面向一名儿童或一群儿童。在柔软的草坪上围成一圈坐下来，对参与小组故事会的儿童而言是令人愉悦的，但是其他特别的"聚会场地"也可以被使用，例如，坐在原木、岩石、树桩等上面就很有趣。儿童在户外的时候也许想自己看书，一把小小的儿童长椅对儿童而言便是一个独自或与朋友一起看书的好地方。

部分教师不愿将书籍带到户外，主要原因是担心书本被损坏。当然，书籍应当受到尊重，但是背包、篮子、手推车就能很好地将书籍从室内运到室外。另外，通过投入自然环境可以实现的早期读写学习目标，聚焦于增强儿童对写作过程的兴趣和理解。例如，可以在一天的不同时段为儿童提供多样的机会来使用各种各样的书写工具和材料，从而促进早期读写学业目标的实现。这种机会不应当被局限在室内环境，多样的户外角色游戏活动可以促进儿童早期读写能力的发展——做"实地记录"或记日记、画地图、记录天气变化和植物生长都可以在自然环境里实现。

（2）数学目标。数学领域中的一个早期学习目标是根据不同的特质（形状、尺寸、颜色等）将事物进行匹配和分类。很多种类的自然材料（石头、贝壳、松果、种子、枝条等）

正好有助于儿童这样做。自然材料刺激儿童的多种感官（视觉、触觉、气味等）和兴趣，因此儿童往往对自己收集的自然材料更感兴趣，而不是教师事先收集好的材料。自己收集材料的过程还可以帮助儿童将物品及其自然环境联系起来，如松果和橡子都来自树上。

可以通过提供各种各样的托盘和其他用于展示材料的容器，来鼓励儿童对自然材料进行排序和分类。鸡蛋盒、鞋盒、分类托盘等就能很好地发挥这一作用。最好是允许儿童在整理和排列材料时，有机会发挥自己的创造力和实现自我主导。儿童总是渴望分享他们排列和展示材料的想法，因此倾听的耳朵总是受欢迎的。排列过程中，儿童与教师之间的对话有趣而且具有指导性。然而，谈话的范围和方向应当由儿童决定。

自然环境中的开放性材料可以帮助儿童学习向上、向下、后面、上面、下面、附近、旁边等空间概念。儿童的身体在空间中的移动（爬上木头、站在树下、从树叶堆中间跑过等）也可以帮助儿童理解这些概念。当儿童在户外环境里进行工作和游戏时，教师可以假装漫不经心地描述儿童正在做的事情。

频繁操作自然材料可以培养儿童对测量以及比较物体大小的方式的理解。从大和小的初步概念开始，他们将逐渐理解更准确的比较关系（更大、最大、更长、更重、更小、更短、最短等）。

（3）科学目标。自然环境还可以提供丰富的科学探索机会，因为那里有太多可以探索的元素和过程，以及各种各样的情境，有助于引发"如果……会怎样"和"为什么"等问题。其中，有趣的情境可以鼓励儿童自己解决问题。

第一，儿童在进行有目的的探索之前会进行大量的试验。通过与儿童一起观察、体验，并讨论材料的使用方式，成人可以鼓励儿童理解科学探索。当儿童进行探索时，成人可以向他们提出开放性问题，成人应当鼓励并积极回应儿童的问题和评论。

第二，促进儿童科学探索的方式是，鼓励儿童记录或呈现他们的观察和发现。儿童可以画出自己的经历，也可以画图表来记录自己的发现。

在自然环境中很容易实现的一个早期科学学习目标是，理解生物需要栖息地。虽然可以走动且有嘴和爪的动物对儿童来说有些可怕，但了解动物的栖息地和食物能够减轻儿童的恐惧并唤起他们的兴趣。观看视频和阅读书中的图片永远也无法让儿童真正熟悉动物。在观察蚂蚁、蚯蚓和小鸟时获得支持的儿童，会很快将动物与其对栖息地的需求建立联系。近距离观察也有助于儿童更加熟悉动物，并最大限度减少毫无根据的恐惧感。

可以提供放大镜、望远镜、真的或假的照相机、带夹子的写字板、绘画材料、黏土等支持儿童的观察。成人仔细注意儿童的评论和问题并积极回应他们，也是一种支持儿童观察的方法。

（三）构建以游戏作为核心的课程

在设计以游戏为中心的课程时，需要注意儿童自发的游戏与教师指导的、主导的游戏并重。科学教育课程是以游戏为中心的课程的不可或缺的组成部分。幼儿试图学习外界知识，并弄明白事物是怎么运转的，这应该成为科学课程的中心。传统的科学教育通常包括自然科学，例如生物学、化学、物理学、地球和宇宙知识以及最近的环境科学。现在已经发生了变化，现在的科学教育包括工程、科学及技术。

工程并不局限于那些工程师所做的事情。科学教育中的"工程"意义更加广泛，它指为了解决特定问题，由一定人员参与其中的系统的实践行为。幼儿可能会参与到建造一个斜坡，让小汽车跑得更快这样的工程实践中。同样，他们会用工程实践的办法来研究怎样让秋千荡得更高，或者什么时候一起建造沙子城堡等问题。

技术在幼儿科学教育中也具有更广泛的应用，通常用来描述人们试图解决问题时用到的特定的系统和流程。此处的技术比通常所指的智能黑板、计算机、智能手机等工具有着更广泛的应用，它包括人们发明和使用的所有工具。

幼儿时期是幼儿学习使用各种工具的阶段。幼儿在使用自己文化背景下的工具的过程中习得能力，如学习使用叉子或筷子吃饭。的确，幼儿教育家将大部分时间用来教幼儿学会使用技术，如用剪刀剪东西、用铲子挖坑、用手握着铅笔写字。我们乐于看到这种改变，它会扩大我们对科学的认知。在幼儿自发游戏中，工程和技术是时常被忽视的却非常重要的一个尺度。综合性的游戏课程是发展适宜性的幼儿科学教育的基础——科学既包括传统意义上的自然科学，也包括工程和技术。

1. 以游戏作为核心的科学课程

设置通过自发游戏了解物理世界的环境：以游戏为中心的课程的基础是要有一个具有多种开展自发游戏的可能性的场所。对教育者而言，设置这样一个拥有探索科学的丰富机会的场所是一项极具创意的挑战，需要仔细地计划，以确保每个孩子都有机会玩各种各样的材料。颜料、黏土、拼贴的材料、不同形状和大小的积木、土壤、沙子、水、攀登工具、植物、动物、一系列人工或天然的工具，这些花样繁多的玩意儿都可以作为以游戏为中心的教育项目的材料。

鼓励儿童进行更深入的室内外环境探索：最初的环境布置好之后，教师们开始观察儿童在自发游戏中的表现，并根据他们的表现来改变环境布置，这样可以使儿童在游戏中扩展科学探索的深度。例如，幼儿园有一些孩子在教室里用积木建高塔。如果在附近放上一套桌面积木，那么或许能更好地让儿童参与到新的工程探索中。

在游戏中与儿童互动：从儿童的视角来看，对他们所实施的科学教育经常以一种无声的方式进行交流。教师以一个微笑去回应儿童投来的疑问的目光，这便构成了一个非语言的交流。在自发游戏中，教师通过扮演艺术家的学徒的角色，努力让儿童集中注意力，这样游戏区才不至于显得凌乱。在教师指导的游戏中，教师也有可能扮演平行游戏者的角色，与孩子们挨着坐在一起。如果教师真的很享受和孩子们一起探索和游戏的时间，如玩沙子、搭积木、拼贴材料，那么他们在自发游戏中表现出来的兴趣、好奇和专注就会传递给孩子们。如果教师在游戏中很投入并展现出真正的兴趣，那么就能避免产生一种孩子们可能会模仿的僵化模式。

拓展游戏生成的科学课程：游戏生成的科学课程在自发游戏、教师指导的游戏和教师主导的游戏三者之间来回游走。当儿童完全沉浸在自发游戏中时，教师可以借助科学资源材料和课程，找到进一步拓展和丰富游戏的办法。在以游戏为中心的课程中，教师会有意地去探索课程促进游戏的方法。科学课程强调深度，要通过整年的和跨年级的探究去促进孩子认知的发展，而不是简单的不相干的日常活动，因此，游戏课程与科学课程之间的连接应该是无缝的。对真正问题的探索最有可能在孩子们接下来的自发游戏中显现出来。如果科学课程适宜于儿童的发展阶段和兴趣，那么儿童在活动中就会重现他们正在学习的内容。

2. 以游戏作为核心的艺术课程

有效的艺术课程既会利用艺术来支持儿童游戏，也会利用儿童游戏来支持艺术，因为游戏贯穿于整个幼儿教学活动中，当然也包括艺术活动。在幼儿教育机构中要确保艺术服务于游戏。为了达到这一目标，教师必须时常走进幼儿的游戏世界，并将实施艺术活动的基础材料和道具带入其中。

（1）进入幼儿的自发游戏世界。当游戏进行不顺利时，教师可以通过介绍一种新的材料、游戏道具或者改变游戏环境，进入幼儿的游戏世界。有时候教师可能是自发的，有时候也可能是出于幼儿的需要或请求。有时候教师可以直接介绍或者示范新的道具和材料，有时候教师可以不这么做。自发游戏往往具有"假装"的性质。即使是一些简单的道具和环境的变化，也可以激发幼儿更为复杂的假装游戏。

为了刺激幼儿参与游戏并将注意力集中在图形艺术上，教师可以引入新奇的绘画工具。例如，海绵可以激发幼儿对形式和质地进行创造。滚筒可以让幼儿对纸的整个表面进行涂画，而不仅是局限在中间某个地方。通过演示如何用刷子给海绵和滚筒上色，而不是直接用这些工具蘸颜料，教师可以帮助幼儿更好地掌控自己的作品。通过利用这些精妙的辅助材料和技术，教师可以帮助幼儿创造一个新的假装的世界。

把建构艺术引入表演游戏中，教师就可能再次进入幼儿的游戏世界。教师要确保为幼儿提供的绘画、裁剪和涂鸦工具方便拿取，这样这些材料就可以辅助表演性游戏和想象游戏更快地开展。有时候幼儿在表演游戏中会寻求教师的帮助，也许是要一些新的道具。这时教师就可以提供毯子、旧床单、地垫、大块和小块的积木。也许有时他们需要技术支持，如用沙子建造一个网状的隧道。

（2）使用艺术品进行教学。在教室环境中把艺术品融入游戏并不难。例如，在明亮的、晴朗的日子里，可以将熟石膏和蛋彩画颜料在纸杯里用水混合后制成粉笔（当然，一定记得将干粉料混入水，这也是出于安全使用粉末的考虑），然后用粗粉笔画出孩子影子的轮廓。之后，当幼儿回来看午后自己的影子时，他们可能会十分好奇：画他们影子的粉笔线跟之前不一样了。遇上其他天气（雨天）无法形成影子的时候，他们可以用这种粉笔在湿的柏油路上创造出美丽的红色、蓝色和紫色的"表现主义"绘画。

如果幼儿大量接触二维形象艺术，如绘画、涂鸦、拼贴，那么这可以刺激他们通过游戏进行自发的艺术探索。这些媒介不仅激发了幼儿的想象力，而且对于培养幼儿的艺术素养和小肌肉动作的发展起到重要的作用。

对于幼儿而言，玩水、手指画、玩面团等触觉、感知游戏具有普遍的吸引力。幼儿能够全神贯注地沉浸在触觉、感知游戏中，通过自由操作材料获得与这些材料的物理特性相关的经验。手指画和玩面团可以让动手操作变得有舒适感，这种舒适感使得此类活动成为想象游戏和功能游戏的有益辅助手段。

（3）艺术课程中的音乐和律动。教师可以把音乐和律动作为指导性或引导性经验呈现给儿童，成为艺术课程和每日常规的一部分。新的和传统的律动、音乐材料、民族歌曲以及韵律都可以用这种方式引入。分享来自孩子们自己文化中的歌曲是支持孩子们开展自发游戏（包含音乐在内）的一种有效的方式，也能够促进他们开展跨性别的游戏。在简单的模仿常规活动中，可以用手掌、手指、膝盖等其他部位拍打出简单的节奏模式，也可以在有/无节奏乐器的配合下进行律动或舞蹈，这些都会成为非常令人满意的活动。

在教师指导的游戏中，应该为两个或更多孩子提供一个存有各种录音唱片的、组织良好的倾听角，这些唱片包括一些写有关于这个音乐的重要信息的卡片，这样，指导教师就可以看着这些卡片，向孩子们介绍与音乐有关的内容。对于已经开始阅读的年龄更大的孩子而言，这些卡片可以被投放到倾听角中直接使用。正如许多教师了解到的那样，孩子们可以在游戏中自发地创作一些歌曲和舞蹈，这些歌曲应当被记录下来并在倾听角中被孩子们欣赏。

对于儿童的思维和审美意识的发展而言，音乐具有很重要的作用。因此，音乐应当融入艺术课程之中。音乐中有韵律的歌词和段落可以促进儿童的听觉辨别能力和音素意识的发展。参与到音乐活动中，孩子们的抽象思维能力会得到锻炼，这对于数学能力的发展非常重要。音乐同样有助于提升孩子们的社会能力，当然，它还能够舒缓压力，让过渡环节变得轻松。

（4）通过音乐传统丰富教学文化。教师可以选择不同语言和文化背景下的音乐唱片来为儿童的舞蹈和律动伴奏。在艺术课程的教师指导的游戏中，要注意避免过分强调技能技巧，忽视了儿童的特殊需要。如果表演受到孩子喜欢，也能引起儿童的兴趣，但它们被归于教师指导的游戏之列，那么在这样的情况下，应为孩子们留出一些自由创作音乐的机会，以此来实现它们之间的平衡。除此之外，在高质量的课程中，教师主导的游戏或教师计划的集体活动都不应该仅仅是为其他活动做准备，这一点非常重要。对材料的介绍也是十分重要的，但是在幼儿艺术课程中不应该只是简单的"排练"，换言之，反复排练一些节目。在孩子们的学校生活中，每一个独立的艺术活动都应该是有意义的，活动中的每一步在本质上都应该是有趣的。

（四）重视户外课程的创造性教育

1. 以儿童的兴趣为起点

孩子们的兴趣是产生无限可能性的催化剂。在为无限的可能性进行规划时，我们将儿童视为有能力的学习者。为了追随儿童的兴趣进行规划，重要的是要在最宽泛的范畴内对这个观念进行概念化，即思考儿童认为哪些是有趣的，我们所争论的儿童利益最大化，可能并没有充分地反映社会、消费者和某些家庭所认为的最重要的事情。同样重要的是，要警惕单纯地把关注儿童的兴趣作为激励学习的一种手段，从而帮助成人实现教育目标，而不是一起进行一次由孩子引领的旅程。

考虑每个孩子所处的环境、社会和文化背景，有助于我们理解，儿童的兴趣总是存在于其经验范围之内。因此，重要的是拓展他们的经验，向他们提供广泛的机会，使他们在自己生活背景的范围内产生兴趣。作为孩子成长环境的一部分，家长非常了解孩子的兴趣，也清楚孩子的兴趣是如何发展起来的。教师在发起开放的、持续的对话中扮演着重要角色。在对话中，一幅关于儿童兴趣的图景和对儿童兴趣的共同理解就会慢慢展现。教师的观察和沟通是非常必要的，它有助于我们阐述和了解儿童的兴趣图景。同时，要谨慎地避免对信息的误读，因为这些信息经过成人的层层解读过滤后会发生偏差。例如，我们可能将儿童的兴趣解读为他们对"卡车和拖拉机"感兴趣，而实际的情况是他们对旋转和转弯感兴趣。

仔细思考对儿童而言，哪些内容是重要和有趣的，并支持他们朝着可能的学习之路前行，可以鼓励他们提出"值得问的问题"。"大问题"具有挑战性，也很有趣，它们能促进创造性思维发展，鼓励儿童在事物之间建立联系，这些"大问题"也会涉及普遍性问题和对概念的理解。为了创造让孩子们敢于问"大问题"的环境，作为教师，问孩子们诸如"这本书叫什么名字"或"我们昨天做了什么"之类的问题。此外，许多所谓的问题，实际上根本不是问题，更多的是教导，或是被包装成问题的一些行为管理策略。为了支持孩子们发现和追随自己的兴趣，我们需要通过让其体验感兴趣的事情，帮助他们发展问"大问题"的能力。作为教师，我们应该向孩子们提那种连自己对答案都没有把握，或有许多答案的问题。或者，我们可以提那种不期望得到明确答案，有时甚至根本得不到答案的问题。探索这些问题可能需要进行许多不同方式的沟通，如果让孩子成为有着无限可能性的主体，我们所做的就不仅仅是创造让孩子们可以提"大问题"的环境，更是一个他们一定会提"大问题"的环境。

2. 重视家长的参与程度

（1）家长参与的益处。长期以来，家长参与孩子学习的好处得到了很多研究者的认可，这些好处可以从儿童的发展上体现出来。家长参与不仅有利于儿童认知的发展，而且有利于儿童短期和长期的全面而完整的发展。对于家长而言，这种影响可能缘于自己要离开孩子而产生的焦虑，对孩子的发展、成绩和学习结果的焦虑，也有可能是对工作和财务状况的担忧。对教师而言，这种威胁可能是因为幼儿园没有采用有效的监管措施去支持教师的工作。对孩子而言，威胁可能来自家长分离焦虑的压力。

（2）家长参与的可能性。在家里的学习对儿童的发展也极其重要，家长的行为和家庭为孩子所做的准备对孩子认知发展的影响要大于家长的社会经济地位和教育水平。通常而言，孩子在家里可以获得多种促进认识发展的经验，如分享故事、韵律、诗歌和歌曲，玩字母游戏，烹饪。另外，带孩子外出参观，定期让他们与其他孩子一起玩耍，也有助于认知发展。

关注幼儿园如何以互惠的方式与家庭打交道，考察我们与孩子、家长相处的过程中怎样发展和维持家园之间的互惠关系，就能让我们从这种工作方式中受益良多，这种关系始于家访（早在孩子进入幼儿园之前），当我们定期提供正式的和非正式的交流机会，跟家长谈论孩子的兴趣、当前探究的线索、照护的需求、整体发展和学习需求等问题时，这种关系就得到了维持。

此外，家访可以被视为教师与家长建立平衡、互惠的关系的第一步。家访应该有一个明确的重点，这个重点可以在家访前由幼儿园和家长一起决定。通过电话与家长交流关于家访的事宜，不应只涉及与家访有关的实际事务，也应该向家长表达作为教师希望达到的家访目的：首先，了解孩子和家长在家里时喜欢一起做的事情；收集与孩子、家庭有关的信息；其次，创造机会，与家长聊聊他们希望自己和孩子在幼儿园的收获；最后，家访要确保孩子顺利地从家庭过渡到幼儿园。

3. 科学安排创造性游戏

重视自然游戏，首先要理解创造性游戏在幼儿生活中的价值。除了爱和保护，幼儿最需要的是进行游戏的时间、空间和材料。儿童通过游戏了解自己和周围的世界，通过游戏获得胜任感，并在社会、文化和物质环境方面收获无价的发现。儿童在童年早期需要学习的大部分内容都无法被教授，儿童只能通过游戏去发现它们。

游戏不仅是童年早期重要的学习方式，也是儿童的快乐源泉。事实上，游戏几乎是"快乐童年"的同义词；缺乏游戏将导致健康的儿童变得令人担忧。创造性游戏对于儿童社会性发展的益处，包括学习分享、合作、轮流和协商。当儿童参与社会性游戏时，他们将体验到不同人的不同性格、脾气和做事方法。通过这个过程，他们更加了解自己和他人，并学会换位思考。

第二章　儿童文学教学设计与教育发展

第一节　不同类型的儿童文学教学设计

一、儿童诗与教学设计

儿童是一个富有想象力的群体，他们总会有许多新鲜、奇异的想法，创造出许多生动鲜活的形象。儿童诗，生活气息浓郁，内容浅显易懂，语言朗朗上口，是儿童喜欢的文学体裁，也是表达儿童思维特征、抒发儿童真情实感的一种很好的形式。

（一）儿童诗的特点与分类

"儿童诗是指以儿童为主体接受对象，符合儿童的心理和审美特点，适合于儿童听赏、吟诵、阅读的诗歌。"[①] 它既包括成人为儿童创作的诗，也包括儿童为抒怀而创作的诗。

1. 儿童诗的基本特点

儿童诗是诗的一个分支，由于它受到特定读者对象心理特征的制约，因此所反映的生活内容、所进行的艺术构思、所展开的联想和想象、所运用的文学语言等，都必须符合儿童的年龄特征，必须为儿童所喜闻乐见。儿童诗在培养他们良好的道德品质、思想情操，在激发和丰富他们的想象力、思维能力，尤其在培养他们健康的审美意识和艺术鉴赏力上，发挥着独特的作用。

（1）儿童特有的情感。抒情，是诗歌反映生活的根本方式，儿童诗也不例外。但由于它的读者对象的特殊性，所以要求诗歌逼真地传达出孩子们那种美好的感情、善良的愿望、有趣的情致，以激起小读者情感上的共鸣。例如，圣野的《夏弟弟》就是一首用饱含着童真的激情去描摹夏天绿意的诗，诗人把夏天比喻成爱爬竿子的绿孩子，由衷地赞美他给我们带来了"多么可爱的绿颜色！"表面上诗人在赞美大自然那绿色的生命力，实际上是在赞美"为了祖国四个现代化，在洒满绿荫的窗口，勤奋看书的学生……"这些学生才是夏天真正的充满绿意的风景。这样不仅可以让儿童受到美的熏陶，更能增加儿童对知识

---

① 范红.语文教学与儿童文学[M].成都：西南交通大学出版社，2015：1.

的渴望，对生命的热爱，对社会的责任。

儿童诗所抒发的儿童情感，往往洋溢着盎然的儿童情趣，不仅能使儿童从中获得关照和愉悦，也能把成人读者带回那童心萌动的情景中，重温儿时的梦，如获"陈伯吹儿童文学奖"的作品《十四岁，蓝色的港湾》（滕毓旭）描写了处于14岁这一特殊年龄段儿童对爱的理解、心事与天真、性格差别、心中的渴望以及他们的理想与冒险精神等，情感抒发得自然、贴切、生动、有趣，其中有这样的诗句："要说男孩子勇敢真是勇敢，就是枪子飞来也不眨眼；要说女孩胆小真够胆小，看见豆虫一蹦老远。希望多有几个叹号，叫大人们都刮目相看，可脑子里问号总也拉不直，古怪的问题总让老师为难……"诗人于幽默风趣的描写中，把儿童独有的内心世界和情绪活动宣泄出来，使人感到这就是活泼快乐的儿童所具有的，盎然的儿童情趣溢于言表。

应当注意的是，儿童诗中盎然的儿童情趣是儿童生活中本来固有的元素，只不过是由儿童诗人采撷发现并进行了形象化的描摹而已，而不是生硬的外加的成分。

（2）儿童式的丰富想象。儿童是最富于想象和联想的，他们总是用自己创造性的想象来认识并诠释世界上的一切事物。在他们通往想象而诗化的世界里，花儿会笑、鸟儿会唱、草儿会舞、鱼儿会说……因此，儿童诗必须符合儿童心理的丰富想象，创造优美的意境，抒发儿童的童真童趣，让儿童在奇妙多姿的世界里，展开想象的翅膀，感悟诗的题旨。这就要求儿童诗要在想象的世界中用心灵与儿童对话。如邵燕祥的儿童诗《小童话》："在云彩的南面，那遥远的地方，有一群树叶说：我们想像花一样开放。有一群花朵说：我们想像鸟一样飞翔。有一群孔雀说：我们想像树一样成长。……"诗歌起语就把小读者从现实引发到想象中的"遥远的地方"，并在想象中完成"叶子花""小蝴蝶""孔雀杉"这些美丽形象的再创造，展开丰富的遐思。然而诗人的用意也不止于此，又继续和孩子一同展开想象的翅膀，由物及人感悟出诗意之所在。"遥远的地方"是"傣家的村寨"，"那花朵、蝴蝶和孔雀杉都变成小姑娘"，从想象的世界再回到现实，而这现实中傣家小姑娘的美丽形象仍然需要小读者进一步地想象，并从中获得审美享受。

（3）新颖巧妙的构思。儿童诗所抒发的情感不论在丰富性上，还是在深刻性上，都远不如成人诗歌，这是由儿童的情感特点所决定的。如何才能在不甚宽阔的情感层面上表达情趣并创造独特的表达效果，这主要依赖于构思的新颖巧妙。这种依赖于生活积累和儿童式的想象的构思在很大程度上决定了儿童诗的艺术水平。如任溶溶的《爸爸的老师》，在同类题材的情感挖掘上并无太大的创意，却依然是同类题材作品的典范之作，其中的奥秘就在于作者创造了一种新颖巧妙的构思模式，达成了别具一格的表达效果。又如舒兰的《虫和鸟》："我把妈妈洗好的袜子，一只一只夹在绳子上，绳子就变成了一只多足虫，在阳光中爬来爬去。我把姐姐洗好的小手帕，一条一条夹在绳子上，绳子就变成一群白鹭鸶，在微风中飞舞。"飞舞在生活基础上的大胆想象，依赖这种想象的巧妙构思，使平凡的生活现象变成一种儿童式的神奇和余味无穷的美丽。

（4）天真而精粹的语言。诗是语言的艺术。深刻的思想、鲜明的形象只有用凝练、形象、具有表现力的语言来表现才能成为诗。儿童诗应为儿童学习驾驭语言提供优良的条件，让儿童在优美的语言环境中学习语言、丰富语汇，提高他们驾驭语言、鉴赏语言的能力，同时得到美的享受。如刘饶民的《大海的歌》中《大海睡着了》："风儿不闹了，浪儿不笑了。深夜里，大海睡觉了。她抱着明月，她背着星星。那轻轻的潮声啊，是它睡熟的鼾声。"寥寥数语，就把静谧安详的大海展现在读者面前，而且用拟人的手法，以极其准确的措辞"抱着""背着""鼾声"形象地描绘出大海这位"母亲"熟睡时的优美体态。经常吟诵此类诗，不仅可以提高审美能力，还能从中学习并提高鉴赏语言、驾驭语言的能力。

儿童诗优美的语言，除了词语的锤炼要准确恰当外，诗的声音节奏更应具有音乐性，即诗的音韵要有美感效应。儿童诗的音乐性主要表现在押韵和节奏上。通过韵脚的变化、句式的错落有致，既兼顾了不同年龄段的儿童，同时又可使诗歌具有较强的音乐感和节奏感，形成全诗的回环整齐的美感。年龄越小的儿童，阅读的儿童诗的韵脚应越整齐。例如，以幼儿为主要读者对象的《小熊过桥》（蒋应武），用"ao"韵一韵到底；望安的《嘀哩，嘀哩》和鲁兵的《下巴上的洞洞》等诗歌中鲜明的节奏感，都给人以读诗如唱的明快感觉，使儿童在激动之余获得美感。

（5）童稚而优美的意境。意境同样是儿童诗应该刻意创造的，而且应以营造童稚而优美的意境为目标。我们常说的"情景交融"，即诗的感情应当附丽于形象。只有把真实的儿童感受通过形象含蓄地表现出来，而不是抽象地呼喊，这种儿童诗才具有童稚而优美的意境，也才能感动儿童。如刘饶民的《月亮》："天上月亮圆又圆，照在海里像玉盘。一群鱼儿游过来，玉盘碎成两三片。鱼儿吓得快逃开，一直逃到岩石边。回过头来看一看，月亮还是圆又圆。"在月照大海的静态美景中，通过鱼儿的"逃"和"看"的动态加入，在精巧的构思中，创造出一群小鱼儿戏水观月的优美意境，既有童话般的境界，又有盎然的童趣。

2. 儿童诗的类别划分

儿童诗与一般诗歌大体相似，可以从不同的角度进行分类。

（1）表现手法。

第一，抒情诗是作者以主人公的口吻直接抒发内心的思想感情而形成意象的文学样式。这种诗一般不凭人物行动或故事抒发胸臆，也没有完整的人物形象的刻画描写，而是抒情主人公心灵的直接坦露，自我色彩明显。儿童更倾向于这种最富于抒情个性的文学样式。如乔羽的《让我们荡起双桨》、柯岩的《种子的梦》、唐奇的《小溪流》、杨唤的《家》、高帆的《我看见了风》等，都是深受儿童读者喜爱的抒情诗。

第二，叙事诗是运用诗歌的语言，通过某一特定的生活场景，表现人物或事件的相互联系，创造优美的意境，真实地表现情感的文学样式。

叙事诗大多依靠情节或人物串缀展开诗序，但不一定要求故事情节的完整，情节结构允许较大的跳动，是带着浓郁的诗情去抒写人和事的。著名诗人郭小川曾经说过，"奇、美、情"三个要素，"都是好的叙事诗所需要的"，因为儿童喜欢读那些有人物和有情节的小叙事诗。"奇"是指叙事诗中要有巧妙的情节安排；"美"是指诗歌要用精粹的语言、生动的形象构成优美的意境；"情"是指诗歌抒发饱满的情感，具有盎然的情趣。如李季的《三边一少年》、任溶溶的《爸爸的老师》、柯岩的《帽子的秘密》、金近的《天目山上好猎手》等，可称得上叙事诗中的代表作。

（2）押韵、分行。

第一，韵律体诗，就是我们一般所说的格律诗。格律诗就是在韵、律两个方面遵循一定规则的诗。韵就是诗词的音韵，是字音规则；律就是诗词写作的格式，是形式规则。韵是诗词的基本要素之一。诗词中所谓的"韵"，大致等于现代汉语中的韵母。所谓"押韵"，是指把同韵部的两个或更多的字放到同一位置上，一般都放在句尾，所以又叫韵脚。押韵的目的是声韵的和谐。

古人对诗歌的韵律特别重视，古典诗词分成古体诗和近体诗。古体诗又称古诗或古风，受的限制较少；近体诗又称今体诗，包括律诗和绝句，有严格的韵律。从字数上看，诗歌可以分成四言诗、五言诗、七言诗（六言诗很少见）。唐代以后，四言诗很少见了，所以一般诗集只分成五言和七言两类。

第二，散文诗，是一种介于诗歌和散文之间的文学样式，它具有诗的意境和散文的形式。它注重自然的节奏感和音乐美，篇幅短小，常常富有哲理，像散文一样不分行、不押韵。如郭风的《我们来唱白云、银河……》就是一组精美的散文诗；又如印度大诗人泰戈尔也写过不少优秀的儿童散文诗，像《金色花》《纸船》《花的学校》《当我送你彩色玩具的时候》等。

（3）其他。从其他各种不同的角度来看，儿童诗还有很多种类，常见的如下。

第一，童话诗是以诗的形式叙说富于幻想夸张色彩的童话（或传说）故事的作品，它是童话和诗的结合物。通常认为，童话诗是儿童诗特有的一种样式，同时它又是颇受学前期和学龄初期儿童欢迎的文学样式。童话诗中，既有取材于民间童话和民间传说的童话诗，像阮章竞的《金色的海螺》、熊塞声的《马莲花》等；也有在现实生活基础上展开情节幻想的童话诗，像泰戈尔的《在黄昏的时候》、圣野的《竹林奇遇》和滕毓旭的《森林童话》等。

第二，寓言诗又称诗体寓言，它是以蕴含发人深思的鲜明寓意（哲理或教训）为主要特征，以寓言的形式来叙事的诗。17世纪法国的拉封丹、19世纪苏联的克雷洛夫都写过大量深受少年儿童欢迎的寓言诗。我国当代作家高洪波的《列车上的苍蝇》、张秋生的《会拉关系的蜗牛》等都是有代表性的佳作。

第三，儿童讽刺诗是用比喻和夸张等手法对儿童生活中某些不良现象进行提示和批评、引导儿童对照自省的幽默诙谐的儿童诗。这种诗，或直写儿童的错误行为及后果，或巧指他们的一两种问题缺点，或有意夸张叙写他们某种不良习惯及可笑的结局，使儿童在微笑中看到自己，受到启发，引起警觉。儿童讽刺诗和一般讽刺诗有明显的区别。儿童诗中讽刺对象是儿童，所以大都是善意的、委婉温和的。它不同于一般讽刺诗大都针对社会生活中某种不正常现象、某种人的劣迹或者敌人的那种辛辣尖刻、针砭入木三分，甚至没有回旋余地的讽刺。

第四，儿童荒诞诗是将先锋荒诞诗与传统的儿童诗相结合的诗歌作品，意在激发儿童读者无限的想象力与创造力。其作品集荒诞、童话、趣味、夸张等于一身，使儿童诗在原有的写作领域中，开辟出一条新的写作途径。儿童荒诞诗的创始人是荒诞诗人尤云先生，其代表作有短诗《空难》及长诗《月下老人》等。

第五，科学诗是指用诗歌样式所写的科学文艺作品。它以表现科学精神、科学现象、科学规律等为主要内容和主要特征。如高士其的《太阳的工作》、李松波的《为黄鼠狼辩》、范建国的《太阳光的妹妹》等，都是其中的佳作。

第六，题画诗是一种为适合少年儿童欣赏的图画（或连环画）而题配的儿童诗。著名诗人柯岩的题画诗就是其中的典范。

（二）儿童诗教学设计策略

在语文教学中训练学生的语言运用能力，已成为目前语文教育界同行的共识。学生表达能力的提升，尤其是书面表达能力的训练，是语文教师共同面对的一个核心问题。对于如何提高儿童的写作能力，语文老师都有很多"独门秘籍"，在这里，我们着重探讨通过儿童诗教学的有效性来提升学生的写作能力。儿童诗教学为何能够促进写作能力的培养，具体而言，就在于其能丰富学生的想象能力，增强学生的语感，培养学生的表达能力。通过儿童诗教学提高学生的写作能力，可从以下措施入手：

1. 听——感受童趣，展开丰富的联想与想象

让学生听是儿童诗教学的第一步。由于儿童诗一般都具有音韵美的特征，读起来朗朗上口，能立刻被独具的语言魅力所感染。教师在教学时，可以让学生听录音，听老师范读，听同学朗读等，另外，还要多次听或反复听，让学生先从直觉上亲近儿童诗。引导学生学会倾听，教学中欣赏名家朗诵，感受诗歌的节奏，欣赏诗歌的语言美和韵律美；充分感受儿童诗的节奏韵律之美，懂得欣赏，这不仅是激发学生喜欢儿童诗的良方，也是学生创作儿童诗的前提。

2. 诵——大声朗诵，产生强烈的语感

多读对学生来说大有裨益。所以，在儿童诗的教学中，作者应该把重点放在学生的读上。不可否认的是，多读并不是让学生机械地重复读，"授之以鱼不如授之以渔"，作为教师，不需要手把手地教读，而是应指导学生如何读诗，从而使学生掌握读诗的方法，以便于他们独自灵活运用。

读准字音，能使学生在掌握大量生字词的基础上更快更好地理解这首诗歌，更重要的是，大声朗读是培养学生情感的一个行之有效的方法。精确、凝练的诗歌语言能够在学生内心产生强烈的语感，对学生锤炼文字、体悟意境大有好处。当学生创作诗歌或写作时，能在语言表达中敏锐地辨别语言文字使用的正误与优劣。

诵读儿童诗的形式也是多种多样的。自行反复诵读，读通读懂诗歌，感受事物形象和作者的情感；再诵诗歌，体会诗歌营造的意境。这样多种形式的反复变换，日积月累之后，学生的语言敏感度和语言表达能力都会有不同程度的提高。

3. 写——动脑动手，校内体验活动

听与读究竟有没有作用，实践才是检验真理的唯一标准。所以，应抓住校内第一课堂可以锻炼的良好时机，对学生的习作能力展开适时的培养与提高。教师要相信学生在诗歌方面具有无限的创造力，因此，让孩子作诗，大人不可以去考虑对大人所必要的功利性的事物。课堂上教授了一首儿童诗歌，学生通过听、读，激发他们内心的"诗情"，这个时候，教师就可以考虑适当地引导学生进行儿童诗"创作"了。当然，刚开始不必提太高的要求，能够仿照教材中的例子，形似神不似也可称为"诗"。在以后的教学中再逐步地教授方法，引导学生通过联想、想象等表达手法，借助象征手段、比喻、拟人等修辞手法，使之进一步提高。

4. 创——适度创作诗歌，记下创作体验

当学生学习了许多诗歌之后，会萌发出一种自己创作诗歌的想法，产生一种像诗人一样解释抒发自己内心情感的欲望，这样，就从写诗表达出自己的情感发展到自己写作倾泻出自己的感悟。这时候，教师应该正确顺应学生的兴趣指向，给学生创造良好的写诗环境，鼓励学生学诗写诗的热情。

语文教材选编了一些优秀的儿童诗，每册都有五六篇儿童诗，这些儿童诗非常贴近学生生活，语句简单，读起来朗朗上口，学生非常喜爱。在语文教学实践中适度创作诗歌，得法于课内、得益于课外，注重策划儿童诗创编活动，营造和谐的写作氛围，适时归纳出创作经验，课堂习作是提升学生写作能力的有效途径。

儿童诗，从外形上看，充满童趣和无限的想象力，但是，它对语言文字能力的表达、形式的结构体现、手法的灵活运用以及意象材料的组合排列都有着极高的要求。语言要概

括凝练，情节不能太散乱，表面现象往往要蕴含深意，所要传达的信息以及要抒发的情感必须明确等，这些都是要学生对生活观察、分析、再分析，根据需要进行提炼、概括、归纳，重新组合。在这个过程中，不仅考验了学生对语言文字的运用能力，也促进了整合篇章的能力的提高，同时还使学生的想象能力得到恰当发挥。

适度引导学生进行创作，注重创设情境，营造和谐的写作氛围。以学生喜欢的小动物为创编儿童诗的对象，引导学生观察、表达，教师适当进行表述点评，把学生的口头表达整理在黑板上，用循序渐进的教学模式，让学生在接受新知的同时，激发他们创编儿童诗的兴趣和自信。

诗歌创作之后，写下自己创作诗歌的过程及感想，这又是一个思想整合的过程，在整合中锻炼自己以不同的文体抒发自己感悟的能力，这也是培养并提高写作能力的方法。

二、童话与教学设计

童话是"儿童味"最浓的一种文体，被誉为"最纯真美好的人类话语"。童年时耳熟能详的美丽故事，直到耄耋之年时还依然能在脑海中忆起，如《白雪公主》《灰姑娘》《海的女儿》《丑小鸭》《皇帝的新装》《卖火柴的小女孩》等。儿童的天性是富于幻想，喜欢新奇的事物，而童话正是符合了儿童的天性，符合了儿童的思维特点。作为文学作品进入教材，童话对发挥儿童的想象力和创造力，增加对社会生活的认识和了解，并形成基本的世界观、人生观和价值观，都起着至关重要的作用。

（一）童话的特点与分类

童话用奇特的想象、生动的情节和形象、充满趣味的语言，为儿童创造一个神奇的幻想世界，不仅丰富了儿童的想象力，同时又满足了他们强烈的好奇心。对于童话的定义，《辞海》中这样表述："童话是儿童文学的一种。通过丰富的想象、幻想和夸张来塑造形象、反映生活，对儿童进行思想教育。一般故事情节神奇曲折，生动浅显，对自然物往往作拟人化的描写，能适应儿童的接受能力。"

"童话是儿童文学的重要体裁。是一种具有浓厚幻想色彩的虚构故事，多采用夸张、拟人、象征等表现手法去编织奇异的情节。幻想是童话的基本特征，也是童话反映生活的特殊艺术手段。童话主要描绘虚拟的事物和境界，出现于其中的'人物'，是并非真有的假想形象，所讲述的故事，也是不可能发生的。但是童话中的种种幻想，都植根于现实，是生活的一种折射。童话创作一般运用夸张和拟人化手法，并遵循一定的事理逻辑去开展离奇的情节，营造浓烈的幻想氛围以及超越时空制约，亦虚亦实，似幻犹真的境界。此外，它也常常采用象征手法塑造幻想形象以映射、概括现实中的人事关系。"这是《儿童文学辞典》给出的定义。

从《辞海》与《儿童文学辞典》对童话所下的定义中我们可以看出，两者都把童话归于儿童文学的范畴。不可否认，童话的主要读者是儿童，因为童话的情节与人物形象相对简单而又具有趣味性，这些特点与儿童成长阶段的某些独特心理相吻合。

当然，我们这里讨论的"童话"属于文体概念。所谓童话，是指将现实生活逻辑中绝对不可能有的事情，依照"幻想逻辑"，用散文形式写成的故事。也可将这种儿童文学的形式称作"幻想故事"。

1. 童话的基本特点

通过定义我们可以看出，童话是一种有浓厚幻想色彩的虚构故事，是孩子们最喜闻乐见的文学样式。我们有必要对童话的特点做些深入的分析。

（1）基本特征——幻想。童话是以奇异动人的幻想、奇妙曲折的情节间接地反映现实生活、表现儿童情趣的一种文学样式。虽然多数文学体裁的作品都有不同程度的幻想，但幻想是童话的灵魂，是童话的核心，没有幻想就没有童话。从古至今，童话都是借助幻想，把许许多多平凡常见的人物、事物、现象错综地编织成一幅幅不同寻常的图景，在读者面前展开一个超乎现实的奇妙的世界。童话没有了幻想就会失去色彩，而倘若幻想脱离了现实，就会像五彩的气泡转瞬即逝。所以，没有生活也就没有童话。现实是童话幻想的源泉，童话所描述的种种幻想情节，乍看好像荒诞不经、虚无缥缈，但其实任何艺术形象都产生于现实的基础上，幻想也是如此，童话中无论何等怪异、离奇的形象与情节，也都可以在物质世界找到它的原型。

童话就是用这种不存在来反映存在，用虚构来反映真实。众所周知，格林笔下的白雪公主和七个小矮人是现实生活中并不存在的虚构人物，但多少年来，不论成人还是儿童都深爱着他们，因为他们身上体现了人类真善美的高尚情感。谁也不会相信现实生活中的猫狗会说人话，但人们却津津乐道于"鸟言兽语"的故事，因为其中所讲的都是人情世故。优秀的童话作品，总是把幻想与现实巧妙而紧密地融合在一起，形成一种如诗似画的艺术境界。

（2）语言简洁活泼。童话的语言具有一般的文学语言所具有的情感性、形象性、含蓄性和音乐性等特征。童话的语言通过动物或人物之口予以表达，这些语言来自生活、发自内心，与儿童自身的语言比较接近。儿童在阅读童话时很容易进入童话创设的情境，同文本进行对话，与童话作者和作品人物进行思想情感的交流。

（3）表现手法多样。童话的表现手法主要有夸张、拟人、象征三种。

第一，夸张。没有夸张，就没有童话中的幻想。一般的文学作品，也运用夸张，但它们的夸张主要是集中和概括，就是按作品需要把生活中的某一部分放大（或缩小），以增强作品的艺术效果，这种夸张，总是有节制的、局部的。然而，童话的夸张则不同，它是极度的夸张、全面的夸张，甚至可以夸张到变形的地步。如安徒生的作品《豌豆上的公主》，在公主所睡的床上有一粒豌豆，可在这粒豌豆上面铺了二十床垫子和二十床鸭绒被，公主睡了一夜，却仍能感觉到睡在很硬的东西上面，睡得不舒服。这在常人看来是不可能的，也是不合常理的。可童话却让这一切的夸张变得合理，变得正常。童话故事用这种夸张突出了人物的性格特征，增加了作品的新奇性和生动性，深化了童话故事所要表达的主题，使故事情节更加的幽默和有趣。

当然，童话的夸张并非无限度。我们不能说，童话故事夸张得越荒诞，童话的价值就越高。夸张应该恰到好处，如果一味地追求笑料，对生活进行过度的畸形的夸张，反而会丑化生活，所以夸张不能脱离生活的真实而独立存在。

第二，拟人。拟人就是把非人类的东西加以人格化，赋予它们人类的思想情感、行为和语言能力。童话中拟人化的范围十分广泛，包括对动物、植物以及其他非生物、各种具体和抽象事物、概念、观念、品质的拟人化。拟人化童话中的人格化的角色，并不等于生活中真实的人。它们具备了人的某些特点，但仍然保留物的许多属性，既是人又是物。拟人之所以广泛运用于童话创作之中，是因为这种手法十分适应儿童的心理和气质。

拟人是童话创作的常用手法之一，需要注意的是，拟人虽然是将不具备人的动作感情的物变成和人相似，但它们并不能脱离自身的本质属性，正是源于这一点，童话故事具有了亦真亦假、有虚有实的创作美感。例如，格林兄弟的作品《猫和老鼠做朋友》的故事结尾，猫把老鼠吃掉了，这符合我们的认知规律，如果作者把结局写成老鼠把猫吃掉了，显然就违背了客观规律。

第三，象征。象征是一种通过某一具体事物把某种抽象的概念、思想或情感形象可感地表现出来的艺术手段。既然童话是用幻想反映现实的，那么它或是通过某种动物、植物、非生物，甚至某种概念的描写，来比喻象征某种深刻的事理；或是通过一些奇异的童话情节、童话人物，来象征社会上某种人的性格，以及社会上人与人之间的关系。例如《小猫钓鱼》中的小猫天生活泼、做事不专心的特点与很多小孩的性格很相似，借助这个童话形象来表达做事不能三心二意的主题。

值得注意的是，童话中的象征性形象只能概括某一特征，并不涵盖被象征者的全部，例如林格伦《小飞人三部曲》中的卡尔松，这个神采奕奕、活泼勇敢的童话形象，以他好吃贪玩、爱吹牛、喜欢恶作剧等性格特点，象征了在现实生活中被压抑的儿童内心世界对自由发展的渴望；怀特的《小老鼠斯图亚特》在小老鼠的生活趣闻和冒险经历的叙述中，以小老鼠蓬勃的生命力，象征着勇于做生活的主人、充满信心地迎接生活中的挑战的勇敢少年。所以，应该正确理解象征的运用，着眼于童话作品内容的整体去审视其象征意义。

（4）严密的逻辑性。童话的逻辑性是指幻想和现实结合的规律。所有的童话都是虚构的，但有的读起来似乎入情入理，而有的却让人觉得牵强附会，原因就在于前者符合童话的逻辑，而后者忽略了这一点，以致破坏了整个故事的合理性。童话的逻辑性建筑在假定之上，即作者必须为幻想人物的活动、虚构的故事情节的发展提供一个假设条件，然后从这一假定的前提出发，使事物按照自己的逻辑发展下去，使假想的人物在假想的生活环境条件下，合理、自然地发展。

童话的逻辑性还要求在安排人物思想活动、角色之间相互关系、事件发展变化等方面，必须遵循生活规律和自然规律。换言之，童话描述的虽然是超脱现实的幻想世界，但其中的人物、现象却仍然要严格遵守真实生活的逻辑性。例如在《山米，猫妈妈的孩子》中，小松鼠山米之所以能成为猫妈妈的孩子，是因为它失去了母亲，而母猫正好又失去了小猫，在这种特殊条件下，山米由母猫喂养长大，彼此才能互相接纳。作品中，山米并未成为小猫，而仍然保持松鼠的种种特性，如果把它写得如同小猫就不符合童话逻辑了。

2. 童话的类别划分

关于童话，可从不同的角度进行分类，主要分类如下。

（1）从童话的作者划分。

第一，民间童话。童话发展源远流长，最早的童话是口头流传的民间文学中的一部分。这些由劳动人民创作、流传于民间的童话以及根据这些内容整理加工而成的童话，称为民间童话。如迈克尔·韦斯特的《五个著名童话》，就是根据阿拉伯著名民间故事集《天方夜谭》中的故事再创作的；19世纪德国著名童话作家豪夫的代表作《冷酷的心》《赫什古尔敦》等，均取材于德国南方施瓦本一带的传说。民间童话具有民间文学所包含的集体性、口头性、变异性和传承性等基本特征。其故事情节奇异动人，人物类型化，结构、语言定型化，具有浓厚的幻想和丰富的想象以及明显的地方色彩和民族色彩。

第二，创作童话。由作家独立创作的童话称为创作童话。它是由作家个人创作的童话作品，具有书面性、创作风格和创作方法的独特性等特征。文学童话的创作方法一般分为两种。

一是以民间流传的童话为素材，进行加工、改写或再创作的作品，如普希金的《渔夫和金鱼的故事》等。有的作家在创作童话时，从民间童话吸取营养，但很大程度上仍是个人创作的，仍属创作童话，如杨楠的《五彩云毯》。

二是完全从现实生活中取材创作的作品，如安徒生的《丑小鸭》，严文井的《四季的风》，孙幼军的《怪雨伞》，杨楠的《彩梦俱乐部》等。童话中绝大部分属于创作童话。我国第一部创作童话集是叶圣陶的《稻草人》。张天翼的《大林和小林》和《秃秃大王》的发表使我国的童话创作进入一个新的阶段。叶圣陶、叶君健、张天翼、陈伯吹、金近、洪汛涛、严文井、贺宜、包蕾、任溶溶、葛翠林等一大批著名作家，因他们量多质高的童话作品而深受孩子们的欢迎。近年来，郑渊洁、冰波、周锐、金逸铭、彭懿、郭楚海等一批中青年作者勤奋地为孩子们创作童话，认真地进行探索，《爸爸的秘密摄像机》《特别法庭》《王牌肥皂》《猫过鼠年》《桃树下的小白兔》《皮皮鲁和鲁西西》《小红帽新传》

《小力克奇遇记》《舒克和贝塔历险记》《小羽和小钢》等一大批新的力作，都属创作童话之列。

（2）从童话的"人物"形象划分。

第一，超人体童话。这是以描写超自然的人物及其活动的童话。这种童话的形象具有超人的神奇能力、能造就超自然奇迹，往往有"神化"特性。例如，普希金的童话诗《渔夫和金鱼的故事》中可以满足老渔夫的各种要求的金鱼；《白雪公主》中能够回答恶毒王后问题的魔镜；《灰姑娘》中把南瓜变成四轮马车的仙女，等等，这些形象所具有的超能力可以实现童话中的其他人物所不能做到的事情，创造出匪夷所思的奇迹，充分体现了童话奇异大胆的幻想色彩。

第二，常人体童话。这一类童话的最大特征是以普通人作主人公。但这些"普通人"并不是我们在日常生活中所见到的人，而是经过作者加工的、被极度夸张了的童话人物。他们的命运和经历，又往往具有某种讽刺性和象征性。安徒生前期童话的代表作《皇帝的新装》，能很好地说明常人体童话中的人物特征。整个故事无处不讽刺，无处不夸张，然而人物都是非神非妖非怪的普通人，完全有别于"超人体童话"中的形象。这类童话，虽然幻想成分很浓厚，夸张手法大量运用，但因为它是以现实的社会、现实的生活、现实的人物为出发点进行艺术加工的，所以往往比超人体童话、拟人体童话更真实、更贴近生活。

第三，拟人体童话。拟人体童话是描写动物、植物或其他无生命事物人格化以后的种种新奇的故事。出现在拟人体童话中的鸟兽虫鱼和各种事物，不仅有生命，而且有思想感情，它们像人类那样讲话，像人类那样活动。在进行拟人描写时，童话作者是可以自由驰骋想象的，但是也不能不受到比拟对象的自然属性的制约，它要比拟得合乎情理。兔子只能比拟温顺的人，如果把它比拟成森林之王就不恰当了。换言之，在拟人过程中，既要将那些比拟的动植物及无生物赋予"人"的形象，又要保持"物"的特点，只有把这两者恰当地结合起来，比拟才会准确、贴切。

（3）从内容上划分。

第一，文学童话。以反映社会生活为主的，是文学童话，也称为传统童话。它曾经将一代又一代的少年儿童带进迷人的世界，展示了一个个充满幻想和浪漫情调的王国。例如，方轶群的《萝卜回来了》、安徒生的《皇帝的新装》等。

第二，科普童话。由于社会不断进步、科学事业不断向前发展，人们越来越迫切地要求普及科学知识，因此向孩子们介绍自然王国的大千世界已成为当前儿童文学工作者和科学知识普及工作者的重要任务。这样，在童话园地里，又出现了一朵引人注目的奇葩——科普童话。科普童话，又称知识童话，以介绍科学知识为创作主旨，不但给予小读者品德上的陶冶，而且给予小读者知识性的教育。例如叶永烈所写的《圆圆和方方》，就是讲了圆和方这两种基本几何图形在生活中的实用价值。又如苏联童话作家比安基所写的科学童话《尾巴》，通篇采用拟人手法，以苍蝇找尾巴为情节线索，介绍了各种动物尾巴的功能。另外，还有方惠珍等的《小蝌蚪找妈妈》、鲁克的《谁丢了尾巴》等。

（4）从童话的篇幅长短划分。

第一，微型童话，一般在700字以内。

第二，短篇童话，字数一般在800~7000字，例如叶圣陶的《稻草人》和《古代英雄的石像》，安徒生的《卖火柴的小女孩》，洪汛涛的《神笔马良》等。

第三，中篇童话，字数一般在8000~40000字，例如岳辉的《再见，美人鱼》《白发天使》《郑渊洁中篇童话选》等。

第四，长篇童话，一般都在40000字以上。例如张天翼的《大林和小林》，意大利科洛迪的《木偶奇遇记》，特别是瑞典女作家拉格勒芙的《尼尔斯骑鹅旅行记》，译成中文竟达40余万字。

第五，系列童话。系列童话比长篇童话的篇幅还要长，它往往分几部接续出版。一般而言，作家创作了一个童话形象，一部童话作品，深受孩子们欢迎，于是作家为了满足小读者的要求，假借原来的童话形象和童话环境等，一直生发开来写下去，这样就成了系列童话作品。例如郑渊洁的《皮皮鲁·鲁西西系列童话》，英国女作家特莱维斯的《玛丽·波平斯》（如今已经出版了七部），美国作家鲍姆写的有关奥茨国探险的童话（一直写了24部）。

此外还有一些分类法，根据读者的年龄特征来区分，有婴儿童话、幼儿童话、少年童话、成人童话等。

童话作为儿童最为喜爱的文学形式，其潜在的价值对语文教学具有重大的影响，在了解童话特点及其分类的基础上，我们要走进语文教材中去，探寻教材中的美丽童话。

（二）童话教学设计策略

第一，创新联想记忆。童话故事中设定的故事情节都是奇幻又美妙的，夸张却具有十足的吸引力，里面创造的各种奇妙的环节已经把儿童超强的好奇心给吸引住了。儿童故事的内容往往有着常人没有的魔法或者超能力，神通广大，无所不能，连植物、动物都变得可以相互交流。在这个奇幻童话世界里，儿童可以充分地发挥自己的想象力，还能自己联想一些可能发生的故事情节，由此对故事情节的记忆也更深刻。

第二，营造童话环境。通过对童话环境的布置，能够让儿童在聆听故事的时候增加故事的体验效果。比如，学前的教师需要在讲述童话前，对教室内的一些事物进行布置，营造出童话故事的情境，让儿童在听故事的时候有身临其境的感觉。

第三，创设音乐情景。音乐对于童话故事的教学有着较高的作用，通过童话故事中跌宕起伏的故事情节，经过音乐艺术的加工，让儿童跟随童话故事的情节加深对故事内容的体验，达到对学前教育的帮助。

第四，展示童话画面。展示童话故事内容画面是教育方法中最直接的一种，这正是利用儿童"视觉"的冲击力提高儿童的兴趣。将以往的文字故事场景变成了图像声音的方式，呈现给儿童，这样会使儿童在观看童话故事的时候，通过视听效果，给儿童带来视频播放中童话故事所传递的道理。

第五，扮演童话角色。童话角色的扮演会让儿童更有一种亲身经历这场故事的感受，会让儿童更好地体会到童话故事传达的精神。在学前教育上，教师需要注意的就是要用好儿童爱表现的性格，让儿童参与到每一个角色的扮演中去，让儿童对于童话故事有着更深刻的理解。

第六，续编童话故事。续编故事对于儿童而言涉及各方面的能力较多，因此续编童话故事是对学生的综合能力的锻炼。因为从儿童的"听故事"到"编故事"再到"讲故事"，这三个步骤看似简单，但实际操作起来对于儿童而言还是有一定的挑战。首先需要儿童认真聆听老师讲述的故事，这个过程中儿童需要知道整个故事的主要人物和主要内容。然后让儿童根据自己的想象编排故事，这个环节重要的是儿童能否合理编排刚刚听到的内容。最后组织语言将自己续编的故事讲出来，这个环节中较为重要的是儿童的语言组织能力和表达能力。

总而言之，童话故事在学前教育中的作用不能轻视。学前教育是帮助学生打好基础的重要阶段，能把各种教学资源进行整合，充分发挥童话故事的教育意义，实现一个更加理想的教学效果，有效地把童话故事应用到学前教育教学中，帮助儿童营造一个健康快乐的成长环境。

三、寓言与教学设计

寓言是一种特殊的文学作品体裁，常带有讽刺或劝诫的性质，用假托的故事或拟人手法说明某个道理或教训，给人以启示。"寓"，寄托；"言"，故事，是比较简单的语言形式。"寓言"就是将一个深刻的道理寄托在一个简单的故事中的文学样式。虽然寓言是一种以教化为宗旨的文学样式，但在语文课中教授寓言，重点自然应该是"言"，绝对不能以道德教化为主要价值取向。

（一）寓言的特点与分类

1. 寓言的基本特点

一篇寓言，往往只有百余字，甚至数十字，却能在古今中外的文坛站稳脚跟，成为雅俗共赏的文学体裁，自有它的道理。众所周知，想要认识一个事物，必须从分析研究它的与众不同之处开始，换言之，必须抓住它与众不同的特点。大致可从以下三个方面来认识寓言的特点。

（1）故事虚构。寓言属于文学作品，文学作品允许在符合生活真实的情况下虚构。前面提及，寓言尤其是中国寓言，是为了说理的需要而编写的，除了一些从历史事件演变而来的寓言外，大部分寓言的故事是虚构的。寓言的主人公可以是人，这个"人"可以是历史上确实存在过的人，也可以是作者按需要而"造"出来的人，如《郑人买履》中的郑人，《揠苗助长》中的宋人。寓言的主人公很大一部分是人格化了的动物、植物或自然界的其他东西或现象。这点在外国寓言中比较典型，如《伊索寓言》。

一些动物故事在长期流传过程中形成了典型的形象，如狮子的勇猛、兔子的胆怯、狼的贪婪、狐狸的狡猾等，这些特性常被用来讽喻人类的行为。

寓言中的主人公可以是动物，也可以是植物，如大树、小草等，甚至可以是非生物，如云朵、小水滴等。总而言之，世界上的万物，只要能凭借寓言说明道理，都可以成为寓言的主人公。所以，拟人手法是寓言的主要表达方式。

虽然故事是虚构的，但这些故事的来源，是现实生活的具体形象，通过类比联想，并运用夸张、象征、拟人等手法，以表达理性的思考。

（2）短小精悍。篇幅短小，语言简练，结构简单是寓言的最大特点。中国寓言，如《郑人买履》全文只有61个字，《刻舟求剑》全文仅53个字。而《伊索寓言》更有短者，如《母狮子与狐狸》。寓言作者写寓言，并不是如说书人般为讲故事而讲故事，也不是仅仅借助故事表明一个或几个道理，其目的是在短时间内使人有所信，而过长的故事难以使人的注意力集中。为了使自己想说的话针对性更强，更有说服力，精简是必需的。尤其是我国古代，没有专门的寓言作家，一些寓言作品，仅仅是附在辩士的辩稿内，甚至大多数寓言是辩士在说理过程中根据需要而编写出来的，带有"设喻"的性质。"辩"的时候，更需要材料的短小精悍，短小的寓言便应运而生了。

（3）言此意彼。寓言是"讲故事"，但不是为讲故事而讲故事，而且这些故事都很简单。言在此而意在彼，是寓言的显著特征。讲故事，实际上就是中国古代所说的"设譬"。"设譬"，简单地说，就是"打比方"。在中国古代，辩士们为了表明自己的观点，故意兜个圈子，引人入彀。这是人们说明事物时经常使用的一种形象的方法。寓言以人们熟悉的、具体的、浅显的事物来说明较为陌生的、抽象的、深奥的事理，将抽象的道理具体化、形象化。而《伊索寓言》在说完这个故事后，立即告诉读者故事的寓意。

就故事的寓意而言，更多的寓言侧重暴露社会的缺陷，揭示生活中的丑恶，嘲笑人们某些愚蠢行为和思想性格上的弱点，具有强烈的讽刺性。如《守株待兔》讽刺了那种把偶然当成必然的人，《南辕北辙》讽刺了做事方向错误的人，《农夫和蛇》讽刺了那些怜惜恶人的人。

当然，也有直接表扬甚至劝勉的寓言，直接劝勉是为了社会的和谐，为了人的身心健康，这是显而易见的。但讽刺，也是为了达到劝勉的目的，这是一种间接的劝勉。所以，我们在用讽刺性的寓言作品进行教学活动时，必须对学生进行正面教育。

2. 寓言的类别划分

作为叙事性文体的寓言，由于它的故事性、短小性、言此意彼性较强，成为实现课程标准提出的各学段教学目标的理想凭借，所以被选入教材的甚多。

（1）从文本来源划分。

第一，原本就是中国古代著名的寓言故事，如《揠苗助长》《守株待兔》《亡羊补牢》《南辕北辙》《纪昌学射》《扁鹊治病》《鹬蚌相争》《螳螂捕蝉》《狐假虎威》《东施效颦》《楚王好细腰》《矛与盾》《刻舟求剑》《郑人买履》《叶公好龙》《井底之蛙》《欲速则不达》《掩耳盗铃》《滥竽充数》《两小儿辩日》等。

第二，外国寓言，如《谁的本领大》《一路花香》《狼和小羊》《狐狸和葡萄》《牧童和狼》《蝉和狐狸》《乌鸦喝水》。

第三，其他，如《蜗牛的奖杯》《小松树和大松树》。

总体来看，中国寓言占多数，正如其他课文所占的比例一样。

（2）从负载内容划分。

第一，讽刺不良的社会现象和某些人的愚昧，如《楚王好细腰》《矛与盾》《鹬蚌相争》《滥竽充数》《狐狸和葡萄》《牧童和狼》《叶公好龙》《井底之蛙》《扁鹊治病》《东施效颦》《刻舟求剑》《掩耳盗铃》《南辕北辙》《揠苗助长》《守株待兔》《郑人买履》《蜗牛的奖杯》《欲速则不达》。

第二，揭示某种哲理或正面劝勉颂扬，如《两小儿辩日》《螳螂捕蝉》《蝉和狐狸》《谁的本领大》《狐假虎威》《亡羊补牢》《小松树和大松树》《乌鸦喝水》《一路花香》《纪昌学射》《狼和小羊》。

总体来看，讽刺作品占大多数。这给寓言教学提出了一个如何进行正面教学的问题。

（3）从主人公划分。

第一，以人为主人公，如《两小儿辩日》《楚王好细腰》《矛与盾》《滥竽充数》《牧童和狼》《叶公好龙》《扁鹊治病》《东施效颦》《刻舟求剑》《掩耳盗铃》《南辕北辙》《揠苗助长》《守株待兔》《郑人买履》《亡羊补牢》《欲速则不达》。

第二，以物为主人公，如《鹬蚌相争》《狐狸和葡萄》《井底之蛙》《蜗牛的奖杯》《螳螂捕蝉》《蝉和狐狸》《谁的本领大》《狐假虎威》《狼和小羊》《小松树和大松树》《乌鸦喝水》。

由于寓言本身是虚构的，所以它的主人公是人还是物关系不大，只要能凭借它说明一个道理即可。

(4) 从语言形式划分。

第一，文言作品，包括课本中主体用文言呈现的中国古代寓言，如《两小儿辩日》《东施效颦》《楚王好细腰》《矛与盾》《鹬蚌相争》《刻舟求剑》《叶公好龙》。

第二，一般白话作品，包括课本中主体用白话呈现的中国古代寓言，如《螳螂捕蝉》《滥竽充数》《井底之蛙》《纪昌学射》《扁鹊治病》《欲速则不达》《掩耳盗铃》《亡羊补牢》《南辕北辙》《揠苗助长》《守株待兔》《蜗牛的奖杯》《狐假虎威》《小松树和大松树》。

第三，翻译作品，如《狐狸和葡萄》《牧童和狼》《蝉和狐狸》《一路花香》《谁的本领大》《狼和小羊》《乌鸦喝水》。

就中国的古代寓言而言，苏教版都以白话的形式呈现；而北师大版五六年级以文言呈现为主，配以白话翻译，一到四年级则以白话呈现为主，辅以文言。

(二) 语言教学设计策略

第一，抓好故事主体。故事是寓言的主体。在教学中要以故事为核心，通过读一读、讲一讲、演一演等形式，引导学生弄清事情的来龙去脉，抓住关键细节反复体会。

第二，处理好课文与原文的关系。在教学时要参照原文，通过对比发现课文的文本特点，适当补充细节背景，以便让学生更好地理解内容和寓意。尤其是先秦寓言，诸子百家风格迥异，可以联系文章出处和具体派别，加深对文本的认识，扩展教学视野。

阅读教学是一个因文解道、因道悟文的过程，寓言教学亦然：首先，通过对语言文字的反复咀嚼，认识寓言的寓意；其次，对文本做进一步的深入理解。前面说过，寓言就是通过一个简单的故事表达一个深刻的道理，寓言教学亦然：寓言教学看似简单，但实际上内涵很丰富，让学生明白道理，成为身心健康者，是显性的结果；但就语文教学而言，更应该让学生学会怎样简洁地讲故事，怎样委婉地说出自己的话。

四、儿童故事与教学设计

儿童故事是一种具有悠久历史的儿童文学体裁，它在儿童文学中占有十分重要的位置。"儿童故事"的外延与"民间故事""寓言""童话"等有交叉之处。

(一) 儿童故事的特点与分类

儿童故事是儿童文学中运用普遍、流传广泛、深受儿童喜爱的一种艺术形式。就其内容而言，儿童故事或以儿童为表述对象，取材于儿童的学校生活、家庭生活及社会生活；或取材于自然世界、历史事件等；或以其他类人或物为表述对象，但简单有趣，适合儿童阅读。总而言之，故事内容包罗万象，用以满足儿童求新、好奇、探险的心理需求。

1. 儿童故事的基本特点

儿童故事的读者对象主要是低幼儿童，因此它在艺术上有着独有的特点。

（1）故事的完整性特点。完整性是儿童故事在整体轮廓上的特征。从文学本体来看，故事由各种生活事件组成，而生活事件的完整性是构成故事的基本前提。因此，儿童故事一般都要反映事件产生的原因、事件发展过程中的曲折以及事件最后的结局等，即要反映出特定矛盾冲突的发生、发展和转化的全部过程。只有包含事件的开端、发展、高潮、结局，乃至尾声的故事，才是有序而完整的。从接受主体来看，故事的完整性能满足儿童的阅读需求，因为儿童在阅读或听故事时，总是希望能了解事件发生的原因和结果，看到事件发展的全过程，因而完整的故事能符合儿童的阅读心理。

（2）情节的生动性特点。生动性是儿童故事的情节特征。作品中一系列具有因果联系的生活事件环环相扣，循序发展，便形成了故事的情节。情节的生动性则是指事件在其发展过程中，以新奇有趣、惊险曲折、温暖动情等故事情节所营造的动人心魄、引人入胜的效果。它能使作品在小读者头脑中留下深刻的印象。儿童往往带着一种急迫的心情听讲或阅读故事，他们急于了解故事的结局，但又不愿意马上知道结局。这种矛盾的心理使他们对充满悬念、一波三折的故事充满极大的兴趣和热情，而天然地排斥平淡无奇的故事。因此，儿童故事要想吸引孩子，使他们兴味盎然地听下去、读下去，必须具有生动的情节。

（3）内容的趣味性特点。趣味性是儿童故事吸引小读者的基础。它依托于作品的情节、人物的语言和行为以及作品所采用的艺术表现手法，而其直接的效果则是给儿童读者带来笑声，引起他们阅读或听故事的兴趣。儿童接受教育一般是被动的，他们不可能主动地为了接受教育而去阅读或听故事，而更多的是为了在故事中寻求愉悦，这一点，低学段的儿童尤其如此。因此，儿童故事很强调趣味性，常以其"趣"来抓住儿童的注意，引领他们走进作品的世界并对之进行思想、精神方面的教育和熏陶。

2. 儿童故事的类别划分

儿童故事有不同的类型，可以从不同的角度进行划分。从创作者分，可分为民间故事、改编故事和创作故事等；从内容分，可分为生活故事、历史故事、成语故事、科学故事、动物故事等；从体裁分，则可分为散文体故事、诗体故事、谜语故事等；从表现形式分，又可分为图画故事和文字故事等。但不论哪种分类，各类作品都有着作为故事体裁的共同特征，同时也有着各自的特点。下面分析一些常见的儿童故事类型。

（1）生活故事。儿童生活故事指取材于儿童生活、反映发生在他们身边的生活事件的短小故事。生活故事一般又分为以写人为主的生活故事和以叙事为主的生活故事。但不论是写人还是写事，均通过对儿童生活的艺术概括，弘扬美的精神，肯定美的行为，表现美的心灵。

（2）历史故事。历史故事指以史实为依据编写而成的、适合儿童欣赏和聆听的故事，是历史和文学相结合的产物。历史故事主要分为历史人物故事和历史事件故事两类。历史人物故事以历史上真实的人物为主体，以历史人物在历史舞台上的活动为主线，通过对人物在一定历史时期内的思想、行动及其历史功过的描绘和评价，帮助儿童了解历史人物的业绩和风貌，进而体会故事主人公远大的理想、博大的胸怀和坚强的意志。正因为其具有"励志"功能，传递正能量，故而历史人物故事在教材中非常普遍，几乎每个版本每一册教材都有几篇，如《孔子拜师》《晏子使楚》《将相和》《祁黄羊》《詹天佑》《少年王勃》《为中华之崛起而读书》《彭德怀和他的大黑骡子》以及《诺贝尔》等。

历史事件故事以反映历史上有重大影响的事件为主。这类故事简明、生动地讲述各种历史事件的起因、经过、结果，通过对历史事件的精彩展示，帮助儿童增加历史常识，学会正确地理解分析历史现象，如《卢沟桥烽火》《郑和远航》和《大江保卫战》等。

（3）成语故事。成语故事是我国历史的一部分，是历史的积淀，每一个成语的背后都有一个意义深远的故事。经过时间的打磨，千万人的口口相传，每一句成语又是那么深刻隽永、言简意赅。阅读成语故事，可以了解历史、通达事理、学习知识、积累优美的语言素材。所以，学习成语是儿童学习中国文化的必经之路。成语故事以深刻形象的故事典故讲述一些道理。成语就是有道理的词语，它奠基着我国的文化之路。大家比较熟悉并选入教材的成语故事，有《杯弓蛇影》《画龙点睛》《滥竽充数》《叶公好龙》等。

儿童故事教学是阅读教学的一部分，因此它也遵循"因文解道，因道悟文"的过程。首先，通过对语言文字的反复品味，认识故事的内涵；其次，对文本作进一步深入理解，体会故事中的人物，分析人物形象；最后，"感悟人物特点，体会写作方法"。这是阅读教学的"共性"。而儿童故事有其本身的独特性，即适于讲给别人听，而且人人都愿意听，故而，"讲故事"是儿童故事教学独有的"个性"，这样有利于积累语言，培养学生的听说能力。

（二）儿童故事教学设计策略

1. 讲述故事——锤炼学生的叙事能力

（1）结构的完整性。儿童故事总是要反映出特定矛盾冲突从发生、发展，到高潮、结局的整个过程。这样的结构最能满足儿童的阅读需求，他们在读故事或听故事的过程中总是要追问"然后呢""后来呢"，因此故事的完整性符合儿童阅读心理。借助这样的结构，抓住儿童的心理，让学生讲述故事，可以加深对故事的记忆和理解，还可以锤炼学生的叙事能力。

（2）语言的口头性。儿童故事适合儿童阅读、适合儿童讲述，也适合儿童倾听，因为语言的口头性不同于书面的文学语言，其通俗、易懂、句短、明快，符合儿童心理特点，适应儿童语言能力和习惯。

2. 阅读鉴赏——提高学生的审美品质

（1）语言的艺术性。儿童故事的语言具有口头性，但这种口头化并不是"娃娃腔""口水话"，而是根据儿童的欣赏习惯和理解能力，对儿童生活化语言进行筛选、提炼、加工而成的艺术化语言。这种源于儿童生活、高于儿童现有水平的艺术化的口头语言，才具有文学审美价值。

（2）主题的教育性。儿童故事总是将某一个教育主题融进一个有趣的故事中，犹如盐溶于水中，让读者容易接受，读完故事自然而然就获得教育或启示。这个功能不是通过教化来实现的，而是通过审美来实现的。儿童故事的认识功能、教育功能、审美功能并不是并列的，教育、认识的功能的实现以审美为前提。换言之，只有通过积极的情感活动，在受到情感熏陶、享受审美乐趣的同时才能真正获得思想启迪。

3. 创意表达——促进学生的精神成长

（1）线索的单一性。由于儿童思维处于发展阶段，儿童故事往往采用单条线索、有序推进、连贯流畅的叙述形式，少有头绪纷繁的穿插和过大的跳跃，也不宜做过多的铺垫和细腻的描写，内容简单便于学生记忆和理解。

（2）情节的趣味性。儿童故事特别强调趣味性。儿童阅读故事的兴趣往往在故事情节上，寻求愉悦是读故事、听故事和讲故事的目的，他们常常发出这样的感言："太好玩儿了""好搞笑哟""太有趣啦"。加上儿童注意力不持久，且容易分散，平淡无奇的故事是很难把他们融入其中的，必须让情节曲折多变、饶有趣味，环环相扣。

儿童故事教学中的语言实践活动设计，不仅需要教师拥有文体意识，还需要站在儿童的立场，用儿童的心去体验，用儿童的眼去观察，用儿童的嘴去说话，走进儿童的心灵世界。读懂童心、拥有童心的前提是，每一位语文教师通过大量的儿童故事阅读，让自己在心性上重返童年。

五、儿童散文与教学设计

（一）儿童散文的特点与分类

在语文学习中，散文占有很大的比重，有记叙性散文、抒情性散文，还有少量议论性散文，如此等等。这些散文，文质兼美，既是学生学习规范语言的典范，又能给予学生以文化的浸润、情感的熏陶和审美的愉悦等。

1. 儿童散文的基本特点

儿童散文是现代散文的一个分支，它是指用形象、活泼、充分生活化的文学语言为少年儿童创作，供少年儿童欣赏，与儿童审美感受和审美能力相适应的文情并茂的文学载体。儿童散文既有散文的一般特点，同时又具有儿童文学所独有的特性。具体来说，儿童散文具有如下特点。

（1）情趣。表现儿童生活之情趣，是儿童文学的固有特色，也是儿童文学作家在不同体裁的文学传达中所遵循的美学原则。在儿童散文中，"情趣"包含着童趣与理趣两方面的内容。以跳跃的童心表现童趣，借事理物象的描述融贯理趣，是儿童散文的一个鲜明特色。儿童散文的取材范围自由而广泛，涉及儿童生活的方方面面，这使它的内容有着极强的包容性。儿童散文在多方面、多角度地表现儿童的精神世界、感情世界和生活世界的同时，自然地将美好的情感情趣、丰富的知识事理融于其中，儿童散文因之而富于童趣之美和理趣之美。

儿童散文将儿童稚气拙朴的语言、行为、心理与散文的事件、情景结合起来，依托于具体的人、事、物、景来表现活跃的童心和作者对儿童世界的观察，对儿童心灵的思忖，以此铸就散文盎然的儿童情趣，并给读者带来回味和快乐。

儿童散文在描绘儿童眼中的世界的同时，也将知识乃至人生哲理融入其中。当散文作者用含情带意的笔墨对蕴含着生活哲理和自然、社会科学等方面知识的客观世界作出摹写时，散文作家对儿童的精神品格的理性思考和美好期待，便借着散文的故事或情境得到了展现，儿童散文便拥有了一份理趣，能传达出超乎文本形象画面的深刻内涵。特别强调的是，儿童散文中的理趣，绝不是游离于作品内容之外的抽象说教，而是和作品所讲述的故事、所描绘的物象水乳交融、不可分离，同时又能够被儿童读者所感受。

（2）美。散文是美文，与其他文学题材相比，儿童散文更强调以美的内质给小读者以美的熏陶。这种内质美具体可以从以下三个方面来加以分析：

第一，语言美。文学是语言的艺术，儿童散文，一方面必须用散文的语言来表情达意；另一方面要充分考虑作为美文对少年儿童的语言熏陶。优秀的儿童散文总是以充分的儿童化的语言创造美的意境，抒发美的情趣，从而紧紧地抓住小读者的兴趣点，使他们流连不已，在优美的语言氛围中获得美的享受和启迪。

第二，感情美。率真是儿童可贵的品质，这种品质要求儿童散文将最美好的感情诉诸笔墨，表现儿童健康向上的情感。因此，儿童散文总是通过对自然、社会及外部世界的充满童稚之气的认识和感悟，书写属于儿童内心的感情，传达作家对儿童的关爱之情。儿童散文不认同造作的情感，它天然地排斥为文而造情。

第三，意境美。意境美指抒情作品所呈现的情景交融、虚实相生的形象系统及其所开拓的审美想象空间，儿童散文极为重视诗意地表现儿童的世界和儿童的情感。无论是叙事抒情还是状物写景，都将物与我融于一体，从而绘制出充满纯美和欢愉之气的艺术美图。儿童散文情景互融互渗的艺术表现，可使读者在文学接收的过程中，获得超乎文本层面画面的审美感受。

2. 儿童散文的类别划分

儿童散文可以从不同的角度分为不同的类型。从内容和表达方式的角度划分，可以分为叙事型、状物写景型、抒情型、议论型四种类型。

（1）叙事型。叙事型散文以叙述事件为主要目的，以情驭事、融情于事为主要特点。叙事型散文常常从儿童的现实生活中取材，并对之进行提炼取舍和巧妙的构思，因而能以其较为鲜明的真实感而受到儿童读者的青睐。这类散文有的以写人为主，也有的以写事为主，其中以叙述为主的儿童散文都有一定的情节长度，例如《只拣儿童多处行》等。

（2）状物写景型。状物写景型散文以状物绘景为主的儿童散文。这类散文将童趣、理趣、感情附着于对自然风光、动物、植物和客观事物的描摹之中，例如《黄山奇松》《记金华的双龙洞》等。

（3）抒情型。抒情型散文是以抒发内心感情为主要目的的儿童散文。这类散文也需要写人记事和写景状物，但作者在进行文学传达时，用感情串接材料，以抒发作者的情感为旨归。它用强烈的情感与情绪、强烈的主观意识去创造诗化、情感化的艺术空间，是儿童抒情散文艺术表现的主要特点，例如《爱如茉莉》等。

在儿童散文中占很大分量的散文诗可以归入抒情型散文中。需要说明的是，儿童散文诗究竟属于"儿童诗"还是"儿童散文"，在理论界一直存在着不同看法，没有明确的定论。由于这一文学样式兼有了儿童散文和儿童诗的特点，因而在文体的分类中，人们将其称为"边缘文体"。从散文诗的内在抒情品格出发，我们姑且将其作为抒情型散文中的一个类别来认识。

注重表现儿童的思想、情感，表现具有童稚之气的儿童生活感受和儿童的情趣，以充分的情韵去创造优美的意境，以诗化的文字传达显现诗的节奏感和跳跃性，以散文的叙事甚至细节的叙写显示其写实的特性，是儿童散文诗不同于其他抒情型散文的特点。"诗感"和"实感"是儿童散文诗所给予人的审美感受。在形式上，儿童散文诗具有句式结构简单、段落小、换行频繁、篇幅短的特点。另外，追求语言的优美、简洁、质朴也是儿童散文诗的一大特点。

（4）议论型。儿童散文中还有一个类型，就是议论型，又称事理型。事理型散文是用文学手段去阐明事理的儿童散文。议论型散文常常凭借对可感触的人、事、物、景的叙写来向儿童说明某种道理，它既以故事或某种形象吸引读者，又借这个故事或形象阐明道理。这类散文用散文的表现方法阐明事理，使作品理趣相生，具有很强的可读性。

（二）儿童散文教学设计策略

儿童散文作为儿童文学的一种，在培养学生审美能力、提升人文素养方面意义重大。和其他儿童文学体裁相比，儿童散文往往语言优美凝练、韵律感强，写法多样。儿童散文的主题多为爱、顽童和自然，意境上则充分契合学生的接受心理，以充满童趣的美好意境，让学生在愉快的阅读中逐渐培养发现美、欣赏美和创造美的能力。

第一，以把握儿童情趣为教学导向。儿童散文特征之一是蕴涵儿童文学的美学特质，即儿童情趣。儿童情趣是激发学生学习兴趣的关键因素。在散文教学中，教师要注重挖掘课文中的儿童情趣，把儿童情趣的呈现置于教学的各个环节，充分发挥儿童文学的教学优势。

第二，运用符合文体特点的教学方法。儿童散文有其异于其他文体的组织形式与表达方法，也就是文体特点，即营造美好的童真意境、使用活泼率真的语言、蕴涵崇尚真善美的思想导向和倾向于建构自然朴素的文学风格。散文类课文的教学方式也应当符合这一特点。此外，儿童普遍没有清晰的文体概念，因此，教师应当将文体意识培养作为语文素养的一部分，潜移默化地在课堂上向学生渗透，促使学生生成文体意识。

第二节　儿童文学教育对素质培养作用

"素质教育的核心任务就是使受教育者能够主动地将人类文化成就内化为自身较为全面的素质。在儿童教育中，这个内化过程的核心就是儿童人格的养成和发展儿童文学独有的美学特征，决定了它在培养儿童健康人格中所起的重要作用。"[①]

儿童时期是漫漫人生旅途的起步阶段。培养出身心健康、乐观、向上、有所作为的高素质孩子，既是天下父母的共同心愿，也是社会对未来主人的殷切期望。孩子的心灵是不可思议的土地，播下思想的种子，就会收获行为；播下行为的种子，就会收获习惯；播下品格的种子，就会收获命运。而文学作品美的艺术境界，充满着芳醇浓郁、绚丽多彩的诗情画意，构成一幅幅色彩各异、奇特美妙的生活画卷，能陶冶孩子的心灵，丰富他们的精神生活，启迪他们美好的思想，增进他们德、智、体、美、劳的全面发展。因此，注重学前儿童的文学教育，对于丰富孩子的想象力和创造力，丰富孩子的精神境界，塑造孩子美好的心灵，提升孩子的综合素质，具有重要的价值。

一、在素质教育中儿童文学的特性

儿童文学，就是指专为少年儿童创作的文学作品，具有以下特性：

第一，教育性。儿童文学与成人文学有很大的不同，即它对教育性特别强调。由于儿童的年龄特征，使其易受周围环境的影响，所以儿童文学特别注意教育性。

第二，形象性。抽象的说教是儿童不容易也不乐意接受的。对儿童进行教育要借助各

---

① 韩颖.浅谈学前儿童文学教育对儿童素质培养的作用 [J]. 课程教育研究，2014（27）：47.

种各样的生动形象；儿童年龄越小，越依赖于形象化的手段。儿童小说要求和戏剧一样富于动作性，更多地以动作来表现人物的性格和心理活动，儿童诗需要更多的"比""兴"，以加强形象性。儿童文学作品的语言要有声有色，娓娓动听。儿童文学应调动一切艺术手段，创造出千姿百态的艺术形象。

第三，趣味性。儿童知识、生活经验不丰富，理解力薄弱，对那些复杂的整理不易理解，对成人的生活经验和某些思想感情也难以体会。他们对于自己没有兴趣的内容就不喜欢看，甚至不看。优秀的儿童文学作品，就是在轻松愉快的说笑中，在有趣的故事情节中，潜移默化地给孩子们讲述一个深刻的道理或做一些有益的启示。

第四，故事性。儿童文学的故事情节，要求结构单纯，情节紧凑、生动，强调故事性，并不是单纯追求情节离奇，不从生活出发，不写人，只写事。儿童文学主要是写人，刻画人物的性格、心理、思想，它的主人公不一定都是人，也可以是其他动物、植物，甚至无生物，这些在作品中都是人格化了的。不论写人还是写其他东西，他们的思想、性格都要着重借助故事情节表现出来，不宜多用静止的冗长的环境描写和心理描写。

第五，知识性。儿童文学作品中应巧妙地穿插一些知识性的东西，以增加作品的艺术魅力，满足少年儿童的好奇心和求知欲。

二、儿童文学教育对素质培养的价值

就目前我国的教育现状看，幼儿园是实行素质教育的最佳场所。如何在幼儿园实施素质教育，方式方法很多，其中文学教育的诸多功能注定能成为幼儿素质教育的主要方式具有重要价值，具体表现在如下方面。

（一）儿童文学可以培养儿童的健康人格与情商

在现代社会中，儿童健康人格的培养越来越受到重视，这里所说的人格是人的思想、品德和情感的统一体。在儿童教育中，这个内化过程的核心就是儿童人格的养成和发展。儿童文学是"爱的文学""美的文学"，在内容上表现为它所讴歌的是人类社会的真善美和大自然的奇情美景。儿童文学独有的这种美学特征——纯真美，决定了其在培养儿童健康人格中所起的重要作用。儿童文学是情感的艺术，对儿童的熏陶是一种"情育"。它对孩子情感的陶冶、净化、启迪、培育作用，也就是在培养孩子的高情商方面所起的积极作用，正在受到越来越多的关注。儿童通过对儿童文学的阅读和理解，不由自主地被作品中所蕴含的美的事物、美的思想和美的情感所打动，认识到什么是真正的美。儿童从小接受这种美的熏陶，会对其自身良好品德的形成及审美能力的提高产生积极的作用。

在孩子生理和心理快速发展的过程中，儿童文学对于孩子来说，意味着成长的伙伴，意味着心灵的雨露，意味着精神的家园，意味着美的存在、笑的源泉，意味着第二个生命，可以给孩子愉悦和美感、知识和智慧、正义和勇气。儿童文学对于儿童教育，不在于识字、习文，更主要的是借它的伟力，对少年儿童施行情感教育和审美教育，以促使其健康人格的培养。

（二）儿童文学可以激发儿童的想象力与创造力

想象力属于人所特有的高级认识过程，想象力是人将头脑中已有的客观事物形象重新组合成某种事物新形象的过程，而儿童期是想象力发展的重要时期，所以从小时候就要对幼儿想象力进行培养。对幼儿想象力的培养有很多种方法，将儿童文学纳入语文教育将是一种有效的途径。

儿童文学中，儿童诗以想象大胆奇妙为主要特征；童话以幻想为基本特征；科幻是以传播科学知识、探索科学奥秘的幻想为特征；动画片、漫画都是幻想的视觉形式。它们的共同特点是，既有故事性，对爱听故事的儿童有强烈的吸引力，又有突出的想象和幻想色彩，能够引起儿童丰富的想象和幻想，在儿童的头脑中勾勒出一幅奇妙的幻境，这类作品接触的多，自然会刺激儿童的想象力，促进儿童想象力的发展。儒勒·凡尔纳的科幻小说对20世纪许多科学家的影响正说明了这一点。

创造力除与想象力有关外，还与某些个性心理特征有着密切关系，如浓厚的认知兴趣，勇敢、敢于冒险，坚持不懈、百折不挠，独立性强，自信、勤奋、进取心强、自我意识发展迅速，一丝不苟等。这些与创造力培养密切相关的个性心理特征，在心理学中被称为创造个性。在创造活动中，创造个性通过为创造力的发挥提供心理状态和背景情境，通过引发、促进、调节和监控创造力以及与创造力协调配合来发挥作用。因此，培养创造个性是创造力培养的重要内容，而儿童文学对儿童创造个性的培养具有积极的作用。首先，儿童文学在树立儿童的自信心，培养儿童的自我意识，培养儿童敢于冒险、勇于进取的品格方面有着积极的作用。其次，儿童文学还能引起儿童浓厚的认知兴趣，从而引发儿童探索未知世界的兴趣。最后，儿童文学在培养儿童勇于克服困难的精神和坚持不懈、百折不挠的毅力方面也会起到积极的作用。

（三）儿童文学有助于提升少年儿童的言语品位

文学通过鲜明、生动、具体的语言表现，把大千世界的性质、情状展示给读者，使人感同身受，如临其境。儿童文学作品中，语言的形象性更为重要。形象化的语言能使儿童将亲身经验与语言所提供的信息很容易地结合起来，使儿童在阅读时能够"如见其人，如闻其声，如临其境"。在儿童文学中，我们常常会读到这样的语言："我觉得自己比洗了一百次澡还要干净""拇指姑娘冻得像秋风中的落叶似的抖个不停""水田是镜子，照映着蓝天，照映着白云，照映着青山，照映着绿树。农夫在插秧，插在绿树上，插在青山上，插在白云上,插在蓝天上"。这些形象化的语言,使儿童对于各种事物有了清楚、准确的印象和理解,对于人物心理有了真切、细致的体验。

文学语言除了意义层面外,还有声音层面,主要包括字音、语调、节奏、押韵等特点。文学语言的声音层面不仅和意义层面相联系,具有表情达意的作用,而且还包含独特的审美价值,可以给读者以听觉上的美感,即通常所说的音乐性或韵律美。儿童文学的语言既具有形象性,又富有音乐美,这样儿童在诵读诗歌、听赏故事的时候,既会得到一种愉悦感,又能够在丰富多样、色彩纷呈的言语作品中,尽情地吸取丰润的养分,提升他们的言语品位。

(四) 儿童文学利于儿童扩大视野,提高感知能力

儿童极具好奇心和求知欲。他们的成长需要对生活进行广阔的观察和探索,需要各种各样的经历、体验的磨炼和激发,而生活的局限往往使他们很难得到这一切。儿童文学能帮助他们突破生存空间狭小的局限,成为他们扩大视野、认识大千世界的一个窗口,给儿童提供了一个最丰富也最安全的感知生活、体验生活的机会,帮助他们增长见识、开阔视野;丰富他们的生活知识、生活阅历;促进他们对人生的感悟和思考;激发他们对未知世界的发现和探究热情。

(五) 儿童文学可以帮助儿童熏陶情感,呵护心灵

儿童心灵和情感的发展对其一生的发展至关重要,儿童时期具有的情绪能力,不是他们的 IQ,而是他们以后生活中能否成功的最好预示。心灵与情感的发展是思想、知识、经验和能力的发展无法替代的,而促成心灵与情感发展的主要途径之一,就是文学艺术儿童文学可以帮助儿童体验和习得人类的情感,陶冶情绪;同时还可以使儿童感受到快乐,得到一种情感交流基础上的心灵释放,减轻或解除现代社会容易产生的紧张、焦虑、不安等有害于身心健康的情感负荷。正是从这个意义上说,儿童文学是纯真幸福童年的陪伴与守护。

(六) 儿童文学提升儿童审美能力,实现美育功能

儿童文学的首要功能即在于"美的教育",这是其他功能实现的前提。从根本上讲,儿童文学就是为了满足儿童的审美需要而存在的。优秀的儿童文学作品对于提升和丰富儿童的审美观念、审美趣味、审美情感和审美能力,有着不可替代的重要作用。儿童文学评论家刘绪源认为审美具有整合性和统摄力,美感一经产生,总是包含着极其丰富的内容,包含着近乎无限的转化的可能性。凡美感,总是积极的,向上的,总能净化人的心灵,潜移默化地将读者引入一种新的境界。儿童文学作品的审美作用与其认识作用、教育作用和

娱乐作用是相互联系、相互渗透的。

第三节　儿童文学教育中情感素养培育

儿童文学教育是体现情感素养的有效提升。"情感具有错综复杂的种类，同时对人类的生产生活具有潜移默化的影响。"① 情感不仅是成人的专利产品，同时也是儿童的基本素养的重要体现。儿童教育中的一个重要组成部分就是儿童各种真实情感的培育，儿童对情感的基本需求是儿童的生理和心理基本条件决定的。深化情感教育，通过发展儿童对身边情感的各种控制能力，让儿童处于较为愉快和兴奋的情绪中，有利于儿童更加高效地收获知识，享受知识与学习的双重快乐。

一、儿童文学教育中情感教育的价值

从儿童个人身心发展规律来看，儿童文学教育中的情感教育有利于儿童形成正确的价值观，利用儿童文学自身的特质有利于为儿童塑造良好的价值观，儿童文学作为一种上层建筑的创造，源自广大的社会群众的生活实践，通过文学情感的培育有利于减轻社会的不良生态造成的消极影响，帮助儿童积极抵制低俗文化的负能量。从而有利于帮助幼儿扣好人生的第一粒纽扣。

（一）有助于儿童形成正确的价值观

儿童文学自身具有以儿童为主体、语言生动活泼的重要特点，并从感性方面对儿童的世界观、人生观和价值观进行多方面的塑造，引导儿童的心理向着人性和人文化的方向进步；毋庸置疑，文学作为儿童精神栖息的重要场所，儿童文学承担着引导儿童重要价值追求的责任；同时儿童文学以其特有的情节特征，不断地升华儿童的思想情感。作为一线教师，在教育中，应当树立正确的教育理念，正确发挥儿童文学教育和情感教育中的重要功能，从而正确培养幼儿的社会价值观与个人价值观。

（二）有助于减轻错误传播生态的影响

错误的传播生态主要来自两个方面：第一方面是教师、家长错误的教育方式；另一方面是来自大众传播媒介潜移默化的文化渗透力。然而，儿童的文学活动本身是来源于生活实质的，作为一种文学作品，必然会运用一系列的修辞手法，在自身体验的过程中，做了种种修饰，儿童文学在本质上不断地与儿童对话，尤其是来自作者与故事中的人物、作者

---

① 李娜，陈飞环. 论情感素养在学前儿童文学教育中的培育研究 [J]. 陕西青年职业学院学报，2022（1）：63.

与读者、主人公与读者的生动交流，儿童文学的教师却将这些简化为教条主义性质的对白；在缺乏儿童教育的家庭环境中，儿童疲于应付考试，失去了儿童文学阅读的精准时间和学习计划，也缺乏体验美好情感的机会；社会环境同时在儿童文学的学习中也起着重要的作用，媒体的传播生态对人们的思维方式产生了较大的影响，以电视艺术为代表的媒介传播具有传播广度大的特点，深受儿童喜爱，电视媒介出于自身的营利目的，以一种"错误"的心态传播知识与价值观，缺乏正能量的引导，使得儿童逐渐深化了错误的心态。

二、儿童文学教育中情感素养的培育

学前儿童文学教育中深化对儿童情感素养的培养，需要深化情感教育的人文关怀，关爱人心灵的变化，抬头仰望天空，儿童脸上呈现的不是失落和气馁，而是希望与梦想；培养儿童发现美、创造美的情感与情愫。培养儿童积极探索实践中的美，有利于激发儿童的正能量情怀，丰富儿童的精神世界；一线教师引导儿童学习优秀文学作品，例如经典的寓言故事，引发儿童更深度与广度的共鸣；运用多种途径丰富儿童的情感体验。

（一）深化情感教育的人文关怀

情感教育的本质即关爱人的心灵变化，对儿童进行情感教育，通过传播以爱为主体的儿童文学，帮助儿童加深对爱的理解。深化引导儿童文学教育中的人文关怀。儿童文学本身具有生动形象的语言，教师的传播不应当表现出枯燥无味的风格，文学创作中人文关怀的本质就是让人能够有尊严、有价值地活着。在不违背基本的科学知识的前提下，儿童应当享受更加丰富的情感关怀，例如儿童对自身及他人生命与身体的呵护，儿童自立自强精神的培养，并通过有效运用一系列社会条件，让自己更加有尊严。深化教学过程中的情感教育。情感是人类主要的区别性特征，幼儿时期作为人生中的重要开启阶段，也是情感教育的不可替代性时期。情感的影射作用横贯于儿童认知过程和社会过程，对儿童实施正确的情感手段是非常重要的。

（二）培养儿童"美"的情感

儿童文学作为文学作品的一种，需要通过扎实的审美观来体现，在教育主义占主导地位的时代，儿童文学的审美特征被剥夺，文学是作者按照美学的客观规律传递读者美的享受的过程。通过观察儿童文学的发展，可以发现，美的情感深刻地影响着每一代人，在美好情感的熏陶下，儿童可以逐渐为自己创造一个美丽世界。

儿童文学作为一种以快乐为主题的文学，儿童文学的作家都想方设法地让大家体验到快乐。教育本身以其特有的功能，传播人类知识，儿童文学具有一种丰富情感教育的功能，儿童文学以一种朴素的天真、原始的想象力滋养着儿童的心田，在这个多姿多彩的花园里，儿童的精神世界定会更加丰富，通过美丽的童话打开了儿童人生的新天空。

（三）引导儿童学习优秀文学作品

优秀的文学作品往往蕴含着丰富的处世哲理及人类社会共通共融的生活准则，这些优秀的文学作品传递的文化情感将会对幼儿人际交往能力的提高、分析解决问题能力的提升具有深远持久的影响。

第一，选择对应的文学作品。儿童的情感发展处在一定的社会环境中，具有一定的社会化倾向，虽然不同成长环境的儿童具有个性，但总体的情感优越性还是非常显著的。通过文学作品的选择，例如《安徒生童话》《伊索寓言》帮助儿童运用正确的情感认识社会，引导幼儿产生与社会情感相当的共鸣，丰富幼儿的生活体验。

第二，选择引发幼儿共鸣的作品。情感及情绪的变化并不是一蹴而就的过程，儿童在接触文学作品的过程中，往往不能将现实社会与艺术的虚实结合区分开来，幼儿容易将自己的情感体验与文学作品中的角色相互关联，并且建立起一个统一的整体。例如，儿童具有一种孤傲的独占心理，自己往往喜欢独占无法消化的食物。这种以自我为中心的思想情感是一种消极的情感，通过选择"教育幼儿学会分享"的文学作品，例如《不开心的小兔子》，从厌恶身边的其他小动物到最后孤立无援，小兔子的心路历程能让幼儿体会到分享与友情的重要性。

（四）丰富儿童自身的情感体验

儿童文学作品用法简单明了，却为幼儿提供了丰富的想象空间，例如文学作品《公园的相会》，白鹤小姐与矮丑的青蛙网恋，后约定在公园相会，作者用男女主人公情感的变化传递一个认知：当自己现实中的交往对象与想象具有很大的落差时，将心比心、相互理解可以收获最珍贵的情感。针对不同年龄段的儿童开展"爱的系列"活动，在感同身受中体会情感变化的动力，抽象的爱一个个变化为形象。在移情训练培养儿童真实的社会情感，通过幽默风趣的语言引导，让儿童深深沉浸在切实的情感中，在有趣的前提下，学生更可能产生认同感。

（五）促进儿童教育的家园合作

学前儿童文学的情感教育不是一朝一夕的教育路径，而是一个教育主体与教育受体相辅相成共同协作的过程，一线教师在促进学前儿童情感教育的过程中，要深化家园合作。例如可以通过分发情感教育合作卡，卡上标明教师情感教育的精髓，通过卡片延伸的文学情感话题，产生亲子之间高质量的互动，增进家长教育的亲和力；另外，有利于提升儿童的情感素养。与此同时，教师可以布置家长与儿童共同完成的作业，例如探究某篇儿童文学作品中各种真情实感，将文学作品的虚构化成分与现实生活紧密结合，培育幼儿的情感素质。

优秀的儿童文学作品如一盏明灯，照亮儿童贴近社会的漫漫人生道路，也是儿童从自我中的我走向社会中的我的钥匙，从社会情感方面出发，挖掘文学作品的内涵，从而促进儿童的全面发展，实现儿童综合能力的提升。一线教师需要引导儿童树立人文关怀，培育幼儿美的情感；引导幼儿学习研究优秀的文学作品，丰富幼儿的文学情感体验。实现幼儿文学教育步入一个新路径。

第四节　儿童文学阅读中唤醒教育发展

儿童文学是具有独特艺术性和审美价值的语言艺术，学前儿童文学是儿童文学的一个组成部分。引导幼儿接触优秀的儿童文学作品，使之感受语言的丰富和优美，并通过多种活动帮助幼儿加深对作品的体验和理解，从而促进幼儿语言和智力的发展，促进幼儿情绪、心理健康和社会性的发展。将学前儿童文学阅读与相关教育理念相融合，依靠文学的力量来对儿童进行审美和传统文化感知的基础唤醒教育，具有强烈的现实性和必要性。

学前儿童文学是以0~6岁的婴幼儿为主要对象，为促进他们的健康成长而创作或改编的、适应他们审美需要的文学。学前儿童阅读文学，很大程度上有助于使儿童尽早形成良好的个性品质、健全的人格和积极乐观的人生态度。学前儿童文学作为理想的教育课程素材，可以为学前儿童提供美好的精神素材，使孩子感受到汉语文学的博大精深和文字之优美洗练，引导幼儿接触优秀的儿童文学作品，使之感受语言的丰富和优美，并通过多种活动帮助幼儿加深对作品的体验和理解。学前儿童文学阅读的根本意义在于让孩子获得精神的愉悦和丰富的文化知识，拓宽孩子的视野，发展孩子的智力，培养出具有健全人格的孩子，激发孩子的创新意识，唤醒孩子对于儿童文学阅读的悟性，对不同年龄阶段的孩子，普及期待点不同的文学作品，对接受程度不同的孩子，选择题材不同的文学作品加以传授，在唤醒教育理念的科学指引下，对孩子的心理进行深入的挖掘和探索，建立健全唤醒式阅读的具体实施细节，努力构建全新包容的儿童文学阅读策略，让教师与家长积极参与其中，使儿童阅读的氛围始终洋溢着唤醒教育的喜乐气氛。

一、唤醒教育在儿童文学阅读中的作用

"教育不仅仅是传递知识、获取文化的活动，更是培养孩子高尚道德情操的活动，是依据社会生活中有意义的内容来进行的，其最终目的是培育孩子自主意识，使孩子具有追

求高尚理想的自主意识,并拥有一定的创新能力。"① 教育之所以重要,是因为它是人类心灵的自主唤醒。换言之,教育的目的不仅是要将学生的自主意识唤醒,还要通过知识的普及,让受教育者获得新的技能和知识储备,并且开发学生的潜能,激活学生的创造力,培养学生崇尚自由的价值观,完成对知识储备的自我建构,创造性地进行社会活动和工作生活,学生的首要任务是将既有的知识与自身实际相结合,产生出具有社会效力的有价值的力量,苏格拉底认为:文化是人存在的一种力量,当一种文化兴盛之际,被这种文化教导之人必然会感到欣喜,当一种文化衰落了,被这种文化教化之人必然会感到痛苦,因为文化塑造了人的性格,决定了人类社会的发展走向,儿童文学与启蒙教育是一种相辅相成的互助关系,因此,儿童文学阅读的唤醒工作并不受限于受教育者的文化素养,当受教育者的世界观、价值观被文学唤醒,文学作品对幼儿情怀的陶冶也会对幼儿产生积极影响,如此互惠互助,形成良性循环,最终成为千古恒常的社会规范。

学前儿童的心灵就像一张白纸,各种经历和各种感悟、受教育的经历决定了孩子人生的色彩,普及学前儿童文学阅读,可以使孩子的人生从此五光十色,色彩纷呈。法国著名诗人雨果对教育也有独到的见解,他将儿童比作一个干净的白板,只是等待知识的填充和成人的思维,所以,尤其要注意劣质文化对儿童健康心理的破坏性,我们将儿童教育视为唤醒儿童潜力的主要途径,真正的教育理应是提高孩子自主思考能力,独立判断客观事物的本质,独立使用掌握的知识,从而形成愿意与人沟通,参与公共事业的热情,只有这样,我们的少年儿童才能够真正拥有相对准确的判断能力和健康阳光的价值观。对儿童的唤醒教育,是一项坚持不懈的过程,要在学生健康人格的基础之上,不断发展与完善学生对自身社会价值的关注,通过儿童文学的阅读普及,构建学生的精神小屋,这样一个动态的、自主的过程,因为经历不同教育方式的影响,不断地认清现实,获得人生意义的深刻体味,从而达到个人生活的丰富多彩。

二、唤醒教育在儿童文学中的具体实施

(一)唤醒教育要注重师生间的心灵沟通

唤醒教育是幼师与学龄前儿童之间有意义的沟通对话,是从人心灵深处唤醒潜力的活动,是解放思想,促进建立更高水平精神文明的教育过程。就教育本身而言,如果没有事先预设的目标,很难最终实现经验的传授,学前儿童文学的传播与教育,可以看作成人世界与儿童世界之间坚实的桥梁,学前儿童文学创作,不能与儿童现实生活相背离,帮助儿童获取某些现实世界的规律是儿童文学创作工作的主要部分,促进儿童自主意识的提高,

---

① 郑丽. 试析学前儿童文学阅读中的唤醒教育 [J]. 牡丹江教育学院学报,2016(3):63.

对于让孩子在单一、狭小的环境中健康成长有着十分关键的作用。面对同样的文学素材，不同经历不同年龄的儿童会有不同的理解，学前儿童文学教育工作是在幼师与孩子、家长与学校的沟通交流之中进行的，原本孩子的世界与成人的世界并不相同，并且往往是不完整的，二者一定程度的有机结合，会促进不同年龄、不同阅历的人之间的思想交流，对于开阔孩子视野，增强孩子理解力，有至关重要的影响，文学阅读与基础教育的融合，并非一时一地之功，而是不间断、不止歇的交流与碰撞，这种交流与碰撞无所不在，无奇不有，而且现代化科技手段的普及，也使得这种交流与碰撞日渐激烈。

（二）唤醒教育要利用传统文化的优质资源

阅读儿童文学名著，有助于激发儿童想象力与创造力，开阔儿童视野，不断地提高儿童的审美能力，学前儿童文学作品是天然的、合适的儿童启蒙教育唤醒资源。主张借助文学作品的力量来培养儿童性格特征的曹文轩先生认为：学习爱心和同情，有助于提高孩子抵御风险、解决困难的勇气，进行儿童文学教育，会很大程度上提高儿童对世界的人文关怀，使孩子更好地理解生活的本质，更加主动地参悟人生的美好与善良，理解生命的坚强与高尚，将所有的一切，奉献给为民族复兴和人民幸福而进行的伟大事业之中。增加幽默文学、睿智文学在儿童思想文化活动中的地位，增强儿童对传统文化以及文学作品的喜爱，了解文学作品的多样性和人性化特征，培养孩子热爱文学的笔触。

另外，要想有效指导孩子理解课本剧，让孩子理解文学作品原著精神是最根本的任务，把文学作品按照故事情节和人物个性改编成剧本的形式，基本不在故事情节和人物性格上做太大的改动，否则就失去了课本剧的真正内涵。其实为增强课本剧的观赏性和教育意义，可以在忠实原著的基础上，适当增删不必要的情节，夸大人物个性特征，由孩子分组进行表演，可以进行时空穿越，以不同文学形式展开，甚至可以让孩子客串主持人担任评委，课本剧的优良评比由孩子自主完成，教师仅仅扮演指导者的角色，让每一个孩子尽情展示才华，这也有助于增强孩子的自我表达能力，在不经意间增强表演素质和艺术鉴赏能力，培养新时期的社会主义核心价值观，可以尝试"兴趣教学法"，把课本剧改编和幼儿阅读相结合，在游戏和故事中，将《木兰辞》《赤壁之战》等课本剧与古文学作品相结合，对孩子各方面艺术能力的提高能起到不可小觑的作用。

（三）家园合作实现对儿童阅读的唤醒教育

将优秀的传统文学作品纳入学前儿童教育的范畴之中，组织教师深入学习《幼儿园教育指导纲要》，学习幼儿教育理论，进一步掌握相关理论，正确深入理解幼儿园语言教育的目标、内容与要求；对幼儿的阅读兴趣、习惯及能力的现状以及家长在亲子阅读活动中的指导作用进行调查、分析。幼儿园应充分调动本地有利资源，将高科技数字化电子设备、图书、资料库等技术性硬件设施尽快完善。

  许多优秀儿童文学作品与传统文学作品，有对自然、人生的感悟，教师应该善于将这些有利因素纳入学前儿童文学教学课程的计划中来，使幼儿获得更加深刻而系统的文学修养，引发孩子对阅读的兴趣。考虑到幼儿的心理特点，可创设不同的场景，让孩子亲身参与到与大自然亲密接触的课外活动中来，引导孩子扮演历史人物、各种文学角色，只要教师勇于承担义务，灵活运用各种教学方法，儿童文学教育工作必然会取得可喜的成绩。中国文化博大精深，各地区文化底蕴深厚，不同地域都有着世代相传的、丰富的传统文化积累，传统民谣、谚语、歇后语以及饱含人生哲理的神话传说，以及发人深省的历史典故，这些都需要教师与家长密切配合，进行合作，共同为儿童文学教育作出贡献，此外，还可以组织主题演讲、歌剧表演、野外郊游等主题活动，这对于增强孩子对传统文化的理解能力，开阔孩子视野都有着不可替代的作用，儿童文学的评价标准不是一成不变的，它根据时代的需求而不断发展，我们也需要根据不同时代、不同地区学前儿童的心理接受能力，对学前儿童文学课程的素材作出相应的调整，也要根据时代发展与社会需求，对学前儿童文学教育的理念进行重新构思。

  教育的本质在于唤醒，学前儿童文学教育本身就是一种唤醒教育，对不同儿童尤其是学龄前儿童进行不同文学体裁的分析以及指导，是学前儿童文学唤醒教育的实质，将儿童与儿童文学教育这种天然形成的和谐关系，科学地进行构建，不断地唤醒儿童阅读文学作品的天然意识，通过对儿童科学的引导，使孩子热爱传统文化，最终达到唤醒儿童文学创作和欣赏的目的。

第三章　学前儿童品性教育与教学发展

第一节　学前儿童活力教育与教学发展

"活力是生命的标志，一切生命体都具有这种自然的生长力量。"[①] 人是自然的生命体，活力是人的天性，是人与生俱来的基本素质。与植物的不同之处在于，动物和人类拥有心灵的活力；与动物的不同之处在于，人类拥有一种特殊的心灵活力。对于身体运动而言，人类要比其他动物发展得慢。动物的本能可以在自身的行为方式中立即看出来，而儿童的精神会深深地隐藏着，不立即表现出来。它并不受在非理性的生物中同样可以发现的那种预定的本能的支配，这个事实恰恰表明它有较广泛的活动自由。这种天生的自由权意味着每一个人的心灵中都具有一种主导本能。主导本能要求心灵保持警惕，维护它的统治权，不至于由于懒惰而丧失活力。心灵必须不断地下命令，努力增强它的活力，以便不受固定的本能的支配，不至于退化而陷入混乱状态。活力的这些特质使得它成为人成长的内在依据，是人之所以在不断成长、不断自我否定和自我发展中依然保持自身的根据。

在万物的秩序中，人类有他的地位；在人生的秩序中，童年有它的地位。童年是人生最自然的时期，是天性保存得最完全的时期，幼儿的未成熟状态意味着他们拥有更强大的向前生长的力量。因此，活力是童性最突出的特征。幼童乐玩好动，肢体的自由活动是其活力最突出的外在表现。自由活动可以分为两类：一是身心分离的活动，可能表现为肢体活动而心灵不动或者是肢体与心灵不能处于协调运动的境地。二是身心结合的活动，即心理活动和肢体活动相协调的活动，表现为活动时全神贯注。蒙台梭利将身心结合的活动称为"工作"，幼童通过工作来建构自我。个体的天性存在共同性和个别差异性。就活力而言，共同性表现在所有孩子的活动本能与生俱来；而个别差异性则指活力的表现形式并不完全相同。这种差异主要源于由遗传而得的气质类型的不同，不同气质类型的个体其行为在情绪性、活动性和交际性上的特征很不一样。然而学前儿童的精神生命是独立于、优先于和激发所有外部活动的，与其说活力是一种生理特征，不如说活力是一种精神特质。每个孩子都拥有相差无几的精神上的活力，尽管在外显行为表现上特征不一。

---

① 徐虹. 学前儿童品性教育 [M]. 福州：福建教育出版社，2022：11.

活力是学前儿童生长的原动力，它是教育的基础和前提。活力是理想品格的根基，主导本能使得道德教育具有可能性。一切品行从根本上和实质上说都源自与生俱来的本能和冲动。它们是教育者需要加以阐析的征兆，是需要在有指导的方式下作出反应的刺激材料，是未来的道德行为和品格的唯一的本质结构的材料。作为一种绝对力量的活力首先应当被保存。教育存在于对本能的教化上，而不是存在于对本能的压制上。纯粹的抑制不仅没有促进生长的价值，而且会阻碍生长。当孩童富有生气的活动受到外界阻碍时，就会有强烈的反应，表现出愤怒和悲哀，甚至有可能发生心理紊乱，变得死板或乖戾。此外，活力必须被引导。绝对力量无所谓善恶，不能确保正当目的的实现，它只是一种盲目发展的动力。没有明确的方向，可能会自动地趋向于善或恶。

教育需要赋予活力的自动发展以具体的内容和方向，助其附着在有价值的目的上。意识到这一原则并在实践中履行，对教育者来说并不容易。首先，教育者需要知道活力对于不同的孩子来说是什么，在孩童发展的每一个特殊阶段又表现为什么；同时，提供既能刺激又能控制的条件，利用这种能力储备并将其组合为诸多明确的被保存的行为方式。

第二节　学前儿童兴趣教育与教学发展

兴趣这个词，原本就紧密地与幼童的世界联系在一起。因为活力洋溢之处，便是充满生之乐趣所在。"兴趣"似乎是描述幼童原生状态的一个非常精当的词汇。然而兴趣的价值并不仅仅在于它反映了幼童的现在，还在于它通过某种联结指向幼童的未来。因此，我们既需要了解幼童原发兴趣的特征，更需要弄清楚兴趣到底联结了什么，以及这种联结对于学前儿童及其发展来说意味着什么。

一、童性与兴趣的关系

"兴趣"这个名词的通常用法有三种意义：一是活动发展的全部状态；二是预见的和希望得到的客观结果；三是个人的情感倾向。兴趣既是主观的，即它表明个人偏好的态度；同时又是客观的，即它表明的是对一个事物的态度，而且这种态度推动了行动并规定了活动，自我的福利与对象发展的结局在整个活动过程中是融为一体的。因此，兴趣就是统一的活动。只强调兴趣内涵的第二种意义，就会对兴趣进行控制，或者采用简单的强压或惩罚手段，或者依靠迂回婉转的奖励或"糖衣"策略，再或者利用机械性的习惯。凡此种种，因为对行动者的心理没有积极意义，故而只能停留在空洞的形式层面，甚至有可能助长心理的不良发展。而只关注兴趣内涵的第三种意义，则会陷入对兴趣的放任。放任导致兴趣实际上被偶发的兴奋和无目的的好奇所取代，结果或者使得心理发展被限定在低级水平上，或者是心理能量失去有价值的目的而产生畸变。

孩子生活在兴趣之中，与成人相比，孩子们总是显得更为兴致勃勃。幼童的世界是一个具有他们个人兴趣的人的世界，兴趣是他们"内在的和明显地表露出来的活动力与敏捷性的总和"。

幼童的生命形态是一种无所顾忌、无所依傍、一往无前、无怨无悔的情感、言行和思维方式。它完全以快乐为动因，以趣味体验和心灵享受为目标。这就是幼童独特的生命价值观审美价值。所有的孩子都喜欢听故事，哪怕讲述者语言干涩，孩子们也依旧全情投入；所有的幼童都喜欢阅读绘本，面对着图画屏息凝神。审美是幼童的天性，也是他们面对世界、理解世界的主要方式。在成人的世界里，大家都知道——审美几乎从未作为理解生活的方式而存在，而仅作为消磨时间或炫耀自我的方式而存在——如果它还存在的话。正因如此，婴幼儿具备非凡的审美能力也就不足为奇了。婴儿期的孩子已经能够观察图画，模仿人物的动作和语言，两岁时可以欣赏散文诗中语言的美感。

二、兴趣的控制、放任与指导

兴趣是任何有目的的经验中各种事物的动力，儿童的积极生长依赖于对它们的运用。然而对兴趣这一观念的不同理解，会造就三类不同的教师或家长。他们在教育过程中对学前儿童的兴趣采取了不同的应对行为，这三类行为分别是兴趣的控制、兴趣的放任和兴趣的指导。

第一，兴趣的控制。控制意味着承受外来的力量，暗含着一种预先的假定，即"个人的趋势天然是纯粹个人主义或自我中心的，因而是反社会的。控制表示使他的自然冲动服从公共的或共同的目的的过程"。运用控制的教育者分为两种：一种认为学前儿童的兴趣对其成长而言是没有价值的，因而必须压制；另一种承认兴趣的动力作用，但认为必须依靠外部控制才能激发起学前儿童的兴趣。

第二，兴趣的放任。与控制相对的另一个极端是放任，放任是指在意识上满足于一时的和现有的水平。对兴趣持放任态度的教育者坚信儿童既是起点，也是中心，并且就是目的；儿童现在的能力和兴趣本身是具有决定性的重要的东西，它们是自明的和独立自主的。因此，兴趣现在所展现的成就已完全体现了兴趣的价值。

第三，兴趣的指导。控制出于对自发性兴趣的极端轻视，放任则是出于对它们过度热情的理想化，两者共同的错误根源是将儿童成长的各阶段看成是不相联系的和固定的。第三类教育者将从关系与生长视角去解释、评价和引导学前儿童的兴趣，即对兴趣进行指导。指导就是选择对本能和冲动来说合适的刺激。这首先要求指导者知道这些本能和冲动会表现为什么以及在儿童生长的每一个阶段意味着什么。自发的兴趣是幼儿本能和冲动的自然表现，它们蕴含着希望，但并不是已完成的东西。因此兴趣是需要指导者加以阐析的征兆，幼儿的兴趣是需要教育者依据其在生长过程中占有的地位加以鉴别的。

三、教育性兴趣类型

幼童充沛的生命活力使得他们生活在兴趣之中。他们的生命状态完全以快乐为动因，以趣味体验为目标，故其兴趣与成人很不相同：他们爱做游戏、爱听故事；他们活在当下，常被一些小东西所吸引。幼童的原发兴趣是如此的活跃，似乎任何事物都能使他们惊喜；但同时，他们的兴趣又是如此善变，似乎总是只有"三分钟热度"。幼童的世界是一个充满个人兴趣的世界，每一个幼童的原发兴趣都是其天赋的最好标识。兴趣是幼童生长中的能力的信号，孩子们的生长依靠着这些"自然的资源"。

杜威将儿童经常表现出来的冲动分为四类，分别是社交本能、制作本能、探究本能和艺术本能，这些本能的冲动构成幼童原发兴趣的根基。相应地，原发兴趣也被分为四类，分别是探究或发现的兴趣、制作或建造的兴趣、艺术的兴趣以及交谈或交流的兴趣。这些原发兴趣单独或交叉地通过几种典型的自发活动表现出来，即身体活动、使用工具、发现活动和交往活动，杜威将它们称为具有真正教育性兴趣的活动。在婴幼儿自发性的身体活动中，我们看到了兴趣的主动性和愉悦性，同时看到了最初的智力成分。在使用工具的活动中，我们看到了兴趣的新发展方向——直接兴趣向间接兴趣的转变。儿童的技巧和智力得到了进一步发展，并具有了怀有更为长期的目的的能力。在发现活动中，纯粹理智的兴趣占据了最主要的地位。爱智慧是儿童的天性，幼儿的"爱智慧"常表现为不断地追问和各种探究行动。在交往活动中，我们看到了幼童的兴趣比成人更具有社会性。更多的社会性体现在幼童对事物的兴趣往往来自对人的兴趣，其艺术表现兴趣的背后是艺术本能和社交本能的联合，而更高的社会性则表现在幼儿拥有成人早已失去的"爱的智慧"。

四、学前儿童的兴趣教学

只有把握住兴趣心理学的核心要点，即兴趣是一种生长的形态，通过作用于萌芽状态的倾向而产生。只有深入理解真正的兴趣原理，即学习事实或建议行动与自我成长之间的一致性原理，才能在幼童自发活动的背后发现其迫切的需求和潜在的能力，以提供适当的材料、工具和资源来引导兴趣。我们需要对幼童展示的兴趣活动进行鉴别，根据其在成长过程中的重要性确定哪些要忽视、哪些要等待，以及哪些需要及时培养。对于标志着幼童力量和兴趣达到顶峰的行为，教育者应抓住时机，及时给予指导。

基于幼童自发提出的问题来生成活动，维护并激发幼童的探究意识；以幼童的生活为核心组织活动，不仅满足和增强幼童的本能兴趣，而且在行动中培养他们的能力；支持幼童自行解决问题，并适时制造认知冲突，促进他们进一步发展探究能力；帮助幼童理解事物的功能和作用，促使他们从对活动的直接兴趣转化为对事物的间接兴趣，从而扩展兴趣范围；通过延伸活动的目的，使幼童的兴趣得以持久。在持续的实践活动中，幼童的直接兴趣和间接兴趣相互转化。此时，在幼童眼中，目的和手段之间没有本质区别，它们都是更大整体的一部分。然而，持久的活动必然引发对目的兴趣和有趣步骤之间的冲突，这时努力开始发挥作用。为了克服推迟目标的障碍，幼童的精力将转向思考。通过努力，我们能够体验到与问题相关的重要思想。问题的挑战不仅在于压力的大小，而且在于目标思想不受困难影响而持续努力，并引导个体反思障碍的性质和克服障碍的可行方法。在这种努力中，我们可以看到意志对于目标的坚定和全面考虑的核心。如果没有兴趣，就无法培养出理智的能力；没有理智的能力，幼童就无法对行动目标进行充分的思考；没有对目标的充分思考，就无法在意志的作用下坚持行动。因此，兴趣和意志是相互关联的。

在教育实践中，需要采取一系列的策略来促进幼童的兴趣和意志发展。首先，教育者应该以幼童自发展示的兴趣为出发点，通过维护和激发幼童的探究意识，引导他们进行探索和学习。其次，活动的组织应以幼童的生活为核心，既要满足和增强他们的本能兴趣，又要在行动中培养他们的能力。此外，教育者应当支持幼童自行解决问题，并适时创造认知冲突，以促进他们的探究能力进一步发展。同时，帮助幼童理解事物的功能和作用，可以将他们对活动的直接兴趣转化为对事物的间接兴趣，从而拓展他们的兴趣范围。

在活动的延伸过程中，教育者应推动目标的深入，使幼童的兴趣得以持续。在长时间的实践活动中，幼童的直接兴趣和间接兴趣实现了相互转化。此时，幼童将目的和手段视为整体的一部分，没有本质上的区别。然而，持续的活动往往引发了目标兴趣与有趣步骤之间的冲突，这时努力起到关键作用。为了克服推迟目标的障碍，幼童的注意力将转向思考。通过努力，我们能够体验到与问题相关的重要思想。问题的挑战不仅在于压力的大小，更在于目标思想的坚定与全面考虑。

第三节　学前儿童思维教育与教学发展

思维能力非常重要，它使人类高出其他一切有感觉的生物。培养良好的思维习惯，必定是教育的主要目的。儿童天赋具有的态度、好奇心以及爱探索等特点，与科学的思维态度十分相似；在婴幼儿的原发兴趣中，已经带有最初的理智成分并且存在着思考的发展，它们是获得良好思维习惯的基础或资源。

一、科学的思维

杜威从"事的法则"之角度，强调思维的价值及训练思维的理由。思维的训练能发挥思维的最好的可能性而避免其最坏的可能性,而"所谓训练,即是发展好奇心、暗示以及探究和检验的习惯"。因此,思维的训练是间接的。换言之,为了养成儿童基本的、持久的、科学的思维态度和习惯,应该将关注点放在更为普通的情境上。

二、明智的思维

赫尔巴特的教育性教学奉行的是"人的法则",人的法则要求用一种强悍的力量来协调散乱的知识片段,与理性、意志和性格联合起来努力。教育性教学旨在培养儿童多方面的兴趣,进而形成更完善的思想范围;这一思想范围是"作为一种力量在我们身上起着作用,调节着我们的思想、感情和志向,它是精神生活获得并按照其创造世界的一种形态"。

在扩展思想范围的过程中,儿童逐渐形成明智的意愿,明智的意愿是实现道德性的第一个条件。在第一个条件中,判断凌驾于意志之上,意志的行动动机需要经受判断的审核。这里的核心环节落在了判断力上,"明智"这个词首先可以理解为对意志作出的审美的判断;而明智的规定则在于实践哲学的理念中。因此,教育性教学的核心目的就是要通过知识教学来建设儿童的思想范围,发展其判断力,进而促使儿童依据实践理念对当前个人的意志追求进行反思。尽管多方面兴趣产生于儿童经验和交际所涉及的各种各样的事物与活动中,即儿童通过经验获得了认识,通过交际获得了同情;但是,有限的经验在无限的知识范围中留下了巨大的缺陷,而同情基于极其细微的差别,所以片面的同情比片面的知识糟得多。因此,多方面兴趣的培养、完善的思想范围的建设,必须通过教育性教学加以补充,这种教学将使儿童把从经验与交往开始的初步活动继续下去,并使之得到充实。

第四节 学前儿童同情教育与教学发展

同情是一种对他人的不幸产生共鸣及其行动的关心、赞成、支持的情感以及由此引发的"助人为乐""伸张正义"的动机和行为。因此同情在个体身心发展过程中不仅可以抑制攻击行为,也可以产生更多的亲社会和利他行为。在幼儿期培养儿童的同情心非常有必要,父母的教育方式、教师的引导、同伴的影响以及社会媒介的传播都会影响儿童同情行为的形成,所以要针对不同情况采取不同的培养策略。

一、教授儿童有关同情的知识以及认知结构

儿童同情心的形成离不开相关同情心知识的获得,是同情情感和同情行为产生的前提和基础。儿童同情心的认识结构是处于连续不断的双向建构中,是主(幼体)客(知识)不断构建的过程。儿童最初的同情行为可能出于模仿或受他人指使,在儿童认知结构中并

没有赋予任何意义，当这种行为得到成人肯定及赞扬时，这种行为会在其他场合重复出现。而这种行为遭到成人或同伴呵斥和否定时，儿童就会调节自己的认知结构，以适应当时的情景，在行为作出改变时可能会出现顺应行为，或是出现抵触或逆反心理。所以，成人应及时教给儿童相应的同情心的知识，引导他们在模仿同情行为之前就具有相应的同情知识来支撑，以便正确地表达自己的同情心，逐渐从他律走向自律。在日常生活中，教师和家长还可以让儿童关注小朋友摔倒或流泪等不幸的事件，教授儿童有关同情的知识，帮助儿童产生积极的同情行为，还可以运用电视视频的方式，如看到听到地震灾区的情景会觉得小朋友的生活很可怜等事件对儿童进行正面教育，让儿童明确如何表达对他人的同情。

二、通过有效的方式丰富儿童的同情感经验

（一）激发儿童内在善性，让其学会爱别人

人生来具有善性，有良心，能自爱和爱别人，正是由于这种自然的情感，能够使儿童设身处地与不幸的人产生共鸣。因此，培养同情行为的首要策略就是激发儿童善良的情感，这种善良的情感表现为自爱心和怜悯心，随着儿童年龄的增长，人际关系的生成，儿童会从爱自己逐渐扩展到爱自己亲近的人及其他人。而在现实生活中，我们经常看到儿童总是以自我为中心，难以与同伴相处。鉴于这种情况，教师和家长应以境换情地激发儿童善良的情感，通过成人的感染使儿童学会爱别人。

（二）了解并关怀儿童，做到因材施教

了解是实施教育的前提。在日常活动中，教师注意观察每位儿童，客观地评价他们，找出薄弱环节，以便进行针对性的教育。人本主义认为，移情性理解是教师应具有的道德素质，就是要求教师从儿童的角度观察事物，站在儿童的立场上考虑问题，洞悉儿童的心灵世界，设身处地地为儿童着想，对儿童表达出的想法、观念、情感作出及时的积极反馈，使儿童体验到教师正在倾听他们的心声，在关心他们，理解他们。从移情性理解可以看出，在日常活动中，教师应该从儿童的需求出发，在了解儿童的基础上，有针对性地、因人而异地激发儿童的同情情感。

三、帮助儿童生成同情行为并丰富其情感

（一）通过言传身教树立榜样

处于学前期的儿童具有很强的观察模仿能力，所以家长和教师在日常生活中所表现出

的行为都会潜移默化地影响儿童的行为。儿童同情行为出现的频率与其父母同情行为的频率呈正相关。社会学习理论非常强调观察学习的作用，儿童在观察成人的过程中获得新行为。例如，在日常活动中，见到别人有困难，成人应主动伸出援助之手，以身作则，使儿童最终学会如何关心和同情他人，做一个有爱心，乐于助人的人。因儿童的理解能力薄弱，在树立榜样的同时应结合语言的运用，注意言教和身教相结合。

例如，《小朋友生病了》活动中，在活动课上，教师利用语言向儿童传达当别人在困境中时要有同情的情感，在此基础上让儿童表达如何关心别人，活动之后抓住时机在实际情景中开展《小朋友生病了》，以便言教能够在儿童的实际生活中得到内化。因此成人可通过日常活动中的小事用行动来感化儿童，培养儿童的同情行为。

（二）帮助儿童选择榜样行为

处于幼儿期的儿童观察模仿能力很强，儿童是个"小观察家"，加之儿童的认知结构的不健全，很难对行为作出正确的价值判断，这时需要成人的介入帮助儿童选择有利于儿童身心发展的同情行为榜样。由于年龄相仿、能力相当，儿童更喜爱模仿同伴的行为。这时，成人应善于从儿童同伴中找到具体的榜样让其学习，向儿童直接展示什么是同情心，什么是同情行为以及同情行为的社会效益。例如在看到其他同伴帮助老人过马路、关心照顾年幼的儿童时，成人应向儿童肯定此行为并鼓励儿童向他人学习。

对于电视媒介里的行为，儿童也很愿意去模仿。成人应多陪孩子观看，并对电视动画片里的行为加以讲解，告诉儿童哪些行为是同情行为，值得模仿学习，哪些是必须摒弃的行为，必须制止。文学作品是儿童的精神食粮，对待文学作品里的人物，儿童会更喜欢。因此成人应利用儿童喜欢的人物的感染力量，创造时机教授儿童表达同情心的技巧。

（三）角色扮演深化同情行为

行为实践是德育教育中的重要方式，通过行为实践使儿童所获得的同情心知识转化为内在的自觉的同情行为品质。在幼儿期，儿童的行为实践常以角色扮演的方式出现，角色游戏的本质在于扮演某个角色，通过角色游戏，儿童可以在短时间内接触多种角色，体验不同人物的内心世界，了解他人的情感，从而脱离自我这一个体。

学前期的儿童以具体形象思维为主，常常有拟人的情感，例如，踩到小草会疼，因此成人应先培养儿童热爱自然的情感，进而达到爱父母爱周围人的情感。如小朋友摔倒了怎么办；小朋友找不到回家的路怎么办；……通过以上情景的思考和演示，培养儿童的同情行为。

（四）合理塑造儿童同情行为

强化是塑造行为的基础，要控制人的行为，就要设法强化行为。由于儿童的认知能力、理解能力和控制能力比较差,仅通过讲道理、摆事实或直接要求表现同情行为是不够的,因此成人应抓住生活中的小事,强化儿童的同情行为。如在日常生活中,当儿童表现出同情行为时,成人应给予肯定、赞扬和鼓励,如果儿童的同情行为重复出现,成人应不厌其烦地给予肯定,使儿童一时的、暂时的和个别的同情行为转化为长期的、内在的、自觉的品质,积极强化儿童的同情行为。当儿童表现出非同情行为时,成人应采取消极强化的方式,如不高兴的态度、冷淡的表情等暗示儿童去自觉地抵制非同情行为。需要说明的是,消极强化并不等于惩罚,也不意味着对惩罚的否定,而是依据问题的性质加以采用。

(五)教授儿童表达同情行为

行为方式是表达同情心的桥梁,恰到好处的行为方式,能使良好的动机如愿以偿;不妥当的方式,会导致事与愿违的后果。如儿童之间分享玩具,对于不喜欢分享的儿童,如果强制分享,就会产生抢玩具的现象,如果儿童不了解情况,有的儿童就会出于同情的立场,帮助弱小的儿童争抢玩具。对于此现象,成人应鼓励儿童站在他人的立场上考虑后果,想想怎么做才会帮到别人,应该怎么说怎么做,才能正确表达自己的同情情感。此外,培养儿童的同情行为不能忽视正确方式的引导,如使用礼貌用语(请、谢谢、对不起、不客气)及考虑别人的需要贯穿其中。如见到比自己年龄小的儿童摔倒了,应该怎么做,怎么说安慰的话。从而帮助儿童学会正确地表达同情情感,培养儿童的同情行为。

总而言之,儿童同情行为的培养需要家庭(家长)、幼儿园(教师)、社会环境三方面合力作用于儿童,加之儿童自身的认知和情感的合理构建,方能使儿童的同情心发挥最大的作用。同情心是一切道德的基础,同情行为的培养有利于儿童的身心健康发展,有利于培养他们遵守社会规范的意识与行为习惯,同时一个具有同情心的人才能给他人带来关心和友爱,快乐和成功,长大后才能成为合格的公民。因此,培养儿童的同情心对儿童一生具有重大意义。

第四章　学前儿童德行教育与教学发展

第一节　学前儿童德育教育与教学发展

一、学前儿童德育的形成与发展

德育即道德教育。"道德是在一定社会条件下形成与发展起来的人们共同遵守的行为准则的总和，也是评价人们行为的标准。"[①] 社会道德在个体身上再现为道德品质，德育实质上就是社会道德个体化的过程。学前儿童德育是道德教育的起始阶段，是根据学前儿童身心发展的特点和实际情况，对学前儿童实施的品德教育。

一个人道德品质的形成和发展是逐步实现的。而学前的道德品质教育，则又有其自身的特点。总体而言，都离不开我们通常说的道德品质教育过程中的四个基本因素：知、情、意、行。研究学前儿童道德品质的形成和发展，必须进一步研究这些心理因素的特点和形成。

（一）学前儿童道德认知的形成与发展

知，即道德认识，是人们对社会道德现象、道德规范及其履行意义的理解和评价。这是道德品质形成的第一步。在道德品质的形成和发展中，知是基础。一般而言，只有认识了准则，才能产生相应的情感和行为倾向。学前儿童道德认知的特性如下。

第一，他律性。学前儿童只是按照成人提出的道德准则进行道德判断和决定自己的行为，而不是根据自己对道德标准的理解来支配自己的行动。因此，在这个阶段"服从"就是儿童道德发展的主要特点。

第二，直观性。把行为的直观效果，即直接看见的效果作为道德判断的依据，儿童还不能把动机与效果结合起来进行道德判断。

第三，情绪性。只要成人说是好的，或自己觉得有兴趣的、对自己有好处的，就认为是好的。反之，则是坏的。

---

① 甄明友. 学前儿童教育学 [M]. 北京：中央广播电视大学出版社，2011：28.

(二）学前儿童道德情感的形成与发展

情，即道德情感，是人们对道德的是非善恶美丑产生的喜怒哀乐的情绪体验。道德情感是中间环节，对道德认知和道德行为的形成起着积极的推动作用。学前儿童道德情感的特性如下。

第一，不稳定性。学前儿童的喜怒哀乐的变化比较容易、简单，一会儿喜欢这个伙伴，一会儿又可能与之对立起来，彼此不说话了。今天可以把这个伙伴看作自己最好的朋友，明天又把另一个伙伴看作最好的朋友。

第二，模仿性。往往以集体或老师、家长对他的态度为转移。

第三，外露性。学前儿童的喜怒哀乐经常容易表露于外。

(三）学前儿童道德意志的形成与发展

意，即道德意志，指的是在道德行为过程中自觉、顽强地克服困难的毅力，这是一种控制和调节道德行为的精神力量。虽然有了一定的道德认识和情感，但在行为过程中不一定就能按照行为准则达到要求，尤其是学前儿童。道德意志在道德行为的产生中起着杠杆作用，它体现在行为上，但不是行为本身，而是一种精神力量。学前儿童道德意志的特性如下。

第一，自觉性比较低，容易独断和受暗示。

第二，自制力弱，常常表现出草率从事、任性冲动的特点。

第三，坚持性不强，见异思迁，做事虎头蛇尾是常见的。

(四）学前儿童道德行为的形成与发展

行，即道德行为，是符合一定道德标准的行为表现。道德行为是道德教育的最终目的，也是衡量一个人品德水平高低的标志。评论学前儿童的行为要听其言而观其行，而不能听其言而信其行。学前儿童道德行为的特性如下。

第一，知行常常脱节。这是由于形成儿童道德品质的各种因素发展的不平衡所形成的，需要抓儿童知、情、意、行的薄弱环节，引导儿童反复实践，才能最终转化为道德行为。

第二，容易反复。学前儿童的道德行为易受外界环境的影响，所以不够稳定。

二、学前儿童德育的任务及内容

学前儿童品德教育的任务与内容主要包括发展学前儿童的社会性的教育与发展学前儿童个性的教育两个方面。

（一）发展学前儿童的社会性的教育

对学前儿童实施品德教育的过程实质上是帮助儿童社会化的过程。社会化过程是个体了解社会对他有哪些需要与期望、规定了哪些行为规范，并使自己逐步实现这些期待的过程，是个体适应社会的漫长的发展过程。学前儿童社会性发展是通过自身的社会化过程实现的。具体来说，发展学前儿童的社会性包括以下内容。

第一，萌发爱的情感。爱家乡、爱祖国、爱集体、爱劳动、爱科学的情感是人们思想和品德发展的基础，是人们开拓前进的强大动力，所以应从小对学前儿童进行爱的情感教育。

第二，发展学前儿童的交往能力，学习必要的社会行为规范。社会环境中的首要和核心因素是人，能否建立起与周围人的和谐关系，是人们适应环境、心情舒畅地生活和学习的关键。因此，必须发展幼儿的交往能力，使他们在与他人的交往过程中，了解自己和别人，学会处理与同伴、教师及其他人的关系。

（二）发展学前儿童个性的教育

诚实、自信、独立、勇敢、活泼开朗等都是良好的个性品质，它们推动学前儿童积极地与周围环境中的人与物交往，有利于学前儿童与周围的人建立良好的关系，从而健康快乐地成长。

三、学前儿童德育的具体实施

（一）学前儿童德育的实施方法

德育方法是实施德育的具体手段，教育者应遵循德育原则，结合学前儿童的实际情况，灵活运用，从而既实现德育的目标，又收到良好的效果。

1. 说服

说服，即通过讲解、谈话、讨论等方式向学前儿童讲清一些简单的道理，帮助学前儿童分清是非，使学前儿童具有正确的道德观念，并能用这些道德观念来指导自己行为的一种方法。说服一般适合在学前儿童缺乏道德认识或经验时选用，如向他们说明"什么是对的""什么是不对的""为什么要这样做""为什么不应该这样做""应该怎样做"等。

说服要结合具体事例，防止抽象、枯燥的说教。说教法就是成人以单向的说服和语言训导的方式，将成人期望的社会思想观念和行为准则灌输给学前儿童，并要求他们无条件地接受并付诸行动。对教师来说，采用说教法简便易行，但在实际工作中，许多教师的说教分析过程自觉或不自觉地走向了空洞无物的道德说教和训话，结果不仅达不到预期的目的，反而使学前儿童产生反感和抵触情绪，失去了教育效果。因此，说服和讲解应具体、明白，要结合一些直观材料或具体事例，语言要简明、生动，具有启发性与说服力。

说服要伴随良好的气氛，防止简单、生硬的压服。对学前儿童进行说服，往往不能一次就奏效，学前儿童的道德行为具有反复性和周期性，因此要经常地、耐心地对他们进行说明和讲解，达到以理服人、以事明理的目的。而有的教师认为儿童小，不懂什么道理，要用压服才能奏效。从表面看，压服往往见效快，但这只是暂时的效果，学前儿童因惧怕而被迫屈从。但实际上压服往往是压而不服，还会导致矛盾的激化。为此，运用说服要伴随良好的情绪和气氛，教师要以热爱、相信和尊重幼儿的态度说明道理，善于调动学前儿童自身的积极因素，启发诱导他们自己分辨是非。

2. 范例

范例，即指对学前儿童具有重要教育作用的典型事例，是以别人的好思想、好行为来教育影响学前儿童的一种方法，其特点是具体、形象、有感染力。范例对学前儿童道德认识和道德行为的影响与支配作用，要比说服的效果快。

范例可以把抽象的道德认识具体化、形象化，使学前儿童易于接受并见之于行动。由于范例形象的激励，它可以启发学前儿童主动地按道德行为准则行事，可以使儿童经常用范例对照自己，主动地制止不符合道德要求的行为，克服自身的缺点。范例主要有：①父母和教师的榜样；②学前儿童周围生活中的榜样；③革命导师、英雄人物及文艺作品中的典型形象。使用范例进行教育时应注意以下两点。

（1）教师要为儿童选择和确立积极的范例。学前儿童有好模仿的特点，但常常带有很大的盲目性，他们总是从兴趣出发而缺少选择性。所以，教师必须为儿童选择积极的范例。这些范例必须能触动儿童的情感，并能引导他们的行为。当学前儿童对一些消极的言行也表现出模仿兴趣时，教师应巧妙地制止，表示出这些言行是不应该学习与模仿的，是不受欢迎的，使学前儿童及时明辨是非。

（2）教师要以身作则。学前儿童德育中非常有效的一种方法，是由教师以身作则，以自己的言行直接为学前儿童提供一个活生生的行为榜样，使学前儿童在模仿的过程中获得一定的价值观念。学前儿童年龄小，分辨能力差，所以教师应注意加强修养，为学前儿童提供良好的范例。

3. 练习

练习是指学前儿童在教师的指导下，为养成优良的行为习惯，在各种实践活动中进行自我教育实践。练习是品德教育重要而基本的方法：一是因为幼儿期着重于行为习惯的养成；二是因为任何一种行为习惯，都是在经常性的要求和多次的练习下形成的。

练习的方式通常有：①各种实践活动中的练习；②与同伴、成人交往的自然环境中的练习；③通过特意创设情景进行练习。运用练习方法应注意以下两点。

（1）练习要做到反复进行，持之以恒。练习应当是逐步的、循序渐进的。同时，要抓住日常生活中的每一个练习时机，经常反复地进行，才能取得预期效果。

（2）练习要注意激发学前儿童的兴趣与愿望。组织学前儿童进行各种品德行为练习，要注意避免单调乏味，努力引起学前儿童练习的愉快情绪。例如，有位教师为了培养学前儿童说话轻、动作轻的文明行为习惯，她首先编了一首儿歌："班上来了一只小兔，说话轻轻，走路轻轻，多有礼貌。"然后提出具体形象的规则要求，使学前儿童都愿意这样去做。

4. 评价

评价是指对学前儿童品德行为的表现给予肯定或否定。评价是学前儿童品德教育的一种辅助方法，它能起到控制学前儿童品德发展方向的作用。评价的方式有：①表扬与奖励；②批评与惩罚。运用评价法应注意以下三点。

（1）幼儿园应以表扬、奖励为主。奖励可使学前儿童明确哪些是正确的做法，而惩罚只能避免学前儿童重犯错误或减少犯错误，并不能使他们知道怎么做是对的。为此，教师应多采用表扬与奖励，特别是对年龄小的儿童，少用批评与惩罚。

（2）表扬奖励、批评惩罚必须做到公正合理，实事求是，恰如其分。在表扬、奖励学前儿童时，不要夸大其词，那会使学前儿童不能正确估价自己对待别人，从而产生骄傲自满情绪，为此在表扬、奖励的同时，要指出不足之处和进一步努力的方向。在批评、惩罚学前儿童时，又不能全盘否定，要把情况弄清楚，了解学前儿童所犯错误与不良行为是有意还是无意，是单纯模仿还是出自不良动机等，以便处理时做到准确、公正、合理、恰当。

（3）运用评价法要适时适度。表扬、批评是一种强化法，它可分为"连续强化法"（做对了就表扬）和"间歇强化法"（做对了几次，教育者有选择地给予一两次的表扬）。"间歇强化法"的效果比较好，"连续强化法"的强化物一中止，正确的反应率就会下降。而采用"间歇强化法"，经过反复训练而养成的良好行为模式就能持久不衰，非常牢固，即使不用强化，也能使良好行为保持下去，形成自觉的行为习惯。为此使用评价法要适时，不能滥用。同时，评价还要注意适度，即合理、客观地评价学前儿童。

我们的教育对象是每个具体的学前儿童，各人的情况不同，要真正从教育的效果着眼，去考虑德育的方法问题，并从实际出发，做到一把钥匙开一把锁，真正打开他们幼小心灵之窗，点燃他们心灵中上进的火焰。

（二）学前儿童德育的实施途径

1. 日常生活

日常生活是实施学前儿童德育的基本途径。日常生活对学前儿童品德的形成有多方面的影响，并且为学前儿童提供了行为练习与实践的机会。学前儿童德育应贯穿于学前儿童的日常生活之中，在日常生活及游戏中，在与同伴、成人交往的过程中，逐步形成某些良好的行为品质。

在日常生活常规和生活制度中渗透着道德教育的内容，通过常规训练和严格执行生活制度，可以培养学前儿童有礼貌、守纪律、诚实、勇敢、自信、关心他人、爱惜公物、不怕困难等品德和行为习惯。

幼儿园的品德教育工作不是单独的说教，它是渗透在学前儿童一日生活的各个环节之中的。我们每时每刻都在对他们进行教育。

（1）晨间活动。让值日生提前来园，为小朋友们整理桌椅、给自然角的植物浇水，然后迎接小朋友。让学前儿童学习礼貌用语，增强文明意识。

（2）课间活动。在这时，教育儿童要相互关心、照顾小一点的儿童，帮助他们复习课上所学的内容；要学会谦让，好玩的玩具大家一起玩。

（3）进餐。进餐时，培养学前儿童良好的进餐习惯，吃饭时不掉米粒、不剩饭菜，吃完后能自觉地将餐具收拾好，让学前儿童克服不良习惯。

（4）午睡。教育学前儿童睡前将脱下的衣服叠整齐，并迅速入睡。

（5）离园活动。要求学前儿童不追逐、不吵闹，将自己的东西整理好，等父母来接。

幼儿园的日常生活是平常而琐碎的，但却日复一日地重复着，潜移默化之中会使学前儿童养成各种良好的行为习惯，这种巨大的影响力是不容忽视的。因此，要将学前儿童良好的生活习惯和行为习惯的培养渗透到学前儿童的日常生活中去，这种渗透是无时不有、无所不在的，只有充分利用日常生活中的德育因素，才能使学前儿童养成良好的行为习惯。

2. 专门的德育活动

专门的德育活动是指教师根据学前儿童的年龄特征与年龄班德育的内容和要求，结合本班儿童的实际情况、行为表现，有目的、有计划组织的德育活动，也就是为实现某项德育内容而组织的教育活动，例如，讨论、参观、劳动等。

专门性的德育活动可以集体进行，也可以分组、个别进行；活动内容应以幼儿周围熟悉的事物或他们生活中的事例为主；多采用学前儿童自己解决问题的方式；活动应尽可能利用游戏的形式进行。

3. 游戏活动

游戏是幼儿园的基本活动，也是德育的基本形式。由于游戏伴随着愉悦的情绪，游戏反映了学前儿童的现实生活，反映了人们的道德准则、人际关系等，所以利用游戏活动培养儿童的品德，具有生动、形象的特点，容易为儿童所接受。在游戏过程中，学前儿童可以自发地扮演社会角色，实践一定的社会行为，体验一定的社会情感，收到很好的德育效果。

第二节 学前儿童智育教育与教学发展

学前儿童智育是有目的、有计划地让学前儿童获得粗浅的知识技能，发展智力，增进对周围事物的求知兴趣，学习"如何学习"，并养成良好学习习惯的教育过程。

学前儿童智育的目标是培养学前儿童的学习兴趣和求知欲望，发展幼儿智力，培养正确运用多种感官和运用语言的基本技能，以及初步的动手能力。

智力是人认识事物的能力，它包括观察力、注意力、记忆力、思维力、想象力和创造力等要素，其中思维力是智力的核心。知识与智力是不同的概念，获得了知识不等于就发展了智力，但智力的发展离不开知识。

学前儿童学习兴趣主要包括研究的兴趣、求知的兴趣、创造的兴趣以及动手的兴趣等。兴趣和求知欲是学前儿童从事各种研究活动和学习活动的内在动力，应有意识地培养。学前儿童智育的重点不在于给学前儿童多少知识，而是让学前儿童产生对学习的热爱，越学越想学，这对今后的学习至关重要。

一、学前儿童智育的基本任务

学前儿童学习兴趣主要包括探究的兴趣、求知的兴趣、创造的兴趣以及动手的兴趣；发展学前儿童正确运用感官的能力，也就是发展学前儿童正确运用视觉、听觉、触觉等感觉器官来感知外部世界的能力；语言能力的发展与思维的发展有着密切的关系，学前儿童的语言理解、表达能力对其智力活动水平的影响很大；动手能力与人的智力发展有着密切的关系。

二、学前儿童智育的主要内容

智育的内容是根据智育的任务而设计的，包括以下方面。

（一）保护和促进学前儿童的学习兴趣

学前儿童很早就对周围事物发生浓厚的兴趣和强烈的求知欲望，这表现在他们好问、好动、好模仿，喜欢听成人讲故事等方面。学前儿童的求知欲与兴趣紧密相连，对一种事物的兴趣越大，求知欲也越强。但学前儿童的直接兴趣占优势，这种兴趣是不随意的、不稳定的，易受环境的影响而改变。保护和促进学前儿童的学习兴趣和求知欲就需要了解学前儿童的认知特点和水平，使他们能按自己的兴趣和需求来学习，并在这种学习中获得成功的体验，感受学习的乐趣，进而不断地产生学习和探究的兴趣，使他们逐渐从直接的、无意的兴趣向有意的、间接的兴趣发展，提高兴趣的稳定性。切忌以学生上课的方式，向学前儿童灌输许多过难过深的书面知识，这种方式只会扼杀学前儿童的学习兴趣，使学前儿童对学习产生厌倦和畏难的情绪。

（二）培养学前儿童学习的主动性

学习的主动性与学前儿童的学习兴趣紧密相连，如果学习是学前儿童感兴趣的，他们就会有主动性，所以教师要组织学前儿童从事他们感兴趣的活动，在学习的方式上要使学前儿童是主动的，而不是被动的，换言之，教师要创造适宜的学习环境与条件，引导和鼓励学前儿童去主动地探索和学习，而不是教师制定好学习的内容和方法，指挥学前儿童去完成。前一种方法使学前儿童可以充满兴趣地主动学习，学习成果各不相同，可使学前儿童在各自的水平上得到发展。而后一种方法则使学前儿童处于被动的状态，学习成果趋于一致，大家学会了某种知识或技能，如会读一首儿歌，会做一道数学题，会唱一首歌等。这并不是说集体学习某一种知识技能完全不可取，但若以这样的教育方式为主，势必会极大地损害学前儿童学习的主动性，或者使之无法发展起来。

（三）注意培养学前儿童良好的学习习惯

良好的学习习惯是学前儿童获得知识、发展智力以及今后继续学习的重要条件，它包括学前儿童学习时注意力集中、积极克服困难、认真完成学习任务等。学习习惯的培养必须从幼儿期开始。

（四）培养学前儿童的感知能力与动手操作能力

学前儿童正处于感知能力迅速发展和不断完善的时期，运用视觉、听觉、触觉等感觉器官来感知外部世界是学前儿童的一个重要认知特点。因此，感知能力的培养是幼儿园智育的基础和重要内容，也是幼儿园智育区别于小学的一个重要特征。教师可以采用一些专门的感觉训练方法与组织多种多样的实际感知与体验活动来促进学前儿童感知能力的发展。

动手操作与发展感知能力紧密相连，又与人的智力发展有着密切的关系。动手操作使学前儿童不是被动地接受外界事物的感觉刺激，简单地感受各种事物的物理特征诸如冷热、粗细、软硬等，更能使学前儿童通过摆弄、分类、比较、排列、堆叠等动作促进其大脑的发育和思维能力的建构。

学前儿童在操作活动中可以获得多种感知经验和知识，同时获得许多动作经验，这种经验随着学前儿童年龄的增长和经验的不断丰富会内化为学前儿童头脑中的思维运演能力。因此，为学前儿童提供各种动手操作的机会，不仅给学前儿童提供了一个比较合适的学习方式，满足了他们的动手兴趣，也促进了学前儿童智力的发展。

（五）引导学前儿童学习周围生活的知识

学前儿童认识事物始于直接感知。引导学前儿童获得的知识必须是有关他们周围生活中常见的事物和现象的粗浅的、具体的知识，而且必须有科学性和教育性。这些知识包括以下方面。

第一，初步的社会生活知识，包括对自己和别人的认识；对日常生活用品的认识；知道周围成人劳动的社会意义以及认识他们使用的工具；知道国家的名称，认识有关节日等。

第二，浅显的自然常识，包括认识天气和季节的变化及其与人们生活和植物生长的关系；认识常见的植物、动物；知道有关安全常识及卫生常识；认识日常生活中浅显的科学知识和物理现象；认识交通工具和玩具。

第三，数学的初步知识，包括对物体大小、多少、长短、粗细、高低、宽窄、深浅、轻重的认识和比较；对几何图形、时间、空间的认知；100以内的数字和20以内的加减法。

第四，音乐、美术常识，包括认识常见的乐器，了解节奏；区别简单的颜色和简单的绘画材料及手工材料。

第五，基本能力培养和基本技能训练，包括感知觉能力的培养；观察力、注意力、想象力、记忆力、思维力和创造力的培养和训练；计算能力训练；写字、绘画能力以及音乐能力的培养和训练；口头语言表达能力的训练。

（六）发展学前儿童的语言运用能力

语言是交际的工具，也是思维的工具。幼儿期是口头语言发展的重要时期，发展学前儿童的语言运用能力包括以下方面。

第一，发展学前儿童运用口头语言进行交往的能力。应该创造一个自由、宽松的语言交往环境，支持、鼓励、吸引学前儿童与教师、同伴或其他人交谈，体验语言交流的乐趣，学习正确的发音，使用适当的、礼貌的语言进行交往。

第二，发展语言理解能力，引导学前儿童学习注意倾听别人说话，正确理解别人说的话的意思，养成良好的交谈习惯。

第三，发展语言表达能力和思维能力，教师要鼓励学前儿童大胆、清楚地表达自己的想法和感受，尝试说明、描述简单的事物或过程。另外，还可有目的、有计划地发展学前儿童的前阅读和前书写能力，以进一步促进学前儿童智能的发展。

三、学前儿童智育的具体实施

（一）学前儿童智育的实施途径

第一，组织多种形式的教育活动，发展学前儿童智力。幼儿园的教育活动是发展学前儿童智力的有效途径。学前儿童亲自动手、动脑的实践活动是进行智育的主要途径。作业课的教授方式虽然能给学前儿童传输不少知识，但是，由于学前儿童对言语的理解有限，所以较难为儿童把握。因此，课堂教学活动应当与学前儿童动手操作的活动相结合，尽量游戏化，防止教师满堂灌，以提高效益。幼儿园不宜以上课为智育的主要手段。此外，日常生活活动也是对学前儿童实施智育的重要途径。智育应当渗透在一日的生活之中，应当引导学前儿童去解决生活中的问题，增进学前儿童对周围环境的认识等。如教师可以利用学前儿童就餐时的摆碗筷来发展学前儿童的数的概念和计数能力。或通过食物让幼儿学习有关蔬菜、水果的知识，了解季节变化和农作物的关系。

第二，创设宽松、自由的环境，让学前儿童自主活动。学前儿童智力的发展与环境关系密切。只有在一个宽松、自由的环境里，学前儿童才能够自由思考、自由活动、自由表达自己的意见和要求，自由地想象和创造，才能自己选择、自己探索，智力才能得到发展。在一个压抑的环境里，学前儿童只是被动地接受知识，被动地活动，他们将失去学习的兴趣和欲望，丧失自信心，懒于思考，变得唯唯诺诺，不可能发展自己的能力。因此，教师应当为学前儿童提供良好的环境，重视建立与幼儿的良好关系，鼓励学前儿童主动地与环境相互作用，允许学前儿童犯错误，尊重学前儿童的想法，尊重他们的经验和创造，让学前儿童有发挥能力的机会和条件。

（二）学前儿童智育实施需注意的问题

第一，处理好智力与知识技能之间的关系。知识是人们在改造世界的实践中获得的认知和经验的总和。知识与智力有着密切的关系。知识、技能是智力发展的基础，智力发展又是获得知识与技能必备的条件。知识的贫乏不利于智力的发展，而智力的高低决定掌握知识的深度和运用知识的灵活程度。在智育过程中，教师必须认清知识和智力的关系，应将知识的获得与智力的发展高度统一起来。否则，偏重知识的灌输，将阻碍学前儿童的智力发展；但如果离开了知识的基础，智力的发展又将成为空中楼阁。

第二，重视学前儿童非智力因素的培养。非智力因素是指不直接参与认识过程的心理因素，它包括情感、意志、性格、兴趣等方面。智力因素与非智力因素是智力活动的两个方面，它们虽有相对的独立性，但二者是相互联系、相互影响、相互制约的。只有二者都处在最佳状态时，学前儿童的智力活动才能取得成功。非智力因素对智力的发展起着促进和认证作用。一个智力水平一般的人，如果他有热爱学习、勇于探索、意志坚强、不怕困难等优秀的非智力品质，就能积极主动地投入学习，智力活动就会呈现积极活动状态。反之，一个人再聪明，如果他不喜欢学习，怕困难，不能坚持完成学习任务的话，是绝不会取得成功的。

第三，注意学前儿童知识的结构化。如果学前儿童的知识是零散的、杂乱的，那么，学前儿童很难凭借这些知识去解决问题，这些知识对学前儿童思维的发展也没有多大意义。换言之，学前儿童智力的发展不是取决于个别知识和技能的掌握，而是看这些个别知识能否结合成一个反映事物或现象之间规律或联系的"结构"。必须明确的是，学前儿童的知识结构是建立在学前儿童感受经验基础上的。因此，它与中小学那种以科学概念为中心的学科知识体系有着本质的不同。重视学前儿童知识的结构化，能扩大学前儿童的知识容量，能促进学前儿童巩固已有的知识，并将获得的新知识迅速归入自己已有的结构中，将新旧知识结合成更大更好的知识结构，提高认识能力，举一反三，触类旁通。

第三节 学前儿童美育教育与教学发展

一、学前儿童美育的概念与特点

美是我们生活中无所不在的客观存在，但又不等于人人都能发现美，都能正确地认识美。尽管爱美是人的天性，但是人的爱美之心带有极大的自发性，因此是不可能进行高尚的审美活动的，必须在此基础上培养正确的审美观念、健康的审美情趣和能力，才能自觉地、健康地感受和理解现实美、艺术美。这就是说，需要通过一种专门的教育，用特定的途径和手段对人进行审美教育、美感教育，这就是美育。

美育的特点是通过美的事物、用具体的鲜明的形象作用于人的情感系统，使人在欣赏美的过程中愉悦、动情，不知不觉地受到感染、影响、熏陶。因此，美育对人的情感发展、对形成健全的人格有特殊的重要性。

学前儿童美育是美育的一部分，它是根据幼儿身心特点，利用美的事物和丰富的审美活动来培养学前儿童感受美、表现美的情趣和能力的教育。

由于幼儿身心发展的特点，特别是思维的直觉行动性和具体形象性以及认识过程中的情绪性等，决定了学前儿童美育的特点是：通过活动，用具体鲜明的形象去引导学前儿童直接感受美，而不要求对美的形象从逻辑上进行过多的理解和分析；以培养学前儿童审美的情感、兴趣为主，而不以培养审美概念、观念为主；以培养表现美的想象力、创造力为主，而不以训练技能技巧为主。

二、学前儿童美感表现的特性

学前儿童美感表现有下列特性：

第一，情绪性。学前儿童的美感表现是与良好的情绪体验相联系的，往往是在自身需要得到满足、有安全感、情绪良好愉快时，才能对美的事物产生美感。反之，则对美的事物没有反应，甚至反感。如理发是美容活动，但理发曾给儿童带来不适感，他们就可能不喜欢理发。

第二，表面性。儿童的美感表现比较肤浅、幼稚，他们往往被审美对象的外表形态、色彩或音响吸引，注重外表美、形式美，而对内在的美则感受较晚，如学前儿童对美术作品的欣赏往往表现在喜爱鲜艳的色彩，不注重颜色的协调；喜欢明快、变化明显的曲调；喜欢故事中描述形象动态的情节等。

第三，行动性。学前儿童在感受美的对象时，往往通过触摸、摆弄、舞蹈、倾听、操作以及生动的表情、稚气可爱的语言来进行感受并表达出来。例如，他们往往听到音乐而手舞足蹈、随歌起舞；看到好看的服饰总是忍不住动手去摸一摸，而不能静静地欣赏。

针对学前儿童美感表现的特点，在进行审美教育活动时，首先，教育者要对审美教育活动有极大的兴趣和热情，用充满感情的语言去激发学前儿童的情感体验，让学前儿童在积极、愉快的情绪体验中进行审美活动，从而产生美感。其次，教育者既要巩固和发展学前儿童对事物美的形式的认识能力，又要借助于幼儿丰富的想象力，从美丽的色彩、动听的音响中探求美的内容和本质。如从动听的旋律、节奏、速度、力度等表情作用中去探求音乐表现的内容，借以启发学前儿童从对形式美的感受发展到对内在美的感受。最后，针对学前儿童美感表现行动性的特点，允许学前儿童用自己的动作、表情自由地、充分地表现美和创造美。

三、学前儿童美育的任务与内容

(一) 学前儿童美育的基本任务

第一,培养学前儿童对美的感受力。对美的感受力,就是培养他们对自然美、社会美和艺术美的感知能力。儿童审美能力的培养,应从提高审美感知能力开始。这是因为,对于美的事物的欣赏,必须以对美的对象的感知作为起点和基础。人们要认识美、欣赏美,首先必须对美的事物产生感觉。

第二,培养学前儿童对美的想象力。学前儿童感知审美对象,只是审美的开始。因为审美感知只能触及审美对象的外在形貌,而审美想象却可以深入审美对象的内在的意蕴。想象是审美活动中最重要的构成因素之一,无论是美的欣赏还是美的创造,都需要有想象的参与。所以,学前儿童美育的任务还有一个基本方面,就是要提高儿童审美想象的能力。

第三,培养学前儿童对美的表现力。在培养学前儿童感知美、欣赏美的基础上,可以进一步培养学前儿童初步的表现美和创造美的能力。培养学前儿童的审美表现能力,是学前美育的重要任务。

(二) 学前儿童美育的主要内容

第一,培养学前儿童的审美情感。美育是最能深入人的灵魂、触动人的情感的教育。情感虽然不会给我们带来实际的物质利益,但它却点燃人生命的火花,把人推向高尚的境界。学前期的情绪、情感极易被感染、激发,学前儿童的好奇心使他们对美的事物有积极的探索兴趣。美的事物有声、有色、有形、有魅力,非常能引起学前儿童的无形注意而使他们高兴起来。因此,只要给学前儿童提供美的事物,让他们能够理解美的形式所包含的美的意义,就能激发他们的情感体验,就能让他们从直觉开始,产生最初的审美情感,并将此美感一直贯穿于他们整个的审美活动。因此,培育这种美感应当成为学前美育的一个重要内容。

第二,培养学前儿童的鉴赏美能力。审美能力是指对美的事物鉴别、评价、欣赏的能力,即不仅要感受到美,识别美与丑,而且能对美加以理解、分析、评价和判定美的性质、种类和程度。

第三,培养学前儿童的审美感知。审美感知是审美活动的开端和基础。培育学前儿童的审美感知就是积极引导学前儿童去亲身感受和体验现实生活和周围自然环境中的美,使其感知对美变得敏感起来,能在平常事物中、生活中发现美、感受美。学前儿童审美感知的发展与一般感知和认知的发展相伴随,从无意识地对美的东西的注意到模仿周围成人的美的感受，直至自觉地认识美、欣赏美、表现美。因此，应当多组织各种活动，让学前儿童有机会发展感觉器官和基本的认知能力，同时充分利用自己的各种器官去感知美，发展对美的丰富感受性。

第四，培养学前儿童的审美想象和创造。学前儿童在感受美的基础上，在情感的驱动下，会产生表现美的欲望和行动。学前儿童表现美的核心是学前儿童的想象和创造，即学前儿童以自己的方式、带着自己的特点，表现自己对美的独特体验和理解，创造出新的形象和想法。学前儿童的这种想象和创造需要积累多种经验，需要自由的学习环境，需要通过绘画、唱歌、舞蹈、语言等丰富多彩的活动发展一定的能力和技能才能实现。因此，营造一种宽松的氛围让学前儿童能自由地想象、创造，提供一个开放的环境让学前儿童开阔眼界，获得丰富的刺激，创设学前儿童能充分显示自己创造能力的机会和条件等，都是美育的重要内容。

四、学前儿童美育的具体实施

（一）大自然是实施学前儿童美育的丰富源泉

大自然是进行美育的重要途径。大自然中丰富多彩、千变万化的景物和景象，如日月星云、江河湖海、鱼虫鸟兽、花草树木等，它们以自然美的形态给学前儿童以美的享受。教师应尽可能将学前儿童带到大自然中去感受自然的美。在引导学前儿童欣赏自然美时，要调动学前儿童的多种感官去感知美的对象，这不仅使他们赏心悦目、心旷神怡，得到美的享受，而且还能激起学前儿童探索大自然奥秘的兴趣。

为了加深学前儿童对自然美的感知和理解，教师应选择恰当的、能为学前儿童理解的语言进行描述。如根据所到之处自然景物的特点，讲解各种树木花鸟、山水风光的名称和特色，并且结合当地的名胜古迹、风土人情、神话传说、名人诗词等进行启发。这样既可以加深学前儿童的感受，又有助于学前儿童的理解。再如带学前儿童到郊外欣赏春天的景色，教师可以朗诵诗句："是谁化开了河上的冰块？是谁送来了桃花的芳香？是谁叫醒了沉睡的麦苗，替它穿上了绿衣裳？啊！是你呀，可爱的春姑娘！"带学前儿童游玩动物园时，教师要使用一些形容词去描述动物的体姿，如美丽的孔雀、灵巧的猴子、勇猛的老虎等。

总而言之，大自然可以提供最具体、最直接的审美对象，它以美的形式和形象显示出无限的魅力，成为学前儿童审美教育极其生动丰富的源泉。

（二）日常生活是实施学前儿童美育的天地

学前儿童最初的美感是从日常事物开始的，因为日常生活中的美是学前儿童最接近、最熟悉和最容易感知的。利用日常生活中的美来进行教育，主要从以下方面入手。

第一，利用美的生活环境陶冶学前儿童。学前儿童审美的情趣，是在环境的影响下逐步形成的。美好的环境可以给他们以最经常而持久的美的享受，使学前儿童在潜移默化中形成健康的审美情趣。环境美包括室内环境与室外环境的布置，应做到绿化、整洁化、艺术化和儿童化，环境设备及用品力求适用、美观、整洁、有序，装潢造型要美观，色彩要协调。为充分发挥美的生活环境的教育作用，教师要善于引导学前儿童去欣赏、领略美的环境，激发他们热爱生活的情感；要组织学前儿童参加环境的美化工作，培养学前儿童表现美和创造美的能力。

第二，利用社会生活中的美好事物感染学前儿童。社会生活是以人的活动为中心而组成的，社会生活中到处都有美好的事物和现象，如宽阔整洁的马路，高大雄伟的建筑物，车水马龙的立交桥，灯火灿烂的街道夜景，各行各业劳动者忘我工作的形象以及英雄模范人物的事迹等。教师要尽可能带领学前儿童走出幼儿园，到现实的社会生活中去接触和感受现实生活中的美，通过对社会生活中美好事物的观赏和感受，帮助学前儿童分辨社会生活中的美和丑，激发学前儿童热爱生活的品质。

第三，利用日常生活中的交往活动教育学前儿童。培养学前儿童的行为美、语言美和心灵美，不是空洞的说教所能奏效，也非一时教育之功，要通过在幼儿园和家庭的日常生活中，结合各生活环节和交往活动进行练习，充分利用周围生活和文学作品中的良好榜样进行讲解。而教师的示范作用对于培养学前儿童的语言美、心灵美和行为美非常重要。教师的言行很容易被学前儿童模仿，对他们有潜移默化的作用。因此，教师要时时刻刻注意自己的言行，帮助学前儿童学会辨别美丑，并引导学前儿童在交往活动中表现语言美、行为美和心灵美。

（三）艺术教育活动是实施美育的有效手段

艺术教育活动是幼儿园进行美育的主要途径。艺术美以它的直观性、鲜明性和富于表现力，强烈地吸引和感染学前儿童，并调动他们多种感官参与审美活动。通过各种形式的艺术手段进行美育，可以使学前儿童学习各种有关的知识和技能，使他们的感知、欣赏、表现和创造等能力都得到提高。

幼儿园常见的艺术教育种类主要有音乐活动、绘画活动、手工制作、文学作品欣赏、表演活动等。在这些活动中，发展学前儿童的听觉、视觉、触觉、身体感觉等的综合审美感知，让学前儿童被歌曲、旋律、舞蹈、绘画、工艺品、诗歌、童话、故事艺术形式等感染、产生情感体验，并激起学前儿童用节奏、色彩、线条、形体等来表达美、创造美的欲望和行动。

（四）游戏活动是实施美育的重要途径

游戏不仅是学前儿童喜爱的活动形式，同时也是他们表现美、创造美的特殊的审美活动形式。在游戏活动中，可以引导学前儿童反映现实生活中美的事物、美的行为、美的语言。如学前儿童运用对称、均衡等美的法则来构造物体，反映现实生活中事物的美；学前儿童扮演顾客和服务员，表现出角色的语言美、心灵美和行为美。此外，玩具能给学前儿童带来极大的快乐，并能激发美感。在游戏中，学前儿童可以按照美的要求来使用玩具与物品，布置游戏的环境与场面，巩固和提高审美能力。

（五）节日与娱乐活动是实施美育的渠道

在节日和娱乐活动中，学前儿童通过环境的布置、绚丽的服饰和文艺演出等形式感受着生活的美好，也进行着美的表现与创造的实践。节日活动中美育内容有：节日的环境布置、节日的儿童盛装、节日中的游艺和文艺活动，如"六一"节，幼儿园成了欢乐的海洋，到处是鲜花和歌声，"童话世界""海底迷宫""娃娃餐厅""玩具表演"等游艺活动以及文艺表演，使学前儿童兴高采烈，生活在美的海洋中。娱乐活动中美育内容有电影、幻灯、电视、文艺表演、木偶戏、皮影戏等，可以使学前儿童多方面感受美。

美育的实施途径十分广泛，在组织学前儿童各种有益身心发展的活动中，都渗透着美育。因此，除上述途径外，吸引学前儿童适当地参加力所能及的饲养、种植活动和值日生工作等，都有助于加深儿童对美的感受，有利于培养创造美的能力。因此，在托儿所、幼儿园、家庭、社会中，都要尽可能地为学前儿童美育的实施创造有利条件，使美育在全面发展教育中，发挥其独特的作用。

第五章　学前儿童健康教育与教学发展

第一节　学前儿童健康教育目标与内容

一、学前儿童健康教育的目标分析

"学前儿童健康教育与活动指导课程应以实践为导向，重视培养未来幼儿教师的教学实践能力。"[①] 学前儿童健康教育目标是使学前儿童的身心发展达到预期健康水平的教育结果。幼儿教师应该明确把握学前儿童健康教育目标的内涵以及相互之间的关系，并根据目标来创设教育环境，确定教育内容，选择教育方法与组织形式，从而促进学前儿童的健康发展。

第一，身心和谐。学前儿童健康应包括身体健康和心理健康两个主要方面：学前儿童的身体健康以发育健全、具备基本的生活自理能力为主要特征；学前儿童的心理健康以情绪愉快、适应集体生活为主要特征。由于学前儿童的身体健康与学前儿童的心理健康是密不可分的两个方面，因此，有的目标如"生活、卫生习惯良好"既包含日常生活中的盥洗排泄等生理意义上的卫生习惯，同时也包含没有吮吸手指等心理意义上的问题行为，只有身心和谐发展，才能真正既保证身体的健康，又保证心理的健康。

第二，保护与锻炼并重。既重视掌握必要的保健知识以提高保护自身的能力，又强调通过体育活动提高身体素质，其中与安全问题相关的知识和技能、培养对体育活动的兴趣、增强动作的协调性和灵活性是幼儿园健康教育的重点。

第三，注重健康行为的形成。幼儿园教学必须按照相应的教育规律与心理规律，切实提高学前儿童对健康的认识，改善学前儿童的健康态度，培养学前儿童的健康行为，围绕学前儿童健康的知、情、意、行规律开展健康教育，这些都是学前儿童健康教育的目标，其中学前儿童健康行为的形成是学前儿童健康教育的核心目标。

---

① 陈晨. 翻转课堂在学前儿童健康教育与活动指导中的运用研究 [J]. 教师，2022（1）：75.

（一）学前儿童健康教育的分类目标

学前儿童健康教育的内容是广泛的、启蒙性的，可以按照学前儿童学习活动的范畴，将学前儿童健康教育相应划分为学前儿童体育教育、心理健康教育、生活自理能力教育、饮食营养教育、安全教育五个方面，具体内容如下。

1. 学前儿童体育教育的目标

儿童体育教育的目标为：促进学前儿童身体正常发育和机能协调发展，增强体质，增进健康，培养良好的生活、卫生习惯和参加体育活动的兴趣，始终是学前儿童体育教育的目标，也是学前儿童身体健康教育的目标。学校要通过体育教育增强学前儿童体质，培养学前儿童健康生活的态度和行为习惯，使学前儿童能喜欢并积极参加体育活动。学前儿童对体育活动的兴趣是其参加体育活动的动力。开展学前儿童体育活动的主要目的，不在于让学前儿童掌握体育的技能技巧，而在于通过体育提高学前儿童参加体育活动的兴趣以及发展学前儿童基本的活动能力，促进其身心健康成长，应激发学前儿童参加体育活动的兴趣，使其养成锻炼的习惯。

（1）小班学前儿童体育教育的目标。

第一，学前儿童具有健康的体态，具备一定的适应能力：表现为身高和体重必须适宜，在提醒下能自然坐直、站直，能在较热或较冷的户外环境中活动。

第二，学前儿童具有一定的平衡能力，动作协调、灵敏：表现为学前儿童能沿地面直线，或在较窄的低矮物体上走一段距离，能双脚灵活交替上下楼梯，身体能够保持平稳双脚连续向前跳，分散跑时能躲避他人的碰撞，能双手向上抛球。

第三，学前儿童具有一定的力量和耐力：表现为学前儿童能双手抓杠，悬空吊起 10 秒左右，能单手将沙包向前投掷 2 米左右，能单脚连续向前跳 2 米左右，能快跑 15 米左右，能行走 1 千米左右（途中可适当停歇）。

第四，学前儿童手的动作灵活协调：表现为学前儿童能用笔涂涂画画，能熟练地用勺子吃饭，能用剪刀沿直线剪，边线基本吻合。

（2）中班学前儿童体育教育的目标。

第一，学前儿童具有健康的体态，具备一定的适应能力：表现为身高和体重必须适宜，在提醒下能保持正确的站、坐和行走姿势，能在较热或较冷的户外环境中，连续活动半个小时左右，换新环境时，较少出现身体不适。

第二，学前儿童具有一定的平衡能力，动作协调、灵敏：表现为学前儿童能在较窄的低矮物体上，平稳地走一段距离，能以匍匐、膝盖悬空等多种方式钻爬；能助跑跨跳一定距离或助跑跨跳过一定高度的物体；能与他人玩追逐、躲闪跑的游戏，能连续自抛自接球。

第三，学前儿童具有一定的力量和耐力：表现为学前儿童能双手抓杠悬空吊起15秒左右，能单手将沙包向前投掷4米左右，能单脚连续向前跳5米左右，能快跑20米左右，能连续行走1.5千米左右（途中可适当停歇）。

第四，学前儿童手的动作灵活协调：表现为学前儿童能沿边线较直地画出简单图形，或能基本对齐边线折纸，会用筷子吃饭，能沿轮廓线剪出由直线构成的简单图形，边线吻合。

（3）大班学前儿童体育教育的目标。

第一，学前儿童具有健康的体态，具备一定的适应能力：表现为身高和体重必须适宜，经常保持正确的站、坐和行走姿势，能在较热或较冷的户外环境中连续活动半个小时以上，天气变化时较少感冒，能适应车、船等交通工具造成的轻微颠簸。

第二，学前儿童具有一定的平衡能力，动作协调、灵敏：表现为学前儿童能在斜坡、荡桥和有一定间隔的物体上较平稳地行走，能以手脚并用的方式安全地爬攀登架、网等，能连续跳绳，能躲避他人滚过来的球或扔过来的沙包，能连续拍球。

第三，学前儿童具有一定的力量和耐力：表现为学前儿童能双手抓杠悬空吊起20秒左右，能单手将沙包向前投掷5米左右，能单脚连续向前跳8米左右，能快跑25米左右，能连续行走1.5千米以上（途中可适当停歇）。

第四，学前儿童手的动作灵活协调：表现为学前儿童能根据需要画出图形，线条基本平滑，能熟练使用筷子，能沿轮廓线剪出由曲线构成的简单图形，边线吻合且平滑，能使用简单的劳动工具或用具。

2. 学前儿童心理健康教育的目标

学前儿童心理健康教育的目标在于培养学前儿童良好的适应能力，使其保持安定愉快的情绪。各年龄阶段心理健康教育的具体目标如下。

（1）小班学前儿童心理健康教育的目标：①换新环境时情绪能较快稳定，在帮助下能较快适应集体生活；②情绪比较稳定，很少因一点小事哭闹不止；③有比较强烈的情绪反应时，能在成人的安抚下逐渐平静下来。

（2）中班学前儿童心理健康教育的目标：①换新环境时较少出现身体不适，能较快适应人际环境中发生的变化。如换了新老师能较快适应。②经常保持愉快的情绪，不高兴时能较快缓解不良情绪。③有比较强烈的情绪反应时，能在成人提醒下逐渐平静下来。④愿意把自己的情绪告诉亲近的人，一起分享快乐或求得安慰。

（3）大班学前儿童心理健康教育的目标：①能较快融入新的人际关系环境。如换了新的幼儿园或班级能较快适应。②经常保持愉快的情绪。知道引起自己某种情绪的原因，并努力缓解。③表达情绪的方式比较适度，不乱发脾气。④能随着活动的需要转换情绪和注意力。

3. 学前儿童生活自理能力教育的目标

学前儿童生活自理能力教育的目标在于提高学前儿童的健康知识水平，改善学前儿童对待个人健康和公共卫生的态度，培养学前儿童良好的生活习惯，使其具有基本的生活自理能力并养成良好的日常健康行为。学前儿童生活自理能力教育的目标，具体内容如下。

（1）小班生活自理能力教育的目标：①在提醒下，按时睡觉和起床，并能坚持午睡；②喜欢参加体育活动；③不用脏手揉眼睛，连续看电视等不超过15分钟；④在提醒下，每天早晚刷牙，饭前便后洗手；⑤在帮助下能穿脱衣服或鞋袜；⑥能将玩具和图书放回原处。

（2）中班生活自理能力教育的目标：①每天按时睡觉和起床，并能坚持午睡；②喜欢参加体育活动；③知道保护眼睛，不在光线过强或过暗的地方看书，连续看电视等不超过20分钟；④每天早晚刷牙，饭前便后洗手，方法基本正确；⑤能自己穿脱衣服、鞋袜，扣纽扣；⑥能整理自己的物品。

（3）大班生活自理能力教育的目标：①养成每天按时睡觉和起床的习惯；②主动参加体育活动；③主动保护眼睛，不在光线过强或是过暗的地方看书，连续看电视等不超过30分钟；④每天早晚主动刷牙，饭前便后主动洗手，方法正确；⑤能知道根据冷热增减衣服；⑥会自己系鞋带；⑦能按类别整理好自己的物品。

4. 学前儿童饮食营养教育的目标

学前儿童饮食营养教育的目标在于使学前儿童初步了解食物的名称、种类、特点，懂得平衡膳食的基本道理；掌握保护消化器官的知识和技能；纠正偏食、挑食、过食、不注意饮食卫生的态度和习惯；形成良好的饮食习惯，学会自己进食和掌握使用餐具的技能；避免营养不良，促进生长发育和身心健康。

（1）小班学前儿童饮食营养教育的目标：①换新环境时情绪能较快稳定，睡眠、饮食基本正常。②在引导下，不偏食、挑食。喜欢吃瓜果、蔬菜等新鲜食品。③愿意饮用开水，不贪喝饮料。

（2）中班学前儿童饮食营养教育的目标：①不偏食、挑食，不暴饮暴食。喜欢吃瓜果、蔬菜等新鲜食品。②常喝白开水，不贪喝饮料。

（3）大班学前儿童饮食营养教育的目标：①吃东西时细嚼慢咽；②主动饮用白开水，不贪喝饮料。

5. 学前儿童安全教育的目标

幼儿园应建立房屋、设备、消防、交通等安全防护和检查制度以及食品、药品等管理制度和学前儿童接送制度，防止发生火灾、触电、砸伤、烫伤、溺水、吞咽异物等安全事故。幼儿园必须把保护学前儿童的生命和促进学前儿童的健康放在首位，抓好安全工作是学前儿童身心健康发展的重要保证。应使学前儿童知道必要的安全保健常识，学会保护自己；密切对学前儿童进行安全、营养和保健教育，加强学前儿童自我保护意识，提高其自我保护能力。儿童安全教育的目标在于教会学前儿童具备基本的安全知识和自我保护能力，结合不同的年龄阶段有不同的教育目标。

（1）小班学前儿童安全教育的目标：①不吃陌生人给的东西，不跟陌生人走；②在提醒下能注意安全，不做危险的事；③在公共场所走失时，能向警察或有关人员说出自己和家长的姓名、家长的电话号码等简单信息。

（2）中班学前儿童安全教育的目标：①知道在公共场合不远离成人的视线单独活动；②认识常见的安全标志，能遵守安全规则；③运动时能主动躲避危险；④知道简单的求助方式。

（3）大班学前儿童安全教育的目标：①未经大人允许不给陌生的人开门；②能自觉遵守基本的安全规则和交通规则；③运动时能注意安全，不给他人造成危险；④知道一些基本的防灾知识。

（二）学前儿童健康教育的具体目标

学前儿童健康教育的总目标是确定其他层面目标的依据，是健康教育的最终目的。分类目标与年龄阶段目标是对总目标的细化，又是制定具体活动目标的直接依据。总目标、分类目标与年龄阶段目标都必须转化为一个个具体活动的目标，才能落实到幼儿的发展中，真正得到实现。学前儿童健康教育的具体目标可以划分为学前儿童健康教育学期目标、月目标、周目标与教育活动目标。若干个具体活动目标的积累，便构成了分类目标、年龄阶段目标和总目标；每一个具体目标的实现，都向总目标迈进了一步。

（三）学前儿童健康教育目标选择的依据

在学前儿童健康教育活动中，确定怎样的教育目标，必须既要考虑到人的自身因素，即学前儿童生长发育的因素，同时，也要考虑到教育本身的因素，即学前教育的性质与任务以及健康教育的目标，还要考虑到社会因素的影响。

1. 学前儿童生长发育的特点

学前儿童健康教育目标的确定，先要考虑到儿童身心发展的特点，这是确立学前儿童健康教育目标的根本依据。

（1）生长发育既有连续性又有阶段性。生长发育是一个连续的过程，但并非等速进行，而是具有阶段性。生长发育有时候慢，有时候快。就体格生长而言，一般年龄越小，增长越快。孩子出生后6个月内生长最快，后半年就逐渐减慢，周岁后基本稳步成长，至青春期其成长又迅速加快。在身体部分的生长发育过程中，一般头部会增长1倍，躯干会增长2倍，上肢会增长3倍，下肢会增长4倍。

（2）生长发育的顺序性。生长发育的顺序性是指一般生长发育遵循由上到下、由近到远、由粗到细、由低级到高级、由简单到复杂的顺序规律。孩子身体发育的顺序是头部最先发育，然后是躯干、上肢，最后才是下肢。因为头脑是人整个身体的"司令部"，它的成熟程度直接影响和制约着整个身体的生长发育。此外，孩子手的发育也较早，在其会走路以前几乎已经掌握了手的各种功能。但是婴儿下肢的发育较晚，主要是在会直立行走后，才开始逐渐发育的。

（3）生长发育的不平衡性。系统的发育快慢不同，各有先后。神经系统发育先快后慢，尤其是大脑的发育最为迅速，因此，各种生理机能、语言和动作发育较快。生殖系统先慢后快，到孩子青春期的时候是发展最快的。另外，心脏、肺脏、肌肉及骨骼的发育速度与体重、身高较为接近。婴儿出生后的几个月内，心脏大小基本维持原状；2~3岁时，它的重量迅速增加，为初生时的3倍；以后生长速度减慢；到青春期又激增，为出生时的10倍。肺的发育要在青春期才完全成熟。儿童肌肉的发育有两个高峰，一个是在5~6岁以后，一个是在性成熟期以后。

（4）生长发育的差异性。生长发育虽有一定的规律，但在一定范围内因受先天和后天各种因素影响而存在较大的个体差异。在判断小儿发育是否正常时应充分考虑各种影响因素，并须做连续动态的观察，才能做出正确的判断。个体差异一般随年龄增长越来越显著，尤其是在青春期差异较大。

2. 学前教育的性质与任务

学前儿童健康教育目标的确定，应考虑到学前教育的性质与任务，这是确立学前儿童健康教育目标的直接依据。学前教育是我国全面发展教育的重要组成部分，是指以学前儿童身心发展的现实与可能为前提，以促进学前儿童在体、智、德、美诸方面和谐发展为宗旨，以适合学前儿童身心发展特点的方式、方法、手段实现的，着眼于培养学前儿童基本素质的教育。我国的幼儿园教育是学校教育的基础阶段，遵循保育与教育相结合的原则，对学前儿童实施体、智、德、美诸方面全面发展的教育，促进其身心和谐发展，同时为家长工作、学习提供便利条件。

3. 学前教育健康教育的目标

我国健康教育的目标是增进儿童、青少年的卫生知识，使其清楚健康的价值和意义，提高自我保健、预防疾病的意识；使儿童、青少年逐步建立、形成有益于健康的行为，自觉选择健康的生活方式，从而促进身心健康，改善生活质量。学前儿童健康教育是我国健康教育的重要组成部分，其目标的制定必须全面贯彻执行总目标的要求与精神。

4. 社会发展对健康教育的要求

教育目标体现了一个社会对人才培养的要求与认识，学前儿童健康教育直接影响着儿童的成长，在制定教育目标时应切实考虑社会对儿童的要求与人们对健康的认识。不同时代对学前儿童健康教育的目标与要求是不同的。如在以体力劳动为主的社会，需要劳动者具有强壮的体魄——单一地关注主体的身体健康；而在以脑力劳动为主的社会，不仅要求劳动者具有良好的身体素质，而且要求劳动者具有健全的心理素质——关注主体的身心健康；当今社会开始意识到主体的生存环境与主体自身息息相关时，健康教育的目标又表现为既关注主体自身的身心和谐，又关注主体与环境的关系和谐。

总而言之，人们对健康的认识也直接影响着学前儿童健康教育目标的制定。人们对健康的认识经历了最初的健康观（认为健康就是"无疾病"）到身心健康观（认为健康除了身体无疾病以外，还应包括精神或心情方面的因素），再到和谐健康观（健康不仅是免于疾病和虚弱，而且是保持身体、精神和社会适应方面的完善状态）的转变。这些认识上的变化使学前儿童健康教育目标的制定更趋于完善全面。

5. 学前儿童健康教育目标的表述方式

学前儿童健康教育的目标需要通过一定的表述方式加以展示，一般而言有三种表述方式，即行为目标、表现性目标和生成性目标。

（1）行为目标的概念及评价。行为目标是以儿童具体的、可观察的行为来设计的目标，它指向教育教学过程结束后儿童所发生的行为变化。行为目标关注教育活动中可观察的行为变化结果，具有客观性和可操作性的特点。

行为目标中使用的动词属于可观察、可操作、可检验的一种行为动词，如"认出""说出""描述""解释""说明""分析""参与""评价""模仿""讨论""交流""认同"；它的表述一般有如下句式："能提出……""能表现出……""能分析比较……""学会……""用自己的话来……""区分……""把……配对""对……进行分类"等。例如，在健康教育领域，往往可以看到这样的行为目标：能说出吃多种食物对身体有利；分辨常见的蔬菜和水果。

行为目标有助于选择学习经验和指导教学。教育实践中，行为目标使教师更加清楚教学任务，更容易准确判断目标是否达成。有时儿童对于健康的态度和情感很难在短时间内以可观察的行为预先确定。教育活动目标强调可测量的、可观察的行为，则其重点会过分局限于短程的、以事实为中心的目标，从而限制教师与幼儿在教育活动中的灵活性与创造性，并且难以顾及儿童在教育活动中的心理活动变化。

（2）表现性目标的概念及评价。表现性目标是指儿童在与具体教育情境的种种"际遇"中所产生的个性化表现。儿童在具体教育情境中的行为表现和得到的进步往往出乎意料，因此很难预先规定其发展变化的目标。表现性目标追求的不是儿童反应的同质性，而是幼儿在教育活动中反应的多元性与创造性。表现性目标的表述一般有如下句式："欣赏……""讨论……""参观……""说说……"等。例如，大班心理健康教育的目标之一：欣赏诗歌《微笑》，讨论愿为别人做哪些事（让别人高兴）。中班营养教育的目标之一：参观农贸市场，说说喜欢吃的菜。另外，表现性目标对儿童活动及结果的评价是一种鉴赏式的批评，它不同于行为目标，无法追求结果与预期目标的逐一对应关系。

（3）生成性目标的概念及评价。生成性目标，又称过程目标、展开性目标，是指在教育情境中，随着教育过程的展开，而自然生成的教育教学目标，它是教育情境的产物和问题解决的结果。生成性目标关注教育活动的过程，其本质是过程性的，强调儿童主动活动的过程，儿童可以对自己感兴趣的问题进行深入探究，因而产生对结果的新的设计。"尝试……"是生成性目标较为典型的表达方式之一。例如，中班活动"多变的绳"的目标：尝试绳的各种玩法，体验活动的乐趣。小班活动"运西瓜"的目标：乐于参加体育活动；大胆尝试与同伴合作，增强自信心。生成性目标在实践中是较难确定的，因为有时无论教师还是学前儿童，他们都不知道学习哪些内容是最好的或是最合适的。

（四）学前儿童健康教育目标与其他目标的整合

课程整合是课程回归幼儿生活的重要途径，也是幼儿园课程发展的必然趋势，在设置学前儿童健康教育的目标时，必然要与其他领域的教育目标进行有机整合。所谓整合，也称综合，是把不同类型、不同性质的事物组合在一起，使它们成为一个有机整体，其中目标整合是观念上的整合，是课程整合中最基础的整合。在学前儿童健康教育活动中，有机整合相关领域的目标是必要而又可行的，健康教育的目标是目标整合的基础。

第一，整合要以幼儿的发展为基础，使整合具有科学性。学前儿童教育活动设计的一个基本职能是促进幼儿身心的健康成长，应该时刻关注幼儿的各种生理特点以及心理特点，尤其是幼儿的兴趣和需要、认知发展与情感形成、社会化过程与个性养成方面。只有符合幼儿身心发展特点及兴趣需要的目标才可能是好的教育目标，只有以幼儿为出发点的目标整合，才是有效的整合。例如，大班以"爱护牙齿"为主题活动的目标：①了解自己的牙齿并知道换牙、防止蛀牙的基本知识；②养成爱护牙齿的良好习惯；③幼儿感受事物的数量关系，学习记录和统计。这个活动以健康教育中身体生长的内容作为主题，活动目标整合了健康教育和科学教育的目标（数学中的数量关系）。活动依据大班幼儿开始换牙的经验进行设计，活动目标考虑了幼儿身体生长的特点——大班幼儿开始换牙，幼儿需要懂得这方面的一些知识，并养成良好的爱牙习惯。这样的目标兼顾了幼儿的身心发展水平和领域间的联系性，对相关领域的目标整合较具科学性。

第二，在整合过程中，要凸显健康教育目标的个别性，突出整合的重点。幼儿健康教育目标与其他领域目标间的整合要凸显健康教育目标的个别性，即要以幼儿健康教育的目标为重点来组织，以幼儿健康教育的目标为核心来架构，这样才能使整合的目标具有组织性和逻辑性。学前儿童健康教育目标已经包含了健康认知、情感和行为方面的发展目标。

幼儿健康教育与其他任何一个领域目标的整合都应以此为核心，突出健康方面的认知目标、情感目标和行为目标。例如，大班以"绿野探险"为主题的活动目标：①学习助跑连续跨跳的动作，锻炼腿部力量；②借助教师示范自主探索练习，逐渐掌握助跑跨跳的技能；③积极参与跨跳练习，勇于自我挑战，体验和同伴合作游戏的快乐。此活动整合了健康与社会领域的目标。活动目标以健康教育活动的目标为核心来组织，凸显了体育锻炼的目标，并围绕体育锻炼目标整合了社会领域培养幼儿合作意识的目标，使活动目标具有组织性和逻辑性。

第三，在整合过程中，领域间需要有渗透性贯穿，体现整合的本质。幼儿的经验如一个生态系统，是一个动态发展的统一整体。经验有它的地理方面、艺术和文学方面、科学和历史方面。一切学科，都是从唯一的大地上和寄托在大地上唯一的生活的各个方面产生的。我们生活在所有各个方面都结合在一起的一个世界里。一切学科都是在这一伟大的共同的世界的各种关联中产生的。由此可见，儿童的经验是具有统一性、整体性的，同时，各个领域、各个学科也是在相互联系之中产生的。教育活动的组织进行要维护儿童经验的整体性，不能将其割裂、分解，否则教育目标就不能很好地达成，促进幼儿身心全面发展的终极目标也不能很好地实现。只有整合的、渗透式的领域课程才能使幼儿教育培养"全人"的目标得以实现，而有机的联系是整合的核心。领域间目标的整合要体现各领域目标与健康教育目标的联系，使其他领域目标在健康教育活动目标中加以渗透，这才是领域间目标整合的本质所在。

二、学前儿童健康教育的内容体系

（一）学前儿童健康教育的途径和重点

1. 学前儿童健康教育的途径

学前儿童健康教育是以促进幼儿身心健康发展为目的，开展有计划、有目的、有组织的多种形式的教育活动。幼儿健康教育活动既包括上课游戏和户外活动等传统的教育活动，还包括在幼儿入园、进餐、喝水、如厕、睡眠、离园等生活环节中开展的教育活动。

（1）生活中的健康养成教育与情感教育。幼儿健康教育旨在提高幼儿的健康教育认知水平，使其养成良好的生活习惯和卫生习惯。幼儿受理解、认知等方面能力的限制，只能接受粗浅的知识。传授知识不是幼儿健康教育的主要任务，其主要任务是"养成教育""情感教育"。幼儿健康教育中的养成教育要注重养成幼儿良好的生活习惯、卫生习惯和行为习惯，情感教育要使幼儿萌发爱祖国、爱集体、爱教师、爱同伴、爱卫生等情感，从而培养幼儿对健康和卫生知识学习的兴趣和求知欲。

（2）周围环境中的健康常识教育。幼儿健康教育活动的内容具有启蒙性、科普性的特点，是我们身边的科学。在引导幼儿学习时，要防止过多的心理压力和行为约束。教师应引导幼儿在无意识中产生学习兴趣，逐渐产生学习愿望，在快乐中学习；引导幼儿认识周围的物体，认识这些物体之间最简单的联系和相互关系，认识被观察对象产生某些现象的最直接原因。由此不仅向幼儿传授知识以及技能，而且，还要向他们传授掌握知识和技能的方法。幼儿的教学活动是口头传授的教学，是没有课本的教学。

（3）灵活多样的健康教育活动。幼儿教学活动的形式不拘一格、灵活多样。幼儿教学的活动应根据不同的教学内容，充分利用周围环境的有利条件，以积极运用感官为原则，灵活运用集体、小组、个别活动的形式，为幼儿提供充分活动的机会，以促进每个幼儿在不同水平上的发展。特别是各种各样的游戏活动，是对幼儿进行健康教育的主要形式。另外，采用多种教育形式的主要目的，是为了促进全体幼儿在原有水平上得到发展。采用集体活动形式有其优点，教师可以对全班统一提要求，幼儿在集体中还可以培养集体精神，如为了集体荣誉，应共同遵守必要的纪律。然而集体的活动也有缺点，往往满足不了个体化差异要求。因此，可用小组和个别活动形式来弥补集体活动形式的不足，从而达到因材施教的目的，使每个幼儿在原有水平上得到提高。

（4）健康教育活动与生活基本活动教育相结合。幼儿健康教育活动可以通过专门设置的"健康""社会""体育"等教学形式进行，但更重要的是结合生活基本活动进行教育。幼儿园的生活基本活动是指幼儿入园、进餐、喝水、盥洗、如厕、睡眠、离园等环节的活动，它是幼儿一日活动的重要组成部分。幼儿教育要保教结合，寓教育于一日活动之中，促进幼儿身体和机能的协调发展，增强其体质，培养其良好的生活卫生习惯以及初步的自理能力。

在完成这些任务时，生活基本活动有着其他活动不能替代的作用。然而在实际工作中，人们习惯于把生活基本活动单纯地看作满足幼儿吃喝拉撒睡的需要，仅仅为身体的保育，而忽视蕴含其中的教育因素，忽视促进幼儿心理的健康发展，忽视培养幼儿良好的品德行为习惯和社会适应能力；把生活基本活动对幼儿进行常规培养，片面地看成管理手段，重视教师"管"的作用，而忽视发挥幼儿的主体作用。因此，需要重新认识生活基本活动的价值，研究其中的保育、教育作用，提高幼儿生活基本活动的质量。

（5）充分调动幼儿主动活动的积极性。幼儿教学活动的方法有很多，其中直观的方法占很大分量，如各种游戏的活动。教学内容主要通过各种活动，如摆弄物体、做游戏、绘画等进行传授。教师在教学活动中起到主导作用，要注意调动幼儿的积极性、主动性和创造性，要引起幼儿的兴趣和好奇心，使他们逐渐由无意注意转化为有意注意，特别要重视幼儿动手动脑能力的培养，使其在实践活动中习得相关知识。

2. 学前儿童健康教育的重点

（1）保教相结合。幼儿年龄小，缺乏生活经验和相关知识，生长发育不完善，自我保健能力差，因此，必须在对幼儿传授基本常识的同时，给予幼儿耐心、细致的保育和保健。只有做到保教结合，保中有教，教中有保，才能保证幼儿健康教育的最佳效果。

（2）三位一体化。开展幼儿园健康活动必须与家庭、社会健康教育密切结合。这是因为幼儿在接受幼儿园健康教育时，同时要受到来自家庭和社会各种教育因素的影响，而家庭、社会的健康教育活动与幼儿园健康教育活动具有不同的特点，它们对幼儿健康和卫生知识的获得、态度的改善以及健康行为和习惯的养成起着与幼儿园不同的作用。因此，幼儿园健康教育活动与家庭、社会健康教育活动应互相联系、互相配合，三者充分发挥各自的积极作用，并一体化，产生综合的协同教育效应。

（3）活动性教育。幼儿园的教育活动是有目的、有计划地引导幼儿主动活动的多种形式的教育过程。幼儿健康教育应按照这一重点，创设与教育内容相适应的良好环境，为幼儿提供活动、学习和表现的机会与条件，将幼儿健康教育贯穿一日生活的各项活动中，使幼儿在活动中得到发展。游戏是幼儿的基本活动，教师需要重视游戏，寓健康教育活动于游戏之中。总而言之，教师要尽量组织幼儿主动参与各种活动，在活动中使幼儿身心得到健康发展。

（4）注重科学性。健康教育利用的资料必须具有科学性，概念要明确，数据要可靠，不能虚构或歪曲事实，如把细菌说成是虫子，把有不理智行为的幼儿当作不理智的人，这种做法违背了科学事实，造成概念上的混乱和错误，严重影响了幼儿科学观念的形成。在健康教育过程中，要多强调幼儿自身行为与健康之间的直接联系，深入浅出，尽量科普化，使幼儿学会粗浅的健康和卫生知识。

（5）注重直观性。健康教育必须适应不同年龄幼儿的身心特征。幼儿的思维具有具体形象的特点，健康教育要直观、具体、形象。幼儿阶段的健康教育应该将重点放在幼儿身体的卫生保健方面。随着其年龄的增长，逐渐增加心理和社会适应方面的内容。随着幼儿认识、情感、意志和个性的发展，健康教育逐步走向纵深化。

（6）强调巩固性。健康教育是一个反复学习、实践的过程。良好的卫生态度、行为、习惯的养成和不良卫生态度、行为、习惯的纠正不是短时间的说教就能奏效的，需要反复训练培养，才能得到巩固和提高。对幼儿进行健康教育要由浅入深、由易到难、由简单到复杂、由具体到抽象，螺旋式提高，而不是进行简单的重复。

以上幼儿健康教育活动的六大重点各有特色，而又互相联系、互相作用，形成辩证的统一体。在组织幼儿健康教育活动时，忽视或偏废其中某一个重点，都会影响幼儿健康教育活动的效果。因此，必须根据实际情况，综合掌握这些重点，才能发挥它们的协同效能。

（二）学前儿童健康教育的实施策略和要点

1. 学前儿童健康教育的策略

幼儿健康教育是根据幼儿身心发展特点，以丰富健康知识、改善健康态度、培养健康行为为目标的系统的教育活动。审视当前幼儿园开展健康教育的现状，不难发现，部分幼儿教师未能采用适宜的教育方式方法来开展相关教学，只是一味地讲解或说教，长此以往，会引起幼儿的抵触情绪甚至逆反心理，达不到预期的教育目标，因此，必须寻找适宜的健康教育策略。

（1）创设适宜的环境，将健康教育渗透于环境之中。

第一，幼儿园应创设适宜、健康的物质环境。首先，应考虑幼儿身心发展的特点。如鲜艳色彩的运用、生动形象的造型等，这些都会引起幼儿愉悦的感受，使之在真正属于自己的世界之中，自由自在地学习、游戏和生活。其次，要为幼儿的生活创设一定的便利条件。如幼儿使用自己的小床和床上用品，衣服最好单独放置在低矮、便于拿取的衣柜里，餐具、洗手盆等要个人专用，玩具有固定的存放之处等。环境布置合理、陈设得当、色彩协调、清洁卫生，有利于陶冶幼儿的情操，也能促使其养成良好的生活习惯。

第二，幼儿园应营造愉悦、和谐的精神氛围。一方面，教师要积极构建健康的精神环境，重视和谐的班级氛围、平等的师幼关系和互帮互助的家园关系的创设；另一方面，教师要通过幼儿入园和离园的接待工作、家长会、开放日等多种渠道加强与家长的沟通，向家长宣传幼儿心理健康教育的理论和方法，主动介绍幼儿的进步情况，与家长交流教育的方法和体会；针对每个幼儿的具体特点提出合理建议，通过家庭与幼儿园的紧密配合促进幼儿成长。

（2）在日常生活中进行并渗透健康教育理念。幼儿园的保育工作不仅是对幼儿生活的安排和护理、身体的保健和养育以及生长发育指标的达成，更应该关注提高幼儿的生活质量，创设宽松和谐的人际环境，关注幼儿情绪和需要，促进其身心和谐发展。一日生活环节中蕴含重要的教育价值，应深入研究一日生活中的保育、教育因素，积极探寻日常生活中实施健康教育的特点和规律，在每个环节渗透健康教育理念，主动实施健康教育。

通过培养幼儿良好的生活行为习惯对其进行安全教育，以提高其自我保护能力。幼儿早晨入园时，不将小刀、玻璃球等危险物品带进幼儿园；进餐时保持安静，不打闹嬉戏、大声谈笑，可以避免异物进入气管中；饭前饭后半小时内不做剧烈运动，以免进餐后引起腹部不适；睡眠时不咬被角，不蒙头睡觉，可以避免窒息；起床后，未穿好衣服、扎好腰带、系好鞋带之前，不跑动、玩耍，以免绊倒摔伤；自由活动时，不把小物品放进口、鼻、耳等部位，可以避免异物的吸入。良好生活习惯的培养过程本身就是进行健康教育的重要载体。

(3) 寓健康教育于游戏和活动之中。幼儿健康教育的内容丰富多彩，可以探索的健康奥妙无穷无尽。教师要根据幼儿的认知规律，注重教育方法的针对性、趣味性和可操作性，选择幼儿喜闻乐见的游戏方式，让幼儿自身去体验、感知危险，从而找到处理方法，这样使其通过学习、探索、实践进而逐步掌握基本的自我保护常识。例如，通过开展"鼻子出血了怎么办""生病了怎么办"等生动的游戏活动，让幼儿在感觉发热、呕吐、腹痛、腹泻、眼内不舒适时，或者发现同伴出现上述情况时，明白这是身体异常的表现，要及时告诉大人，不要独自忍着疼痛。又如，进行身体生长发育与保护教育时，教师常常会碰到幼儿理解不了相关知识的情况，这时如果教师安排幼儿进行"量身高""比照片""触摸心跳"等游戏，使其通过亲身感受、动手操作等方式丰富自身感知经验，会激发幼儿探索身体奥妙的积极性。

对于不便于操作或展示的内容，可以借助欣赏一些典型的文学作品来感知主人公的处境和内心体验。例如，欣赏故事《胆小先生》时，通过故事让幼儿体验作品幽默的情趣，鼓励幼儿发挥想象，大胆地续编故事，并尝试故事表演。通过这个活动，能增强幼儿的内心体验，有助于培养幼儿勇敢、活泼、开朗的性格。另外，关于火灾、地震、遭遇拐骗等意外发生后的紧急脱险自救方法，可通过创设适当的模拟教育情境，激发幼儿脱险自救的积极情绪，使其开动脑筋想出切实可行的脱险自救方法，可以收到较好的教育效果。

(4) 家园协助。由于家庭是幼儿生活的主要场所，而且家庭的环境以及家长的价值观念、教养方式、生活方式对幼儿的身心健康以及幼儿健康意识、健康认知和健康行为的获得与形成有着直接的影响，因此，幼儿园的健康教育必须要考虑到家庭和家长的因素，并力图与家庭建立起相互支持与协助的良好关系。只有这样，才能强化幼儿健康成长的有利因素，从而产生积极影响，并尽可能地减少和消除那些不利影响。

在家园合作共育过程中，幼儿园要树立大教育观念，主动寻求家庭的支持与配合，通过双向互动转变家长的健康教育观念，提高家长的健康教育水平，不断优化家庭和社区的健康生活环境，全方位促进幼儿的身心健康。在家庭中，要注重从小就培养孩子健康的行为习惯；同时，应与幼儿园健康教育同步进行，配合幼儿园开展相应内容的教育。例如，家庭是培养幼儿良好的睡眠、盥洗、进餐、如厕等生活习惯的重要场所。幼儿的年龄小，要特别提倡"教养结合、自然渗透"，通过养育过程对幼儿进行潜移默化的教育和影响，引导他们学会生活技能，提高自理能力，也帮助他们形成生活规则，建立亲子关系。这些习惯的培养与自我保护能力的提高特别需要家园双方相互配合，长期坚持，以共同促进幼儿健康行为的养成，这是保护幼儿生命、促进幼儿健康的重要方面。

2. 学前儿童健康教育的实施要点

学前儿童健康教育活动的三个实施要点：健康教学活动、日常生活的健康指导与健康实践、家园共育健康教育系统，具体内容如下。

（1）健康教学活动。健康教学活动是幼儿健康教育活动的重要组成部分，是指教师专门为幼儿设计并组织的，以维护和促进幼儿身心健康为目的的教育活动。健康教学活动通常是围绕某一个健康主题而开展的，主要涉及幼儿的卫生教育、生活教育、安全教育、身体锻炼、心理健康教育等方面，如"洗小手防疾病""爱护我的小白牙""打针我不哭""营养快车""摸一摸与不能摸""怎样过马路才安全""与家人走失时我该怎么办""理解情绪""怎样使自己不再生气"等。

幼儿健康教学活动的开展形式是丰富多样的。教师可以给幼儿讲一个故事或是教幼儿念一首儿歌。例如，故事《狮子烫发》可以使幼儿懂得经常洗头能保持头发干净的道理。另外，教师也可以组织综合性的、持续性的教学活动。为了促使幼儿主动地参与到教学活动之中，而不是被动地接受指导，教师可采取多种多样的方法进行，如讲故事、念儿歌、讲解、动作示范、讨论与交流、行为练习、模仿学习、具体帮助与指导、情境演示、角色扮演、游戏、实践活动、观看音像资料、图片展示等。在进行健康教学的过程中，通常可选择上述方法中的几种加以综合运用。

（2）日常生活的健康指导与健康实践。幼儿健康意识以及健康行为的获得与形成，需要一个漫长、渐进的过程。教师应注意在幼儿日常生活的过程中对幼儿进行相应的健康指导与帮助，并创造条件为幼儿提供健康实践的机会。这是不断增强幼儿健康意识，将健康认知转化为健康行为和习惯的重要环节。日常生活的健康指导与健康实践通常可体现在以下方面。

第一，以建立常规的方式来指导幼儿的行为。例如，可以向幼儿提出这样一些要求：饭前便后要洗手；使用自己的毛巾和水杯；上下楼梯时要一个跟着一个走，不推不挤；转椅停下来后才能坐上去，不能推着转椅跑；只有自己家人来接自己时才能离园，并且离园时要告诉教师等。幼儿园建立必要的常规，尤其是卫生保健和安全方面的常规，不仅是维护幼儿健康与安全的工作需要，而且日复一日的常规重复还可以促使幼儿在不知不觉中建立起基本的健康行为和习惯。因此，幼儿园应围绕幼儿的健康与安全问题不断地完善常规。常规不宜太多，要选择关键和重要的方面，要精练，这样才能使幼儿铭刻心中，并以此来规范自己的行为。

第二，对幼儿的健康问题进行随机指导与帮助。在日常生活中，根据幼儿的实际情况和需要对幼儿的健康问题进行随机指导与帮助，如及时提醒幼儿、在活动中对幼儿进行个别的指导与帮助、活动结束后进行必要的检查等。

第三，适时地为幼儿提供健康实践的机会。在日常生活中，根据健康教学和幼儿健康发展的需要，适时地为幼儿提供一些进行健康行为练习的实践机会。例如，在开展了"交通安全我知道"的主题活动后，可以利用远足的机会，使幼儿在外出远足的过程中，进一步强化对交通规则与步行安全的认知以及体验。为幼儿提供一定的健康实践机会，不仅能使健康教育与幼儿的实际生活有机地联系起来，而且也有助于强化幼儿的健康意识、健康认知和健康行为。

（3）家园共育健康教育系统。家园共育健康教育系统是指幼儿园、家庭、社会三位一体的健康教育系统，包括幼儿园健康教育、家庭健康教育、社会健康教育。幼儿园进行有计划、有目的、有组织的健康教育活动固然可以起到一定效果，但缺乏家庭和社会良好、正确的健康教育，或缺乏对幼儿园健康教育的配合，就会明显影响幼儿健康教育的效果。幼儿园幼儿健康教育必须注意与家庭、社会健康教育的一致性。

社会健康教育是除了家庭、幼儿园之外的教育机构或团体开展的健康教育，是一项涉及面广、影响因素多、工作量大的社会教育工作。这些机构或团体包括：各级专业健康教育机构、各级医疗卫生机构、各级宣传、新闻部门、各级文化和娱乐部门、各类社会团体等。我们在进行幼儿健康教育时，必须重视社会各团体和各种力量的参与和配合，发挥各自的优势和特点，以使健康教育取得很好的效果。

总而言之，学前儿童健康教育活动应体现上述三个要点的有机结合。只有这样，才能既发挥各个要点的优势和特点，又能相互补充和相互支持，从而实现学前儿童健康教育的目标。

第二节 学前儿童身心保健教育的指导

一、学前儿童身体健康教育的指导

（一）学前儿童身体健康教育的目标和内容

"幼儿保健是学前教育当中的重要环节，关系到学龄前儿童身心发育的健康"[1]，学前儿童身体健康教育是学前儿童健康教育的重要内容。学前儿童身体健康教育就是结合学前儿童的自身实际进行人体认识和保护教育，帮助他们客观认识自己的身体，正确看待成长中的身体变化，初步了解男女两性的基本差异，初步掌握身体保健技能和方法，为拥有健康的体魄奠定坚实基础。

1. 学前儿童身体健康教育的目标

（1）学前儿童身体健康教育的总目标：①了解人体主要器官的名称、形态、结构与功能；②学习保护身体的基本方法；③树立关心自己、保护身体健康的意识和习惯；④初步形成抵御疾病的意识；⑤能够自己积极主动地接受医生体检和预防接种。

---

[1] 农丽颖，廖琛. 学前教育中如何加强幼儿卫生保健——评《学前保健学》[J]. 中国食用菌，2020（11）：277.

（2）学前儿童身体健康教育的年龄阶段目标。

第一，小班：①了解身体的外形结构；②略知五官的功能；③了解自己的视力和听力；④乐于接受预防接种和疾病治疗；⑤初步了解治疗疾病的简单知识，不怕打针和吃药；⑥初步了解用药的安全常识，不随意吃药，按医生（成人）要求服药。

第二，中班：①进一步认识身体的主要外部器官及其功能；②了解保护五官的知识，并知道保护的原因；③了解自己的视力、听力的发展情况，注意身体保健；④初步知道疾病预防和治疗的重要性，逐步形成接受疾病预防和治疗的积极态度与行为；⑤在成人的帮助下，学习常见外伤的简单处理方法。

第三，大班：①初步认识身体主要器官的功能，如胃、肠、大脑等的功能及其保护方法，学会科学用脑；②进一步了解五官的结构功能、养护与锻炼五官的知识，有初步的自我保健意识和发展视听能力的愿望，初步养成五官卫生习惯；③能在成人指导下主动参加发展视力、听力和肤觉的体操与游戏；④粗浅明白常见病和传染病的发病原因；⑤知道预防常见疾病的相应措施。

2. 学前儿童身体健康教育的内容

学前儿童身体健康教育的内容主要包括知道自己身体主要器官的名称和主要功能，懂得初步的保护方法，养成良好的保护意识和习惯；知道生长发育的基本知识，能科学看待身体的成长变化。

（1）知道自己身体主要器官的名称和功能。

第一，眼睛。眼睛是心灵的窗户。教师需要培养幼儿良好的用眼卫生习惯，为幼儿的视觉发育创设良好的环境。例如，调整桌椅高矮，与自己的身高相适应；保持正确的坐姿，即上身略前倾，两肘自然伏在桌前，前胸与桌边保持一拳距离，眼睛与读物保持约30厘米距离。连续用眼时间不宜过长，每隔30分钟要休息一会儿，年龄越小，间隔的时间越短。感知室内光线的重要性，知道光线太亮与太暗都不适宜。养成良好的用眼卫生习惯，不能用手揉眼睛，毛巾要专用。不能玩可能伤害眼睛的物品，如小刀、棍棒、仿真手枪等，有异物进眼要等待成人来处理。愿意接受眼睛的定期检查，知道配合医生的检查。

第二，耳朵。耳朵是听觉以及味觉的感受器官。幼儿的外耳道壁尚未骨化，咽鼓管较成人短，易受到感染，要特别注意保护。例如，用正常自然的声音说话、唱歌，不大声喊叫，听到刺耳的声音就立刻捂住耳朵。不挖耳朵，不将异物放入耳中。学会正确的擤鼻涕方法，以免引起中耳炎。

第三，鼻子。鼻子是呼吸的重要器官。幼儿的鼻子和鼻腔相对短小、狭窄，黏膜柔嫩，没有长鼻毛，易受到感染。例如，保持鼻腔清洁通畅，学会用一只手压住鼻孔擤鼻涕。用鼻呼吸，不捂头睡觉，不挖鼻孔，不将小物件塞入鼻孔。每天用湿毛巾清理鼻腔，正确使用纸巾或手帕擦鼻子。

第四，牙齿。牙齿对人体的消化吸收起着至关重要的作用。幼儿牙釉质较弱，牙本质较软，牙髓腔较大，相比成人更容易患龋齿。幼儿期正处于恒牙、乳牙交换期，要积极引导幼儿保护牙齿，预防龋齿。例如，养成良好的饮食习惯，少吃甜食、零食，饭后漱口，早晚刷牙。掌握正确的刷牙方法，即顺着牙缝竖刷，刷上牙时往下刷，刷下牙时往上刷，里外都要刷。不吮吸手指，不咬指甲，不咬其他硬物，如果壳、铅笔等。换牙时不害怕，知道换牙的知识。

（2）儿童健康教育活动的反思。

第一，活动内容和活动目标适合本班幼儿，选择与幼儿生活有关的课程，有利于幼儿在原有基础上，学会保护自己的身体，以提高自我保护能力。幼儿乐于去探知身体的各部分秘密，他们有着强烈的好奇心。

第二，如何帮助孩子建立正确的性观念，这是值得我们共同探讨的一个问题。随着身体的成熟，孩子自然要了解身体奥秘的知识，如果他们不能从教师以及课堂上获取相关知识，就会从其他途径得到。哪条途径更为可靠、准确呢，这是值得我们去思索的。因此，我们应该正确地认识和对待幼儿的活动，以便更好地促进幼儿健康成长。

第三，正确回答幼儿的提问是非常重要的，因为幼儿的年龄小，对教师非常崇拜。如果教师给幼儿提供的答案是错误的，那么这种错误对幼儿可能有终生的影响。

（二）学前儿童身体健康教育的组织和实施

1. 学前儿童身体健康教育的组织形式和途径

（1）学前儿童身体健康教育的组织形式。学前儿童身体健康教育的组织形式应分为集体教育、小组活动与个别指导三类；应采取多种组织形式相结合，更好地调动学前儿童学习的兴趣和积极性，提供更多师幼互动、幼儿间互动的机会，以提高教育效果。

（2）学前儿童身体健康教育的途径。学前儿童身体健康教育的途径包括以下两个方面：

第一，学前儿童身体健康教育结合日常活动来进行。例如，在洗澡、睡前、换衣服时可以帮助儿童认识全身器官，使其知道眼、口、手、脚等人体器官各自的功能；在晨间锻炼、教育活动、游戏、自由活动、就餐、散步、睡眠等多个环节，帮助幼儿培养健康的生活习惯；进餐时，教师对幼儿进行牙齿健康的教育，饭后指导幼儿进行漱口练习等。

第二，专门的身体健康教育活动是托幼机构实施生长发育教育的重要途径。它包括一日活动和主题教学活动。一日活动是指一日生活的各个环节均以一项内容为重点，在教育活动、区域活动、游戏活动中有目的、有计划、有组织地实施教学设计。而主题教学活动是指在集体性活动中，以一个主题为线索，围绕该主题进行的活动与交流。它包括各领域的教育活动以及游戏、区域活动等环节，需要创设相应的环境以及提供相应的材料，通常会持续一段时间。另外，应结合其他领域的教育活动实施身体健康教育。

2. 学前儿童身体健康教育教学的实施方法

学前儿童身体健康教育组织方法的选择应该根据学前儿童对疾病罹患的理解程度，还要考虑不同年龄阶段儿童的认知特点和发展水平。在学前儿童身体健康教育中，示范讲解法、生活渗透法、游戏法等都是比较适宜的方法。

（1）示范讲解法。示范讲解法是指教师通过示范讲解的方法具体而形象地向学前儿童讲解粗浅的身体生长发育知识，并结合身体动作或实物或模型加以演示，从而帮助儿童尽快掌握有关知识和技能。教师提供的动作示范会成为学前儿童模仿的对象。例如，在教儿童认识人体的内外器官时，结合实物和模型进行讲解就会有趣得多。

（2）生活渗透法。由于幼儿园一日生活中蕴藏着诸多身体健康教育契机，教师要善于观察、捕捉并适当运用，将学前儿童身体健康教育落实到生活的一点一滴中。

（3）游戏法。对于学前儿童而言，枯燥的说教背离了其认知规律，而游戏法，是指教师利用学前儿童喜闻乐见的游戏方式，丰富他们关于身体生长发育的感性知识，从而培养他们良好的卫生习惯，寓教育于游戏之中。

（三）学前儿童身体健康教育活动设计的思路

学前儿童身体健康教育的效果，很大程度上取决于专门的身体健康教育活动开展情况。学前儿童身体健康教育活动设计包括活动目标、活动内容、活动准备、活动过程以及活动延伸的设计，对此教师需要有清晰的思路。

第一，确定活动目标。活动目标是活动实施的起点和归宿。目标明确、简明、具体，才能确保活动的方向性。

第二，选择活动内容。依据活动目标选择活动内容，应该注意的方面包括：①渗透身体生长发育的相关知识；②符合不同年龄阶段儿童的需要和兴趣；③与已有经验相联系；④可考虑与幼儿园其他领域教育内容的整合。

第三，做好活动准备。活动准备包括教师的准备、儿童的准备、环境资源的准备等几个方面。教师的准备包括对教育活动的内容、方法、途径进行选择；儿童的准备包括知识和能力方面的准备；环境资源的准备包括环境的创设和物质资源准备两方面。

第四，精心设计活动过程。活动过程一般分为"导入部分""基本部分""结束部分"。"导入部分"的作用在于吸引儿童的注意力，调动儿童的兴趣和情绪，经常采用的导入方法包括直接导入、经验导入以及激趣导入等。在"基本部分"中，教师要考虑活动环节的先后顺序，要考虑何时且如何提问，以启发学前儿童思考，要考虑手段和方法的选择运用，以激发儿童在活动中的主动性。"结束部分"的作用在于对幼儿行为进行评价，对教学活动进行小结。教师的活动设计是有目的、有计划、有步骤的活动，但只是对教学过程的大致预演，在实际教育教学中，还会不断出现新的情形、新的问题和新的教育机会，这就要求教师在教育活动中不仅要注意既定目标的达成，还要注意教育活动的生成，敏锐发现新的有价值的教育契机。

第五，进行活动延伸。活动延伸是指在具体活动结束后，教师为巩固幼儿所学内容、更好地实现活动目标所设计的一切活动。

（四）学前儿童身体健康教育活动的注意事项

第一，熟练掌握学前儿童身体健康的相关知识。教师要帮助幼儿建立正确的身体保健意识。教师必须熟练掌握相应的常识，充分了解人体的各个系统以及相应的保健常识等，并且能够以适宜幼儿接受的方式进行表达。

第二，注重领域间的渗透和整合。从领域区分来看，学前儿童的身体健康教育内容属于健康领域范畴，其中身体生长发育内容则属于人体科学教育范畴，所以不能因为有领域内容的划分，而人为分裂活动内容，其本身就是健康领域和科学领域教育内容的相互整合和渗透。另外，学前儿童身体健康教育还要与艺术、语言、社会等其他几个领域有机融合，积极发挥教育的整体功效。

第三，灵活利用日常生活中的教育契机。教师要积极挖掘日常生活中有关身体健康教育方面的素材，充分利用一日生活中的教育契机开展相关教育活动。

二、学前儿童心理健康教育的指导

随着时代的发展、社会的进步、认识的不断发展，心理健康在人类健康中的作用越来越重要，心理健康已成为现代社会精神文明的一个重要标志。同样，心理健康在健康教育中的地位和作用也越来越重要，越来越受到人们的关注。学前儿童正处于性格的形成期，其心理健康与否，将会对他们的认识、情感乃至个性形成都产生重要影响。学前儿童的心理健康教育是为幼儿一生发展奠定心理素质基础的重要阶段。

（一）学前儿童心理健康的标准

现代研究学者对心理健康标准的确定还不统一，对学前儿童这个特殊年龄群体的心理健康研究也不多。总而言之，学前儿童心理健康标准包括以下方面。

1. 动作发展正常

动作是反映儿童，尤其是婴儿生长发育的指标，也是制约儿童心理发展的因素之一。动作是儿童智力的起源。个体动作的发展与水平和大脑结构发育及其功能发展是密切相关的。因此，学前儿童躯体大动作和手指精细动作的发展水平状况，是衡量其心理健康水平的主要标志。

2. 智力发展正常

正常的智力是学前儿童日常生活、人际交往和心理发展的基本条件，也是心理健康的前提条件。智力，是指人的一般能力，包括观察力、记忆力、想象力、思维能力和操作能力，其中思维能力是核心。智力是幼儿认知能力的物质基础。一定的认知能力是学前儿童学习以及生活的重要前提。这是因为，正常的认知水平是儿童与周围环境取得平衡和协调的基本心理条件。从客观上来看，学前儿童的认知发展水平会表现出一定的个体差异，但如果某儿童的认知水平明显低于同年龄儿童，且不在正常范围内，那么该儿童的认知能力是低下的，智力会存在一定的问题，那么其心理健康也会存在一定的问题。

儿童智力正常保障下积极的认知活动包括：①表现为各种认知心理机能的发展，如感知能力的发展、注意力的发展、记忆力的发展和思维能力的发展等方面；②表现为领域知识的发展，如数、时间、空间、运动、速度、因果等儿童不同认知领域的发展。

3. 情绪稳定乐观

情绪稳定乐观是心理健康的主要标志。心理健康与不健康的主要区别不在于是否产生消极情绪，而在于这种消极情绪持续时间的长短以及它在人的整个情绪生活中所占的比重是否恰当。心理健康的学前儿童能在不同的情境中表现出适当的情绪，以积极的情绪表现为主，积极情绪多于消极情绪，经常保持心境良好、愉快、乐观、开朗，这样的情绪有助于提高活动的效率，使幼儿多受到家长和教师的表扬与称赞，而积极的情绪又得以强化，进入良性循环。

所有学前儿童都会有喜、怒、哀、乐，会出现短时的消极情绪，如在受挫或与同伴发生冲突时，他们会表现出委屈、受伤、愤怒等消极情绪，但是心理健康的学前儿童能主动调控自己的不良情绪，快速从消极情绪之中走出来，表现出积极向上的情绪状态，以适应外界环境，这就是情绪稳定乐观的表现。心理不健康的学前儿童常常伴随着情绪情感的异常。如焦虑、忧伤、委屈等消极情绪；因为环境变化，情绪过于敏感；情绪的自我调控能力较差等。

总而言之，学前儿童的情绪带有较大的冲动性和易变性，因此，教师和家长要注意学前儿童的情绪保健，为他们创设良好的外部情绪条件，让他们的各种情绪都有适当表达的机会，并且注意引导他们逐步学会用理智控制情绪，变消极情绪为积极情绪。

4. 人际关系融洽

学前儿童的人际关系主要是指学前儿童与家长、教师以及同伴之间的关系，这些人际交往中可以反映学前儿童的心理健康状况。心理健康的学前儿童乐于与人交往，善于与同伴合作、共享，理解与尊敬教师，待人慷慨而友善，也容易被别人理解和接受。心理不健康的学前儿童不能与人合作，对人漠不关心，缺乏同情心，斤斤计较、猜疑、嫉妒、退缩，不能置身于集体及其活动中，与交往环境格格不入。学前儿童之间的交往活动是一种全新的平等的人际关系，它既是维持心理健康的重要条件，也是维持心理健康的必要途径。心理健康的儿童乐于与同伴交往，并能与同伴愉快合作，快乐地玩游戏。而心理不健康的儿童，其人际关系往往是失调的、令人担忧的，他们或远离同伴，或攻击同伴，或成为同伴群体中不受欢迎的人。

5. 性格特征良好

性格是人的个性中最本质、最核心的表现，学前儿童的性格是在与周围环境的相互作用中，逐渐形成的稳定的态度和习惯化的行为方式。儿童的性格一经形成，就表现出相对的稳定性。学前儿童的个性虽然没有最终形成，但已表现出一定的性格特征。心理健康的学前儿童性格相对稳定，对新鲜事物感到好奇，勤奋好学，在自我意识上，开始正确认识与评价自己，自尊感在发展，寻求独立性，对自己充满了信心；有热情、勇敢、自信、主动、谦虚、诚实、慷慨、合作、乐于助人等性格特征。而心理不健康的学前儿童性格发展不良，表现出胆怯、冷漠、固执、孤僻、敌意、自卑和缺乏自尊心等特征。学前儿童的性格多变，可塑性很大，要注意从小培养，尤其是在自我意识方面，要让他们学会正确认识和评价自己，多给他们成功的机会，以表扬为主，对挫折与失败不要过分求全责备，以增强他们的自尊心和自信心。

6. 行为协调适度

行为协调是指人的思想与行为统一协调，人的行为是心理活动的镜子，通过它可以反映出人的心理是否正常。人的主观能动性最突出的表现就在于人的行为有自觉的目的，受到意识的支配，行为反应水平与刺激程度相互协调。心理健康的学前儿童面对新的环境能进行适当的回应，既不过分夸张，也不过分退缩，既表现出一定的好奇心和探索欲望，又有适当的自控能力，行为有条不紊，行为反应与刺激的程度相匹配；心理不健康的儿童面对新环境时反应淡漠或者比较强烈，表现有些夸张或者退缩，在行为表现方面前后矛盾，思维混乱，语言支离破碎，做事有头无尾，行为变化无常，为一点小事可以大发脾气，或是对强烈的刺激反应淡漠。因此，要注意从小训练学前儿童良好的行为与习惯，使其学会正确应对生活环境中的各类刺激。

一般而言，对于学前儿童的心理健康标准，人们更多的是从情绪和人际交往的角度给予关注及进行判断。但是健康与不健康是相对的，是处于动态的变化之中。健康的状态不仅是经过外界的帮助和自身的调整不断获得的，也是从不健康中成长发展的，最终达到健康的水平。因此，判断一个儿童是否心理健康，要以发展、动态的眼光来看待。

（二）影响学前儿童心理健康的因素

影响学前儿童心理健康的因素是多种多样的，包括生理、心理和社会诸方面。了解这些影响因素，对预防学前儿童心理健康疾病和提高其健康水平具有重要意义。

1. 生理影响因素

（1）遗传。人类的心理及其健康状况同生理发育状况一样，许多方面都会受到遗传因素的影响。遗传对心理健康的影响首先表现在：遗传的生理疾病会伴随相应的心理疾病。例如，患有三染色体（XXX）综合征的男孩常常具有女孩气质，这样会导致儿童出现性别角色错位的心理障碍和行为问题；又如，患唐氏综合征会造成幼儿智力发育迟缓、生活自理能力低下，会对幼儿的心理健康产生威胁。另外，某些心理的疾病也受一定遗传生理因素的影响。许多儿童发育障碍和精神疾病，例如，儿童自闭症、儿童多动症、语言功能障碍的发生以及发展都与遗传有关，这些遗传的疾病常带来一些行为问题。又如，智力、气质等心理特征也会受到遗传因素的影响，这些遗传的心理特征同样会对学前儿童的心理健康产生不同的影响。

（2）脑损伤。导致学前儿童大脑损伤的原因主要有：胎儿时期大脑发育不完全或病变，早产或难产时造成的颅内出血，出生时大脑缺氧、窒息或是出生后受到碰撞造成较严重的脑外伤。另外，学前儿童的生理发展还不成熟，免疫系统还不完善，因而抵御病毒感染的能力也较弱。因此，由于病菌或病毒干扰中枢神经系统，致使大脑受到损伤的可能性也是很大的。如学前儿童因为高烧致使大脑细胞受损而造成脑瘫，这样的意外伤害就会造成智力迟滞或痴呆，导致心理障碍或精神失常。由此可见，一些不可抗拒的原因导致学前儿童脑细胞受损，会影响其智力发育，导致儿童适应不良，从而影响学前儿童情绪和行为的稳定性、对周围环境的反应方式以及对自己的控制能力，进而导致其发展迟缓、情绪障碍、学习困难等。

2. 环境的影响

环境是指由人、物和事件构成的一个微观系统。学前儿童所处的环境可以分为自然环境和社会环境两种，这两种环境都会对学前儿童的心理健康产生影响。

（1）自然环境的影响。自然环境是指学前儿童在日常生活中所接触的由空气、水、阳光等元素组成的环境。随着科学技术和社会经济的不断发展，学前儿童的物质生活条件越来越好，但其所处的自然环境却日益不容乐观。污染的自然环境对学前儿童的心理健康造成了较大的伤害。

第一，空气污染。随着经济的不断发展，现代家庭的装修材料越来越丰富，现代化的家具也越来越齐全、高档。伴随而来的是，室内装修材料、电子产品等产生的辐射使得学前儿童出现越来越多的问题。一般而言，室内污染容易诱发学前儿童罹患血液系统疾病，如白血病，还有呼吸道疾病，如儿童哮喘等。大量电子产品释放的辐射会对儿童的大脑产生不良影响，甚至可能导致儿童的智力下降。

第二，噪声的影响。学前儿童能承受的声音强度一般为80~90分贝，高强度的噪声刺激会使学前儿童的大脑皮层，自主神经功能出现紊乱并产生头晕、嗜睡或乏力等一系列症状。

第三，劣质玩具、食品的危害。劣质玩具和食品对学前儿童心理健康的危害主要体现在两个方面：一方面，有形的污染，有些劣质玩具和食品可能是由有毒、有害或变质的原料制成的，这些玩具和食品会对儿童的健康造成极大的伤害，儿童可能在使用和食用的过程中容易甲醛和铅中毒；另一方面，玩具的造型和种类对儿童造成的无形污染。有些玩具面目可憎，有些玩具还可能带有色情色彩，这些都会对儿童的心理健康造成伤害。

（2）社会环境的影响。

第一，家庭及家庭教育对学前儿童心理健康的影响。家庭对学前儿童心理健康的影响主要体现在两个方面：

一是家庭的氛围。在现代大多数核心家庭中，由夫妻关系和亲子教育关系（育人态度与方式方法等）所支配的家庭气氛会对儿童的心理健康有十分重大的影响。例如，父母的眼神、语言交流、行为举止、性格表现、作风习惯和对儿童的态度都会在无形中给儿童的心理以较大的刺激和启示，儿童在这样的家庭氛围中成长，逐渐形成他们自己的行为方式，并显现出心理和性格上的初步特征。良好的家庭氛围，可使儿童活泼、开朗、大方、好学、诚实、谦逊、合群、求知、好奇。

二是家长对儿童的期望水平和教养方式。家长对孩子的适当期望，会激发儿童的发展的动力。而过高的期望水平，会给儿童带来巨大的心理压力，会引发一些行为问题或者心理障碍，对儿童的心理健康是非常不利的。而我国家长的期望水平普遍过高。家庭的教养方式一般可以分为专制型、放任型、溺爱型和民主型四种。家长的教养方式如果能和孩子的气质、性格互补，就能收到良好的效果。一般而言，民主型的教养方式比较适合大部分儿童。另外，家庭是学前儿童的初环境，如果家长对子女的心理和行为能及早掌握，就能更早地采取相应的教育对策，同时家庭对学前儿童进行的教育也更能起到预防作用。

第二，托幼机构及幼儿教师对学前儿童心理健康的影响。托幼机构除了在自然环境以及心理环境的优化方面有助于学前儿童心理健康的维护外，由院所领导、幼儿教师、幼儿之间以领导方式、师幼关系、同事关系等元素构成的文化环境、精神氛围对幼儿的心理健康，同样也会产生不可替代的积极影响。托幼机构对学前儿童心理健康产生影响的直接媒介就是教师。幼儿教师根据学前儿童的心理发展特点和常见的心理问题进行专门的有针对性的心理健康教育，帮助儿童认识自身的心理特点，帮助学前儿童初步掌握心理健康维护方法，并在早期与相关专家配合，以发现学前儿童的心理健康问题并及早进行治疗，最终促进学前儿童的心理健康发展。

教师除了通过教育手段促进学前儿童的心理健康外，还在其他方面对学前儿童的心理健康产生重要影响。首先，是师幼关系对学前儿童心理健康的影响。幼儿园的师幼关系是幼儿园中最重要的关系之一，和谐、平等的师幼关系有助于学前儿童在一个安全的心理环境中发展。其次，幼儿教师自身的心理健康水平对学前儿童的心理健康也有影响。心理健康水平高的教师更能以宽容的心态对待学前儿童，当他们出现问题或者有错误言行时更能与其进行良好的沟通。另外，幼儿园与家庭的合作也有助于在促进儿童心理健康教育方面保持其影响的统一性、一贯性和持久性，从而确保对幼儿心理健康教育具有积极性、有效性和长期性。

3. 幼儿自身的心理特点

（1）自我强度。自我强度是指个体应对内外压力的能力。动机是为满足个体的需要并促使其活动的诱因。如果学前儿童的吃、睡、空气、水、游戏、安全、被称赞等需要不能得到满足，就容易造成儿童的需求受挫，从而产生消极情绪，如紧张、恐惧、焦虑、冷漠等。在儿童的成长发展过程中，新的需要会随着旧的需要得到满足而不断产生，因此，儿童不可避免地会有受挫的时候。这样，儿童有一定的自我强度就显得非常必要和重要，学前儿童要学会协调自己的需要和现实的反差，保持平衡的心态，从而促进心理健康。

（2）自我意识。学前儿童的自我意识虽不成熟、不稳定，但已经萌芽，对其后期人格的发展和行为适应影响很大。学前儿童的自我意识是在成人对其行为、与同伴的对比、游戏等活动中的成败的评价以及态度中不断地形成的。这是一个自我认识、自我评价、调节行为与情绪的过程。学前儿童往往自我评价过高，我们要引导幼儿形成正确的自我意识，避免儿童因为自我意识不强而出现任性、执拗、退缩等情绪和行为问题。

（三）学前儿童心理健康教育的意义

1. 我国社会发展与现代化建设的需要

我国当代社会正处于飞速发展和不断变化的时期，无论是科学技术、社会生产，还是人们的生活方式和思想观念，都在不断地更新变化。经济高速发展的同时，要求人们的国民素质、道德规范也要跟上时代的步伐，以保障我们的物质经济建设成果。但是，现代社会中人们的生活节奏加快，人们忙忙碌碌，大多只关心自己，人际关系远比过去疏远，人与人之间缺少坦诚交流、相互关心和宽容。人的物质需要得到极大满足、精神需要滞后的现实使得整个社会迫切需要一种全新的教育模式来改变现状，即有意识地、有目的地培养学前儿童与现代社会相适应的心理品质和健全人格。同时，激烈竞争的社会环境需要有高水平的心理健康教育来帮助人们提高抗压能力，调节自身情绪，善于选择，并培养勇于挑战的奋斗精神。

2. 儿童心理发展的实际需要

学前期是身心发展最迅速的时期，学前儿童对外界环境及其变化所产生的影响十分敏感，极易受到各种因素的影响，当然也包括不良因素的影响，这导致有些幼儿的心理承受能力很脆弱，自我评价和自我调节的能力很差。因此，学前儿童的生活环境与所受教育是否适当，直接关系到幼儿良好心理品质能否形成。适当的心理健康教育可以促进幼儿良好心理品质的形成，不适当的环境影响与教育作用，会导致幼儿产生心理问题或心理障碍，乃至形成不良心理品质。

幼儿的心理和行为问题是比较普遍的。任性执拗、情绪障碍、攻击性行为、语言障碍、咬手指甲等问题行为存在于不少幼儿中。对于这些心理问题与问题行为而言，如果不及时予以纠正，则会直接影响到他们的心理健康，乃至个性的形成。因此，开展心理健康教育有助于解决学前儿童发展中存在的心理问题与问题行为，并帮助儿童形成良好的心理品质，这是学前儿童心理发展的实际需要。因而，我们要切实有效地进行心理健康教育，满足幼儿的心理需要，使学前儿童能在托幼机构中健康、愉快地成长，从而促进他们的全面发展。

3. 学前儿童个性全面发展的重要基础

心理健康对学前儿童成长的意义是十分重要的，它是学前儿童个性全面发展的基础。心理健康教育能满足儿童的心理需要。在教育活动中，教师通过榜样示范、情景表演等多种方式开展各种活动，能促进儿童观察力、记忆力、想象力、自控力、适应力等心理品质的发展。这样的心理健康教育，可以促使学前儿童具有合理的需要、正确的动机、积极而稳定的情绪和顽强的意志品质等，促进他们心理素质的提升，而这些是儿童个性发展的基础。

（四）学前儿童心理健康教育目标与内容

1. 学前儿童心理健康教育的目标

学前儿童心理健康教育的根本目的是培养幼儿良好的心理素质，促进儿童身心全面和谐发展和素质全面提高。具体而言，就是提高学前儿童对心理卫生的粗浅认识和技能，纠正不良情绪和态度，形成有利于心理健康的行为习惯，预防和矫治心理障碍和行为异常，保证学前儿童心理健康发展，提高心理健康水平。

2. 学前儿童心理健康教育的内容

（1）学习正确表达、调节情绪情感的方法。情绪是学前儿童心理健康的外在表现，积极的情绪是学前儿童心理健康的重要标志。学前儿童的情绪带有冲动、直观、简单、控制力差等特点。学前儿童要从以下方面学习表达和调节自己的情绪。

第一，丰富积极情绪体验。积极情绪是防御外界环境或机体内部不良刺激困扰的有力屏障。学前儿童应该做到经常保持清醒、乐观、愉快的情绪状态，不乱发脾气；不总是回忆不愉快的事，能主动寻找愉快的事情做；感到不愉快时，能自行调整，逐步消除不愉快情绪。为此，应鼓励学前儿童积极参与集体和同伴活动，在活动中，感受快乐，并能够与他人分享快乐的情绪。例如，在游戏活动结束后，可以问孩子"今天玩得开不开心"，以此引导儿童体验活动带来的乐趣，从而丰富儿童的积极情绪体验。

第二，合理地表达情绪，宣泄消极情绪。每个儿童都会经历消极情绪，教师先要肯定儿童表达相关情绪的合理方式，并在此基础上帮助学前儿童初步学会通过语言、表情和动作等方式向成人和同伴表达自己的情绪。如生气的时候，会主动告诉同伴："你推倒了我的房子，我非常生气！"或者是用绘画的方式表达自己的愤怒情绪。教师还可以在活动室内安放"情绪晴雨表"，每天早晨，儿童入园后可以根据自己的情绪状态，选择不同的卡片或图片。教师可以有选择地根据儿童的情绪图片，询问儿童发生了哪些事情、有怎样的感受以及如何解决等。

总而言之，不仅要让儿童学会用合适的方法表达自己的情绪，还要帮助儿童合理地宣泄自己的消极情绪。合理宣泄对维护心理健康具有重要的价值。因此，教会幼儿一些方法来及时释放消极情绪，如倾诉、大哭、运动、唱歌、呐喊、睡觉等，可减轻其内心的压力。另外，教师还可以在区域活动中创设"悄悄话吧"，创设轻松、温馨的小环境，让儿童有机会在遭遇挫折或感受到不愉快时能尽情地倾吐自己内心的想法。

第三，调整认识。儿童情绪反应的强度和持久强度，在一定程度上，取决于他们对于触发情绪反应的情境的理解、认识和评价。对于同一情境或刺激，不同的儿童可以产生差别很大的情绪反应。例如，两个儿童为了争夺一个玩具而互相殴打，他们都受到了教师的批评。但是，两个儿童的反应是不同的：其中一名儿童只产生了轻微的不快，而另一个则表现出极度的不安。这主要是由于儿童对教师批评的认识和评价不同。而不正确认识和评价的归因与反应方式，如果不能得到及时调整，并在类似情境下多次再现的话，会逐渐成为儿童的反应模式和归因习惯，乃至成为儿童性格中的一部分。因此，家长和教师要及时帮助儿童正确地理解、认识和评价触发情绪的情境。

（2）学习社会交往技能。和谐的人际关系是学前儿童心理健康的重要保证。而和谐的人际关系和儿童社会交往的技能及其水平关系非常密切。2~6岁是儿童社会能力快速发展的时期，儿童在这个阶段通过学习而获得的社会交往技能，对于其一生的社会适应能力的形成具有非常重要的促进作用。

第一，感知和理解他人的情感。年幼的儿童是以自我为中心的，而儿童与他人相处的过程就是学习克服自我中心、学会考虑别人的思想和情感的过程。教师要采用各种方式让儿童逐渐理解他人的愿望和情况，学会用语言和非语言的方式表达对同伴的同情、鼓励之情，并学会安慰同伴，对他人的情绪情感能做到有适度的反应等。如教师可以利用情景表现的形式让学前儿童感知和理解他人的情感与愿望，通过让幼儿扮演各种角色，丰富幼儿的生活体验，使他们理解别人的情绪情感，懂得其他人是怎么接受和认识外部世界的，培养儿童感知和理解他人的情感。

第二，发展亲社会行为。亲社会行为是指为他人认可，并能促进双方互动关系的一些行为，如分享与合作、乐于助人等。当儿童的需要基本上得到满足以后，他们就会自愿地与其他儿童共同分享。儿童的合作行为会有助于儿童与同伴亲密关系的形成。家长和教师需要引导儿童与他人一起活动或合作，并为儿童提供与同伴一起工作、共同完成任务的机会，让儿童感受通过合作而获得成功的快乐；同时还应教给儿童一定的交往策略。如游戏时如果缺少某种物品或想玩别人的玩具，能与同伴协商；看见其他几个小朋友做游戏，自己也想加入的时候，能根据当时的具体情景采取适当的方式，并且被同伴所接受。乐于帮助他人的精神对于改善儿童的人际关系、增进学前儿童的社会交往能力有很大益处。家长和教师要教育儿童认识到帮助别人是一件有意义的事，并能从中体验到愉快和满足，从而逐渐克服自我中心。

第三，促进自我意识的形成。学前期正是儿童自我意识萌芽并初步得到发展的关键时期，而积极的自我意识是学前儿童心理健康教育的重要内容，也是影响其人际关系的重要因素。积极自我意识的形成，首先要引导儿童正确地认识自己并接纳自己。学前儿童的自我认识和评价往往表现出过高估计自己的倾向，对自己过分自信，认为自己无所不能。学前儿童对自己的积极认识最早来源于成人的尊重、认可和夸奖。家长和教师对儿童评价的正确态度会直接影响儿童自我评价和自我认识的正确性。年龄越小，受成人评价的影响程度越大。对于自卑、自信心不足的儿童，在日常生活中，教师要学会寻找每个幼儿的闪光点，并用恰如其分的语言和语气鼓励幼儿，帮助幼儿形成积极的自我意识。对于自我评价过高的儿童，教师对他的评价要客观公正，这样做有益于儿童自我意识的发展，帮助儿童正确认识自己和评价自己。

第四，初步掌握人际交往的礼节。人际交往的礼节是人际交往的润滑剂。学前儿童要掌握基本的礼貌用语，并能在人际交往中正确使用这些礼貌用语，如见面、道别时采用礼貌用语"你好""再见"；知道礼貌地称呼、问候他人；学会尊重他人，知道看望病人、恭贺喜事、拜访答谢亲友等基本的一些礼节。

(3) 养成良好的习惯。学前儿童的心理健康与良好行为习惯密切相关，而良好的生活习惯有益于儿童的情绪保持稳定。习惯是一种心理和行为的定式，具有稳定性的特点。学前儿童已经形成的生活习惯一旦受到破坏，就会产生紧张、焦虑、不安等消极情绪体验。家长和教师应该指导儿童通过反复实践，形成有益于心理健康的良好行为习惯。

第一，有规律的生活习惯。学前儿童的日常生活包括睡眠、起床、饮食、排便以及室内外的活动等。培养学前儿童有规律的生活习惯，让他们按时睡眠、按时进食、按时活动和按时排便等，能使他们机体的活动按照一定的生物节律进行，可满足他们的各种需要，促进他们心理的健康发展。例如，良好的饮食习惯是保证学前儿童健康成长的需要，家长和教师可结合图片、故事或是案例对儿童进行教导，使儿童养成按时按量进餐、细嚼慢咽、不吃零食等良好的行为习惯。

第二，良好的卫生习惯。良好的卫生习惯对于儿童保持良好的精神状态和健康的身体具有积极的作用，所以从小就要教育学前儿童养成勤理发、勤剪指甲、勤换衣服、勤洗澡、饭前便后洗手、吃东西前洗手、不抠鼻子、不挖耳朵等各种良好的个人卫生习惯。家长和教师应让学前儿童懂得，个人的清洁卫生不只是自己的事，还关系到是否尊重别人，是否能够得到他人的认同，从而教育学前儿童自觉形成良好的卫生习惯。

第三，优良的品德行为习惯。优良的品德是高一层次的习惯，包括讲礼貌、热爱集体、与同伴友好相处、爱护公共卫生和设施、爱护花草树木和小动物等习惯。这一习惯需要学前儿童的道德意识和道德行为发展到一定程度之后，才有可能养成。因此，这是对学前儿童习惯教育的较高要求。

(4) 身体教育。3~6岁是学前儿童性别意识产生、发展的关键期。而我国由于历史原因，一直忽视对儿童的身体教育。身体教育是一种知识的教育，也是人格教育。它不仅包括解剖方面的知识，还强调两性之间态度的发展和指引，关系到儿童身心的健康成长，甚至儿童早期形成的性观念和性准则，是成人明确的性概念和性信念的前身，可成为成年期行为形成的主要因素。因此，对儿童的身体教育是非常必要和必需的。

第一，性别认同和性别角色。孩子出生后，其生物性别已经确定，社会性别的认同却还要在环境影响下逐渐形成。性别认同是指一个人对自己性别上的认同。所谓性别角色，是指在社会生活中，由于性别不同而造成的角色差异。学前儿童应懂得，人类社会是由男性和女性两种性别构成的。3岁左右的儿童已经对自我性别产生认同感了，5岁儿童则能以自己的性别角色适应社会生活，以后儿童的自我性别意识逐渐强烈。一切倒错的倾向都源于儿童期。家长和教师应该认识到，在儿童时期，家长给孩子起名字、买玩具和衣服、采取不同的教养方式、对儿童产生期望等都具有性教育的意义。如果这些方面出现有意或无意的倒错，就可能导致儿童出现性别认同障碍、性别角色错位的心理障碍。

第二，科学简洁的身体知识传播。学前儿童对身体的问题表现为纯粹的求知兴趣，所关心的只是自然界和人的因果关系。儿童提出了问题，听取回答，仅仅是为了知道某种事实。因此，父母与教师需要如实回答相关问题，为今后的身体层面的教育奠定基础，帮助学生更好了解自己。

第三，正确处理与身体有关的游戏活动。学前儿童通常是以模仿和游戏的方式来体验性别角色的。如男女儿童互相拥抱等游戏，都是对电影电视，甚至现实成人行为的模仿，这些都是游戏行为，所以教育者和家长要正确对待学前儿童的这些身体游戏活动，不能粗暴制止，更不能羞辱儿童。否则，会损害他们的心理健康。

（5）学前儿童心理障碍和行为异常的预防。学前儿童在成长的过程中，不可避免地会出现一些心理障碍或者行为问题。因此，心理健康教育在面向全体儿童、提高所有儿童的心理健康水平的同时，也要关注某些儿童的问题行为，并进行预防和矫治。

（五）学前儿童心理健康教育途径与实施

学前儿童心理健康教育是健康教育的组成部分，充分利用各种有效的途径，采用多种方法，有目的、有计划地组织实施心理健康教育，才能将其落到实处。

1. 学前儿童心理健康教育的途径

（1）创设安全温馨的幼儿园文化氛围。幼儿园文化氛围就是指幼儿园的心理健康环境，它对保护和增强学前儿童的心理健康、开展心理健康教育活动起着重要作用。幼儿园心理健康环境主要包括幼儿园人际关系和积极向上的文化氛围，二者"润物细无声"，共同作用于学前儿童心理健康，是心理健康教育的重要途径。与学前儿童关系密切的幼儿园人际关系有四种：师幼关系、同伴关系、教师与家长的关系、教师与教师的关系。

幼儿园中与幼儿关系最密切的是教师，所以在学前儿童的各种人际关系中，教师是核心因素，起关键作用。教师应充分尊重学前儿童，与学前儿童建立良好的朋友关系，在游戏中做学前儿童忠实的玩伴。良好的同伴关系体现为学前儿童喜欢与同伴交往，在交往中能感知和理解同伴的情感，具有合作、共享、谦让、同情、助人、宽容等亲社会行为，会用礼貌用语、表情、手势等简单的交往技能进行交往，能自己解决与同伴之间的矛盾。良好的同伴关系能为学前儿童创设自由的交往机会，可以培养学前儿童的亲社会行为，还可以教给学前儿童初步的人际交往技能。

（2）专门的心理健康教育活动。专门的心理健康教育活动是指针对学前儿童心理健康教育的目标，选择适当、有趣的内容，精心设计的有目的、有计划、有组织的教育活动。对于心理健康教育中不易理解的健康常识、不太容易掌握或是需要系统训练的健康行为技能而言，教师就可以通过专门的心理健康教育活动引导、启发儿童探索、理解并掌握。如帮助学前儿童理解消极情绪对心理健康的危害，学习调节消极情绪的方法等内容，就可以通过"情绪温度计""不高兴了，怎么办"等活动有目的、有计划地进行。

（3）渗透的心理健康教育。专门的心理健康教育活动中教给学前儿童的健康知识、技能需要在日常生活、其他领域教育活动、游戏等活动之中实践，并养成习惯，才能真正发挥作用。因此，渗透的心理健康教育也是心理健康教育的重要途径。在日常生活中的心理健康教育自然、及时，有利于巩固幼儿的健康行为。幼儿的心理状态往往外显为语言以及行为，在日常生活中会以最自然的状态流露出来，教师要抓住随机教育的机会，适时地对学前儿童进行引导和教育。

幼儿园的课程与教学内容本身就具有整合性，例如，认识人的各种基本情绪，是社会活动的内容，又是心理健康教育的教育内容。在美术活动"我的一家"中，幼儿画出自己心目中的一家人，这既是美术活动，又是对消极情感的宣泄、积极情感的再次体验。教师可以根据幼儿绘画的内容，识别幼儿的情绪，及时发现幼儿的问题，并加以引导和帮助。游戏活动是幼儿最喜欢的活动。在游戏中，幼儿全身心地投入，获得最真实的情感体验，以弥补生活中的缺憾。例如，父母离异的乔乔利用过家家的游戏表达自己思念爸爸和妈妈的情感，并通过游戏表达希望父母来看望自己、全家人和谐相处的愿望。

（4）家园共育，促进幼儿心理健康。心理健康问题根源于家庭，形成于社会，表现于学校。家庭是幼儿接触的第一个生态环境，也是幼儿生活时间最长的心灵家园。幼儿园作为学前儿童发展的另一重要环境，它与家庭的合作，是学前儿童心理健康发展的必要条件。做好家园共育，一方面，家长和教师都需要掌握一些必要的心理健康教育知识，形成良好的家园关系，能积极地交往和协商，教育方向一致；另一方面，幼儿园要通过家长会等途径向家长宣传心理健康的重要性，使之积极配合幼儿园心理健康教育活动，巩固幼儿园心理健康教育的成果。唯有如此，才能保证学前儿童心理健康教育的延续性和有效性。

2. 学前儿童心理健康教育的实施

不同心理健康教育活动的实施应该注意的问题如下：

（1）体验式教育。心理是一种由内而外、潜移默化的过程，引导儿童在不同情境中体验各种不同的情绪情感，是十分必要且必需的。因此，心理健康教育应该是体验式的教育，才能切实对幼儿们的心理健康产生积极的影响。而且由于学前儿童年龄较小、生活阅历较浅、逻辑思维水平较低，在心理健康教育活动实施中，学前儿童需要通过亲身实践来感知，并且理解学习内容，只有学前儿童心理健康教育活动成为体验式教育，才能真正有实效性，而枯燥的说教并不具有实质性教育意义。

（2）提高教育者的心理健康教育水平。幼儿教师和家长的心理健康与否以及心理健康水平如何，都会直接影响儿童的心理健康水平。因此，要对儿童进行心理健康教育，教育者首先要提高自身的心理健康水平，合理排解工作、生活压力，保持乐观、自信、积极向上的良好心态，合理安排和处理教学意外事务，保证在教学活动和过程中以积极、平和的心态进行教学和指导幼儿行为。另外，教师在和儿童的日常相处中，要以自己的言行给幼儿正面、积极的影响，恰当地指导幼儿行为，使日常生活中所发生事情对儿童的心理健康产生积极的影响，促使幼儿心理朝着健康的方向发展。但是，当前，我国幼儿教师和家长由于工作压力大、生活节奏快、人际关系复杂等因素，容易出现职业倦怠、幸福感较低等心理问题，这将会对儿童的心理健康产生消极影响。因此，提高教育者的心理素质，增加其职业幸福感，尤其是心理健康水平，就显得尤为重要。

（3）重视家庭教育及其环境对学前儿童心理健康的影响。家庭是学前儿童生长发育的温床，是儿童接触到的第一个环境，且接触的时间最长，是塑造其情感、性格、个性并形成健康心理的重要场所。因此，父母自身良好的修养、和谐的夫妻关系、完好的亲子关系、正确的教养方式以及和睦的家庭氛围，这些构成良好的家庭教育环境的基本要素，也将会对孩子一生的发展产生不可替代的影响。作为家庭教育的实施者，家长们应不断更新教育观念，用发展的眼光看待他们、尊重他们，按照儿童的年龄特征、心理特征去影响他们。家庭教育的因素中，家长的教养方式对儿童的心理健康将产生极大的影响，而教养方式在家庭教育环境中无处不在，不知不觉间会对儿童及其心理健康产生影响。

所以，教师要重视家庭教育及其环境对学前儿童心理健康的影响，帮助家长，并和家长一起为儿童创造有利于其心理健康发展的家庭教育环境。例如，教师帮助家长了解儿童的心理需要，家长在此基础上和孩子建立良好的亲子关系；家长要提高自身素质，用正确的教养方式为儿童创设属于他自己的天地，让儿童在自己的天地中自由地翱翔。

(4) 渗透在日常生活中。心理的发展受到多种因素的影响，因此，学前儿童心理健康教育应该渗透到教育的各个方面和各个环节之中。教师和家长要牢记，心理健康教育是一个全方位和长时期的熏陶、教育过程，任何单独的因素都不能实现心理健康教育的总目标。教师要在一日生活的各个环节中关注儿童的心理健康，并保持教育要求的一致性。这就需要幼儿教师、保育员共同协作，更需要家长的积极合作。例如，教师在幼儿园教育幼儿要懂得分享、合作，家长在家里就不能任由孩子凡事以自我为中心，只有这样，才能真正巩固教师的教育成果，真正促进幼儿的社会性发展和心理健康。

(5) 尊重幼儿，不能妄下结论。在现实生活中，儿童是好动、淘气的，但是，学前儿童的正常行为和异常行为很难截然分开。教育者要尊重幼儿，了解儿童的年龄特点和心理特点，寻找儿童产生某种行为背后的原因，而不是因为孩子某一个看似"淘气"的行为就妄下结论，随便给儿童定义不良行为。如某教师看到幼儿拿着水彩笔去水龙头下冲水的时候，很生气。但是在发脾气之前，教师询问儿童为何要这样做。孩子回答之后教师才明白，是因为水彩笔用得久了，颜料干涸而附着在壁管上，所以要用水冲，以便继续使用，而不是破坏水彩笔。因此，教师要尊重幼儿，尊重幼儿的想法，尊重幼儿的情感和需要，更要尊重幼儿的行为，在弄清楚儿童行为的原因之前，不要妄下结论。

(六) 学前儿童常见心理问题的预防和教育

儿童在生长发育过程中，发生一种或少数几种行为问题是很正常的。有些问题行为，随着儿童年龄的增长，会逐渐减弱，最后消失。但有些问题行为，却愈演愈烈。下面介绍一些学前儿童中常见的心理障碍和行为问题及其预防和教育方法。

1. 情绪障碍

情绪障碍表现为情绪不稳定、焦虑、抑郁、暴躁等倾向。目前，至少有3%~5%的儿童有较严重的情绪障碍，但是随着年龄的增长，大多数儿童的情绪障碍能自然消失，只有少数人会影响成年后的心理。

（1）焦虑。当幼儿烦躁不安、担心害怕、好哭、无故生气并伴有食欲不振、夜惊多梦、尿床、心悸、腹痛等躯体症状时，他可能正处于焦虑的情绪体验中。儿童中以分离焦虑较为常见。有的学前儿童，特别是婴儿，当与亲人特别是母亲分离时，会出现明显的焦虑不安，不愿离家，害怕单独睡觉和独自留在家中。

焦虑的原因包括遗传因素、环境因素以及心理社会因素的影响，如亲子依恋关系未能形成、孩子遭受惊吓、与父母突然分离等。预防和矫治儿童的焦虑应主要运用教育矫治的方法，以促进亲子间依恋的形成和健康发展，注意家庭教养方式，对孩子不溺爱、不体罚，培养其良好的个性，多为儿童创设户外活动和游戏的机会；注重良好的家庭关系和家庭氛围的形成，努力为儿童营造一个健康、和睦、稳定的家庭生活环境。对有焦虑倾向的孩子要及时进行家庭治疗。

（2）依恋替代。对于某个儿童而言，普遍的依赖物可能是一块已磨得发白的毯子，是一个旧的玩具熊，或者是一个满身污垢的洋娃娃。它是孩子特别喜爱的东西，因为它给孩子以安全感、舒适感，缓解了孩子的紧张和焦虑情绪。出现该行为的原因，可能是因为儿童在生活早期未能建立起正常的依恋，致使他们在上幼儿园期间一直是羞怯、内向的，对周围环境有着一种本能的恐惧感。这类儿童每天入睡前必须抓着或者抱着自己所喜欢的物品，甚至有时受到惊吓、批评，只要抓着或者抱着这些替代物，他们都能安然入睡。对这一问题的矫治，应注意以下问题。

第一，不过分关注孩子的这一行为，也不要急于要求他们马上改掉不良习惯，要给孩子创设一个温暖和谐的家庭氛围。

第二，关心、爱护孩子。无论家长或是教师，都要尽可能地给他们情感上的温暖，以满足他们对父母依恋的适度要求。

第三，随着孩子年龄的增长，其心理发育水平越来越高，成人可以抓住孩子成长的重要时刻，不失时机地晓之以理，耐心地劝导，纠正不良习惯。

（3）儿童期恐惧。儿童期恐惧是学前儿童之中较为常见的一种情绪障碍。恐惧的对象主要有两类：一类是某些具体的事物；另一类是某些抽象的概念。年龄小的儿童，容易对某些具体事物产生恐惧，如有的孩子害怕毛茸茸的玩具，有的不敢触摸柔软的棉花，而更多的孩子则会害怕水、火、陌生人。而部分年龄稍大一些的孩子，对某些抽象的概念开始理解，但又不完全理解，因似懂非懂而产生恐惧。儿童对某一特定对象的恐惧持续时间比较短暂，仅仅在某一年龄阶段或某一时期表现得较为明显，则无须对其进行特殊治疗。但是，如果儿童的恐惧程度严重，且持续时间较长，则要进行专门治疗。儿童恐惧的产生原因主要有以下类别：

第一，父母对孩子的溺爱，过于保护，限制儿童的许多行动。

第二，父母用吓唬威胁的方法对待孩子的不听话、不乖顺。

第三，父母的言行对孩子的影响，如有的父母当着孩子的面毫无顾忌地讲述自己所见所闻的一些可怕事情，也有的父母对某一些现象或事物存在恐惧，在孩子面前毫不掩饰地表现出来等。

第四，大人过高过严的要求。

第五，家庭成员关系不和睦或对孩子缺乏一致性、一贯性的教育。

儿童恐惧症的常用治疗方法是示范疗法和行为脱敏法。对儿童恐惧的预防，关键在于教育。教师要鼓励儿童去观察和认识各种自然现象，学习科学知识，探索自然的奥秘。在任何情况下，成人都不要恐吓儿童，不要让他们看恐怖的电影、电视、书刊和图片。要鼓励儿童多参加集体活动，培养坚强的意志。

2. 语言障碍

语言障碍包括发育性语言障碍、发音性语言障碍和口吃。这里主要介绍口吃的预防及矫正。

口吃为儿童常见的言语节律障碍，表现为正常的言语节律受阻，不自觉地重复某些字音或字句，发音延长或停顿，伴有跺脚、摇头、挤眼、歪嘴等动作才能费力地将字蹦出。需要注意的是，2~5岁的学前儿童，言语功能还不完善，说话时常有迟疑、不顺畅的现象。

口吃的原因较复杂，一般认为与下列因素有关：①压力，如让胆怯的儿童在众人面前表演节目，儿童被严厉斥责或惩罚，家庭失和或是环境突变等；②学前儿童善于模仿，出于好玩，对口吃者加以模仿，时间长了就形成口吃；③因疾病而导致大脑皮质的功能减弱等。

矫正口吃最好的办法是消除心理紧张因素。家长不能过分注意或当众议论孩子的口吃现象，也不能模仿或嘲笑他，更不能强迫他说话流畅，否则他就越紧张越结巴。家长要给孩子以温暖和关怀，不能对孩子提出不切实际的要求，尽量减少和消除孩子的精神压力。家长要帮助孩子树立克服口吃的信心，要心平气和地与其说话，使他们说话时不着急，呼吸平稳，全身放松。在必要时，还可以采取一些特殊的言语矫正措施。

3. 排泄障碍

学前儿童的排泄障碍主要有遗尿症和大便不能控制。这里主要介绍学前儿童常见的遗尿症的预防与教育。

（1）一般两三岁的孩子即能够自行控制排尿，仅在夜间偶尔遗尿，属正常情况。儿童在5岁以后，仍经常不能从睡眠中醒来自主排尿，称为遗尿症。遗尿有原发性和继发性之分。原发性遗尿症指的是从未建立过对于排尿的控制的遗尿。继发性遗尿症则是指曾经可以自行控制排尿，以后由于某种原因而发生遗尿，多数发生在6~7岁。

（2）防止遗尿症可采取以下措施：面对器质性遗尿症的儿童，要及早治疗其各种躯体疾病，适当采用针灸或药物治疗。针对功能性遗尿症的儿童，要及早进行排尿训练，养成良好的排尿习惯，形成条件反射；建立合理的生活制度，避免过度疲劳；晚饭适当控制水、汤类、牛奶等的摄入量，以减少幼儿入睡后的尿量；消除引起儿童情绪不安的各种因素，不因其尿床而责骂、吓唬孩子。

4. 睡眠问题

学前儿童常常发生各种睡眠问题，如睡眠不安，入睡困难，在睡眠时说梦话、磨牙、哭喊等，甚至出现夜惊、梦游等症状。这里主要介绍夜惊和梦游。

（1）夜惊的主要表现为儿童入睡后不久，在没有受到任何刺激的情况下，突然大声哭喊，并从床上坐起，或两眼直视，或两眼紧闭，表情非常惊恐。此时儿童很难被唤醒，对他人的安抚、拥抱等不予理睬。一般持续 10 分钟，随后儿童又自行入睡，醒来后记不起来任何事。夜惊以 5~7 岁的儿童较为常见，男童的发生率高于女童。部分患儿发作时伴有梦游症，或在床上走动，或起床下地做一些机械的动作，清醒后完全回忆不起。

（2）心理因素及环境因素常常是夜惊以及梦游的诱因。例如，父母吵架、亲人伤亡、生活中遇到的困难，都会使儿童精神紧张；又如，临睡前观看惊险片、听了恐怖故事或被家长呵斥后入睡等，都会造成孩子精神紧张；另外，卧室温度过高、手压迫前胸、晚餐过饱、患肠道寄生虫病也可导致夜惊及梦游。对于这样的儿童而言，主要是想办法消除其心理诱因和改变不良的环境要素。对于躯体有疾病的儿童而言需要尽早治疗。随着年龄的增长，大多数儿童的夜惊及梦游症状会自行消失。

5. 行为障碍

（1）攻击性行为。攻击性行为指有意伤害他人身体或心理的行为。表现为：儿童在遭受挫折时采取打人、咬人、踢人、抓人、扔东西等方式引起别人的对立或争斗。这类行为多见于男孩，在学前期和学龄初期儿童之中较为常见，到学龄后期日渐减少。引发攻击性行为的原因主要有以下类别。

第一，遗传因素。大人有攻击性行为的，其子女的攻击性倾向甚至攻击性行为也会比较明显。有攻击性行为的这些大人可能存在着某种微小基因缺陷，受到这些遗传基因倾向影响的儿童在后天的环境中会将其表现出来。

第二，心理因素。一般而言，有情绪问题或障碍的儿童易产生攻击性行为。如多动症患儿易冲动、任性，自控力差，当情绪稍激动，便头脑发热，与人发生争吵或动手打人。

第三，教育因素。在幼儿园环境中存在一种教育方式，对于孩子们而言可能是不利的。这种教育观念常常以口头形式表达，即当孩子受到他人的攻击时，教育者会建议孩子以同样的方式进行还击，以期望这样能够阻止进一步的攻击行为，导致孩子的心中存在一种认知，即暴力是解决问题的唯一办法。

第四，模仿学习。儿童辨别是非的能力差，模仿性强，许多攻击性行为都是从父母、同伴等周围人群那里和电影电视中模仿学习而来的。如有的父母惯用打骂等粗暴的方式来教育孩子；当某些儿童看到同伴通过打人、抢夺等方式获得了更多的玩具，他也会出现类似的行为。例如，电影电视中的攻击性行为对儿童影响较大。

第五，饮食因素。有攻击倾向的儿童，在摄入过多的糖后容易发生攻击性行为。

（2）儿童多动症。儿童多动症又叫脑损伤综合征，是儿童常见的一种以注意力缺陷和活动过度为主要特征的行为障碍综合征。目前，人们对这种行为障碍较为普遍接受的全称是注意缺陷或多动障碍。多动症在学龄儿童中的发生率比学前儿童高。在学前儿童中多动症的发生率为 1.5%~2%，其中男孩多于女孩。

多动症在不同的年龄阶段有不同的表现：在婴儿时期表现为易激怒、多哭闹、睡眠差；在先学前期和学前期，表现为动作不协调，精细动作困难，行为无目的，喜欢干预每一件事，情绪易激动，有攻击行为和冲动行为，缺乏控制能力，好与人争吵；在学龄期表现为学习困难，注意力不集中或集中时间较短，不能安静听课等。部分患儿存在知觉障碍，如在临摹图画时往往分不清主体与背景的关系，不能分析图形的组合，也不能将图形中的各部分综合成一个整体。例如，部分患儿将"6"读成"9"，把"d"读成"b"，甚至分不清左和右，存在空间定位障碍。多动症形成的主要原因如下。

第一，遗传因素影响。目前，遗传因素在多动症的发生中，具有相当大的作用。对家系的调查及对双生子的研究发现，多动症儿童的血缘兄弟姐妹中，患多动症的明显高于非血缘者，达到40%以上；同卵双生子中一人得病，另一人的发病率至少在80%。

第二，轻微脑损伤。多动症儿童大脑中控制注意力和行为动作的区域，其代谢机能低于正常儿童，由此可见，儿童多动症是一种与脑代谢有关的疾病。

第三，铅中毒及食品添加剂影响。多动症儿童的血铅较正常对照组高。现已发现，轻微铅中毒病人可出现活动过多、注意力涣散的症状，而严重的铅中毒可导致中毒性脑病及痴呆。另外，食品添加剂、某些调味品及一些饮料、糖果、香肠中的成分等，也被怀疑可导致多动症，但还未找到明确的因果关系凭证。

第四，社会和家庭心理因素影响。不良的社会环境、家庭不和、经济过于贫困、住房过于拥挤、父母性格不良或有其他心理障碍、长期寄养在他人家庭且居住条件差时，均可构成多动症的诱因。

总而言之，学前儿童多动症的矫正以教育和心理治疗为主，对多动症儿童的治疗可选用行为治疗的方法。治疗时，列出儿童的主要症状，运用强化的方法，先纠正容易纠正的行为，再逐渐纠正较难纠正的行为，并由良好的行为逐渐取代不良行为。

6. 不良习惯

儿童不良习惯是指在儿童发育过程中出现的异常行为，如吸吮手指、咬指甲等，这类行为多次重复，以致难以纠正，就会成为一种缺乏控制的自动反应。

（1）吸吮手指。胎儿在母体子宫内就有了吸吮手指的行为。刚出生的婴儿，用任何物体触碰他的嘴唇，都会引起其吸吮反射。婴儿早期由于吸吮反射的存在，可能有吸吮手指的行为，这属于正常的生理现象。而到了学龄前期的儿童，仍然自主或不自主地反复吸吮手指，则视为异常。

吸吮手指的原因包括：①自我安抚的需要。研究表明，由母乳喂养的孩子吸吮手指行为的发生率较低，可能是母乳喂养的婴儿有较长的时间吸吮，孩子与母亲的充分接触可以消除其紧张焦虑而得到情感上的满足。而人工喂养的孩子吸吮时间相对短一些，未能满足口欲的需要。②由于婴儿期不适当的教养方法所致。当婴儿饥饿时，会吸吮手指，如果不能及时得到食物，他就会长时间地吸吮手指，寻求安慰。而养育者对孩子缺乏关心，没有足够的玩具或经常使其独处，不能与周围的人以及物进行交流，婴儿就会以吸吮手指自娱。

吸吮手指的预防矫正措施包括：要定时、定量、喂足、喂好婴儿，让其从小养成良好的生活和饮食习惯；要有丰富而合适的环境刺激，多提供与人交往的机会，转移其注意力。

（2）咬指甲。有些儿童经常会不由自主地用牙齿将长出的手指甲咬去，有的还咬指甲周围的表皮或足趾，有的还伴有多动、睡眠不安、吸吮手指、挖鼻孔等多种行为问题。这些问题行为，在3~6岁的幼儿中发生率较高，随着年龄增长，以上症状可自愈，但少数人养成顽习，这些行为可持续终生。

儿童咬指甲往往是内心紧张的一种表现方式。家庭不和、心情矛盾、父母管教太严、精神高度紧张等会使儿童形成强烈的心理压力，与咬指甲的习惯形成直接有关。所以，在预防矫正儿童咬指甲行为的时候，应注意改善环境，消除可引起儿童心理紧张的某些因素。

7. 性别角色错位

性别角色错位，是指个体对自身性别的认识、行为与自己本身的性解剖特点相反，也就是说男性具有女性气质及行为，女性具有男性气质及行为。

一般儿童3~4岁就可以确认自己的性别，然而有的儿童还不能正确地识别自己的性别。这样的问题，大多出现于3~7岁的儿童，而且男孩多于女孩。我们的父母则常常忽视这一类问题。发生性别角色错位的男孩，在2~3岁以后仍然爱穿女孩的衣服，喜欢妈妈的物品或是喜欢布娃娃而不喜欢玩具枪；经常喜欢与小女孩玩或喜欢整日守着妈妈，还时常模仿妈妈或女孩的言行；玩游戏也喜欢玩平和一些的游戏。而有这类问题的女孩则表现为过分粗野，喜欢参加一些打闹、玩枪、玩棒等男孩子的游戏，喜欢穿男装，不讲究穿着打扮。

导致性别角色错位的因素有两个：首先，是生理特征异常。此种情况较为少见。其次，环境、教养以及心理因素影响。一些性格偏向文静内秀的男孩，如果其母亲过分关注他，并刻意对他的衣着、美观等有较高要求，容易导致男孩向女孩气质发展。

对性别角色错位儿童的矫治主要从以下方面着手：①从小培养儿童正确的性别角色认同观。作为孩子的父母，切不可按自己的喜好来随意打扮自己的孩子。②如果仅仅因为环境教育不良而致病，那么应尽可能地改善其环境和教育方法。有生理解剖异常的，则需要积极治疗原发病。③如果问题较为严重，可采取行为疗法进行矫治，如正强化法、消退法等矫治效果较好。若是父母中有心理不健全因素者，则应同时予以矫治。

8. 感觉统合失调

感觉统合就是指机体在环境内有效利用自己的感官，从环境中获得不同感觉（视觉、听觉、味觉、嗅觉、触觉、前庭觉和本体觉等）通路的信息，将其输入大脑，大脑对输入信息进行加工处理（包括解释、比较、抑制、增强、联系、统一），并作出适应性反应的能力。这个过程是一个连续的过程，而在该过程中的某一个阶段出现问题，就会出现感觉统合失调。这些问题在孩子幼年时也许不会表现出来，到了学龄期，就会在学习能力和性格方面表现出这样那样的障碍。与其他正常孩子相比，他们玩什么东西一学就会，也能注意力集中，可是，在学习能力、人际交往能力和心理素质方面，就显得十分吃力，让家长和教师非常操心。

在普通人群中，有10%～30%的儿童存在不同程度的感觉统合失调，家长和教师应及早发现孩子的这些行为问题并及时进行心理治疗训练，否则会影响孩子的智力发育和学习能力发展，造成孩子学习基础差、心理发育迟缓和人际关系不良问题，进而使其出现厌学、逃学、撒谎等行为问题。感觉统合失调的主要表现如下：

(1) 前庭平衡功能失常。前庭平衡功能失常表现为好动不安，注意力不集中，上课不专心，爱做小动作。有这类感觉统合失调的儿童比一般的孩子更容易给家长添麻烦、惹是非，很难与其他人同乐，也很难与别人分享玩具和食物，不能考虑别人的需要。这些孩子还可能出现语言发展迟缓、说话晚、语言表达困难的症状。

(2) 视觉感不良。表现为尽可能长时间地看动画片、玩电动玩具，却无法流利地阅读，写字时偏旁部首经常颠倒，甚至不愿认字，学了就忘，不会做计算题，常抄错题等。

(3) 听觉感不良。表现为对别人的话听而无反应，丢三落四，经常忘记教师说的话和留的作业等。

(4) 动作协调不良。表现为平衡能力差，容易摔倒，不能像其他孩子那样翻滚、游泳、走平衡木、骑车、跳绳和拍球等。

(5) 本体感失调。本体感失调是指个体对于自己的身份、存在或者与周围环境的联系感到困惑、不安或不一致的状态，其表现为缺乏自信，坐立懒散，方向、距离感欠缺，手脚笨拙、精细动作困难等。

（6）触觉过分敏感。表现为紧张、孤僻、胆小内向、不合群、偏执、固执、脾气暴躁、害怕陌生的环境、吃手、咬指甲、爱哭、爱玩弄生殖器等。这些问题无疑会造成儿童学习和交往困难，因为这样的儿童尽管有正常或超常的智商，但由于大脑无法正常有效地工作，因而直接影响了其学习和运动的完成。

造成儿童感觉统合失调的原因很复杂，主要与孕育过程和出生后的抚育方式有关。例如，先兆流产、怀孕时用药或情绪处于应激状态、早产、剖宫产，出生后家长摇抱较少，尤其是没让孩子经过爬，就学会走路，孩子静坐多、活动少，过分限制孩子的活动范围等。

儿童感觉统合训练首先由心理专家测查和诊断孩子的感觉统合失调程度与智力发展水平，然后制定训练课程，通过一些特殊研制的器具，以游戏的形式让孩子参与，一般而言，经过1~3个月的训练，就可以取得显著的效果，如孩子的学习成绩、逻辑推理能力、理解能力、记忆能力、动作协调能力、人际关系、饮食和睡眠、情绪等方面均有令人满意的改善和提高。儿童的智力水平也可以得到不同程度的提高。

第三节　学前儿童体育活动的教学设计

学前儿童健康教育设计是幼儿园教师在组织健康教育活动时的一种预先筹划，是对一系列外部事件进行精心设计和安排的过程，目的是促进幼儿的内部学习。在设计学前儿童健康教育活动时，应考虑到具体的设计要素，包括对儿童的学习需要分析、学习内容分析，需要阐明健康教育活动目标，进一步分析儿童的学习风格，明确教育活动的策略，并设计如何对健康教育活动进行评价。

一、学前儿童体育活动及其设计

学前儿童体育活动有其独特性，即总是把幼儿最小量身体活动的能力与其最大限度探索式的学习相结合，从而成为幼儿不断成长、发展的重要源泉之一。在当今的社会历史背景下，人们越发清晰地意识到了学前儿童体育活动与人的健康和整体发展之间是密不可分的，因此，对于学前儿童体育教育寄予了更多的期望。学前儿童体育活动作为幼儿园整体教育中的重要组成部分，是促进幼儿全面、和谐发展的重要途径之一。学前教育工作者应懂得与体育活动相关的各种基本知识，不断提高体育文化修养，掌握幼儿身体发展的基本规律，懂得与幼儿体育活动相关的各种科学理论知识，并能在实践中有效地组织和开展各项幼儿体育活动，更好地服务于幼儿整体的发展。

学前儿童身体活动能力是建立在"人"的特性基础之上，从而不断展开和形成的过程。在人类进化的历史里，为了生存，在适应自然界环境的过程中，"人"逐步形成了自我独有的行为方式和动作模式。儿童早期身体的发展更多表现出，不断展开和完善"人"的特性的过程，通过此过程的不断练习，形成更多的身体技能，同时促进了身体的健康发展。早期儿童身体发展是促进幼儿全面发展的重要物质条件。学前儿童体育教育是学龄前儿童身体健康和正常生长发育的重要保障，是学龄前儿童获得全面发展的重要条件，也是儿童后续性学习，形成良好的个性、情感及品质的物质基础。因此，在幼儿园中，教师养护幼儿，并有目的、有计划地指导幼儿发展动作，使其掌握一定的动作技能，增强体质，从而使幼儿身心得以和谐发展，这是幼儿园体育教育的核心。

（一）幼儿园体育活动及其设计形式

幼儿园的教育服务以幼儿后继学习、终身发展，使其奠定良好素质基础为目标，以促进幼儿体、智、德、美各方面的协调发展为核心，建立对幼儿发展的合理期望，实施科学的保育以及教育，让幼儿度过快乐而有意义的童年。学前体育是生命教育的重要组成部分，更多关注幼儿各种身体活动能力的发展，是一切独立行为能力的起端，因此，在幼儿教育中以"体"为先，更表现出在此阶段幼儿身体发展的重要性。

1. 幼儿园体育活动及其任务

幼儿园体育活动是在集体中有目的、有计划、有组织地通过具体性的内容对幼儿身体进行练习的过程。在此活动过程中，幼儿更多结合幼儿园所提供的环境、材料、活动内容、师生互动及幼儿间的互动等来开展活动，因此，幼儿园体育活动的任务主要表现在以下三个方面。

（1）身体的发展。身体的发展是指依据幼儿年龄特征，系统性地促进幼儿身体的正常生长发育和机能的协调发展，提高幼儿的身体素质和运动能力，从而培养幼儿身体的正确姿势，增强幼儿体质，使其获得更好的环境适应能力及自我保护能力，得以健康发展。

（2）心理的发展。常规性、多元性、创造性体育活动的开展，可满足幼儿的心理需求，丰富幼儿的认知及经验，提高幼儿智力，培养其良好的心理品质与个性；同时使幼儿养成积极锻炼的良好生活习惯，不断提升对体育活动的兴趣，使幼儿体育活动成为其终身体育活动的起点。

（3）社会性的发展。群体性的活动能不断提高幼儿社会性适应能力，使幼儿学会在体育活动中克服自我冲动，遵守规则，与他人友好合作，形成团队意识与责任感，从而促进幼儿社会性的发展。例如，幼儿通过反复自主的练习，对皮球有了一定的了解，并能通过一定的身体技巧玩转皮球，增强了克服困难和获得成功的信心。同时，这种成就感也促使其进一步进行这方面的练习，并把获得的这种能力作为一种交际的手段。因此，体育活动对于幼儿而言，不仅存在于身体的单项发展上，而且是形成幼儿"整体"发展的重要手段。

2. 幼儿园体育活动的重要性质

幼儿园体育活动主要包括两种性质的活动方式：一种是自主性体育活动；另一种是指导性体育活动。幼儿园体育活动的具体内容如下：

（1）自主性体育活动。自主性体育活动是以幼儿为主体，建立在幼儿自我需求基础之上的一种自主、自愿、自发、自我选择的体育活动行为，是在一定情境中的自我表现。自主性体育活动，是幼儿通过体育活动自我展开和自主学习的过程，同时也反映了幼儿兴趣、能力、认知、情感需求等方面的特点。在幼儿园中，自主性体育活动比较普遍，是主要通过自我经验、幼儿园材料、环境、同伴间等方面形成的活动，是幼儿园体育教育的重要表现形式。

（2）指导性体育活动。指导性体育活动是幼儿园体育活动中显性干预的一种教育方式，是在正确评估幼儿兴趣取向及各种真实能力的基础之上，有目的地设计与选择的一种体育活动形式，是以教育者为主体或主导、组织幼儿进行体育活动的一种方式，有较为具体的目标、内容、方法、规则。指导性体育活动是幼儿学习的过程，是幼儿对某种能力的挑战，所以表现出教育者对幼儿各种能力发展的不断促进和影响。自主性体育活动和指导性体育活动之间关系密切：自主性体育活动是一切幼儿园体育教育的起点，也应是幼儿体育活动能力发展的终点。指导性体育活动的开展，应为幼儿能更好地进行自主性体育活动而服务。

3. 幼儿园体育活动的设计形式

从形式来分，幼儿园体育活动的设计形式主要包括户外体育活动、室内体育活动、早操活动、集体体育教学活动、小小运动会、远足等方面。

（1）户外体育活动。户外体育活动是指幼儿借助幼儿园的户外环境、材料、同伴、教师提供的内容以及自主形成的活动内容进行的体育活动。此类活动方式主要是建立在幼儿已有经验的基础之上，满足了幼儿的自主需求，是日常性体育活动形式之一。户外体育活动主要的组织形式包括户外区域体育活动、以班级为单位的定点户外体育活动、平行年龄段混合的自主性户外体育活动、混龄户外体育活动、以班级为单位的轮换式户外体育活动、全园循环式户外体育活动及全开放式户外体育活动等。户外体育活动主要包括：晨间体育活动和下午的户外体育活动。由于户外体育活动是建立在每名幼儿的自我能力与经验基础之上的，因此，更强调每名幼儿在户外阳光下、良好的空气里，结合自我的兴趣、爱好，不断提升自我能力。

（2）室内体育活动。室内体育活动是指教师设置一定的体育活动环境，提供相应的材料或内容，幼儿借助楼层之间、过道、楼梯及室内设施等进行的体育活动。由于楼内环境的局限，室内体育活动更多体现为有组织性和集体性。当然其中也有部分自主性的内容。室内体育活动的开展是幼儿园户外体育活动的补充。由于客观存在一些不允许幼儿在户外进行体育活动的现实问题，因此，在幼儿的体育活动中，应该增加部分室内活动内容。在开展此类活动时，教师应以安全作为首要任务，以小区域活动为主，减少快速移动的项目，多以小组的方式展开，便于教师的管理。在活动中，还应注意空气的流通，保持地面清洁，避免在灰尘中进行练习。

（3）早操活动。早操活动是一种综合性的体育活动形式，是主要表现为在教学的基础之上进行的集体性练习，以较为规范的形式为引导，且有一定的目的性要求的日常性体育活动方式。早操活动不能等同于体操活动，它是幼儿在早晨进行身体锻炼的总称，表现出内容短小、活泼、统一、日常性等特点。早操活动按人体生理机能活动变化的规律来划分，主要包括以下形式：①热身活动；②队列队形活动；③体操活动；④体能活动；⑤放松活动等。早操活动的具体内容为：①慢跑，走跑交替，慢节奏地跳跃、爬行等；②各种动作的模仿、活泼简单的舞蹈等；③有趣的集体游戏；④各种类型的基本体操活动；⑤各种有趣的队列队形活动；⑥借助器材或是人体材料进行的较大运动量的活动等。

（4）集体体育教学活动。集体体育教学活动是以教师为主导的，在幼儿能力基础之上，促进幼儿发展的有目的、有计划、有组织的体育活动形式，是强调在活动中教师能依据幼儿的需求及发展方向，有目的地帮助幼儿提高某种能力的活动，与幼儿其他形式的体育活动存在着密切关系。

（5）小小运动会。小小运动会是一种综合性的体育活动方式，是对幼儿综合能力的直接反映。其组织形式多种多样，既有以趣味为导向的体育活动形式，也有以亲子活动为导向的体育活动形式，更多表现为以幼儿园体育课程为基础的体育活动形式。小小运动会是面向全体幼儿展开的，要求内容形式简单、易操作，让每名幼儿在运动会中都能有所进步。

（6）远足。远足活动是一种多元活动方式。其中，集体纪律性是远足活动的基本要求。在活动开展过程中，应按年龄区别，不断增大距离，可以让幼儿走近大自然，在公园、植物园、儿童乐园、动物园等地方进行活动；也可以到一些主题场所，例如，博物馆、纪念馆、展览馆、烈士陵园等地方进行参观。通过远足活动不断增强幼儿在园外的集体意识，提高幼儿身体耐力和参与集体活动的热情，使幼儿不断积累认知经验。

（二）学前儿童体育活动的设计原则

1. 发展性原则

发展性原则是指在设计健康教育活动时，必须准确地把握儿童的原有基础和水平，并以此为依据着眼于儿童在身体、认知、情感以及社会性等方面的全面而整体的发展。发展性原则包括两层含义：一方面，指健康教育活动的设计应以促进儿童的发展为出发点，使教育活动建立在最近发展区的基础上；另一方面，指健康教育活动的设计以促进儿童的发展为落脚点，在教育目标的制定、教育内容与材料的选择等层面都要以有利于促进儿童的发展为依据和准则。

2. 主体性原则

健康教育活动设计的主体性原则，是指教师必须坚持和体现以儿童作为活动的主体，在活动内容的选择以及活动形式的安排等方面注重激发儿童的能动性、自主性和创造性，通过为儿童创设具有兴趣性、探索性并可使儿童自由交流和操作的环境与材料，引发儿童积极主动地与环境相互作用，以获得相应的经验，并在儿童自己发展和解决问题的过程中发展他们的能力。

（三）学前儿童体育活动的环境预设

在学前儿童健康教育中，环境作为一种"隐性课程"，在促进儿童身心和谐发展方面起着重要作用。学前儿童健康教育环境是指凡是有利于促进儿童身心发展所必须具备的一切物质条件和精神条件的总和，它是由幼儿园、家庭及社会共同组成的教育因素。

1. 健康教育环境的类型及其设计

学前儿童健康教育的环境从其组成性质来看，可以分为物质环境与精神环境，其中，物质环境又可分为室内环境与室外环境，精神环境则主要体现为幼儿园中的人际交往。

（1）物质环境的设计范畴。学前儿童健康教育的物质环境设计，首先，要创设良好的室内环境，主要包括了幼儿活动室布置，走廊楼梯设计，睡眠室、餐厅及盥洗室布置；其次，要充分利用室内的每一寸角落，潜移默化地促进幼儿丰富健康知识，形成健康习惯，培养良好健康情感以及养成健康行为；最后，室外环境的布置则要考虑幼儿园的门窗设计及外墙布置，要美化绿化环境，户外活动场地应开阔，并有具备多种功能的户外活动区域。

（2）精神环境的设计范畴。学前儿童健康教育中的精神环境，具有隐性、动态性以及复杂性的特点，其中，主要的精神环境体现为幼儿之间的交往、教师与幼儿之间的交往、幼儿与其他社会成员之间的交往。为了充分发挥精神环境在学前儿童健康教育中的作用，必须开展有效的师幼互动，在幼儿之间建立起良好的同伴关系，创设出有利于幼儿健康成长的安全自由的心理环境。

2. 学前儿童健康教育资源的选择和利用

（1）健康教育活动资源的类型。

第一，幼儿园资源。幼儿园资源指两方面：①幼儿园的人力资源，包括幼儿资源、教师资源和职工资源；②幼儿园的物质资源，如各种玩具的运用、室内外场地的布置等。

第二，家庭资源。家庭资源是指可以为幼儿园健康教育提供支持的各种经济层面、文化层面与社会层面的资源，如日用品、书籍、报纸、杂志，家长的特长、教育经验以及家长职业、人际关系等。

第三，社区资源。社区资源是指社区赖以存在和发展的物质和社会资源的总和，包括文化资源、自然资源、设施资源、人力资源，如社区文化氛围、展览馆、科技馆、少年宫、各种学校、图书馆等，小溪、湖泊、山林等，公共设施、公园、绿地、超市等，社区内可以配合幼儿园开展健康教育活动的各类人员。

第四，信息资源。信息资源是指信息技术支持下的学习环境，常见的是有关的学科知识平台，如安全知识教育平台、营养教育平台，网络环境以及以计算机为媒介的通信工具。

（2）有效利用各种资源，开展园本教育活动。

第一，健康教育需要有效挖掘幼儿园的人力资源，促进幼儿身心健康发展。幼儿园人力资源优势的发挥，受幼儿园领导、幼儿园制度、幼儿园文化三方面因素的制约。因此，健康教育活动的设计应做到：建立和谐、民主且具有开拓精神的领导群体，有利于创设良好的工作氛围，团结广大教职员工做好育人工作，避免人力资源的"内耗"；制定有利于调动幼儿教师及职工积极性的管理制度，促进教师改进工作作风，提高健康教育质量，更好地促进幼儿的发展；及时追加人力资源的教育投资，开展园本培训，及时更新教职员工和家长的教育观念，使家长具备与幼儿园教育一致的价值观，为幼儿园教育献计献策，这是充分发挥幼儿园人力资源育人潜质的根本。

第二，健康教育要合理、有效地使用幼儿园的物质资源。幼儿园的物质资源一般是指玩具、教具、图书、资料及设备等物质材料。教学要充分发挥它们的作用，避免物质资源闲置，避免材料使用功能的单一性。幼儿是在与材料、环境的相互作用中获得发展的，长期保持物质资源使用的单一性，不仅局限了教师、幼儿的思维，还使幼儿失去了许多发展的机会。教师应综合使用各种健康教育材料，开拓教师的育人思路，激发幼儿的创造灵感，发挥物质资源的最大育人成效。

第三，健康教育要广泛吸纳与利用幼儿园的信息资源。信息资源是幼儿园文化的基础，是幼儿园观念更新的情报库。幼儿园的资料室应成为幼儿园信息的窗口，不仅要及时把最新教育信息、动态介绍给教职员工，还应把最新玩具以及相关资料介绍给教师及幼儿。网络科技的发展，为幼儿园获得信息、与外界沟通提供了便捷条件，把网络引入幼儿园，把多媒体搬进活动室，能发挥信息资源的育人优势，使信息资源直接服务于教育教学第一线。幼儿园还可广开收纳信息渠道，使幼儿园成为育儿信息的交流站，促进教职员工和家长观念的更新。

第四，健康教育应有效利用各种空间资源。教学要以幼儿为主体，师生一起动手，利用空间资源全面促进幼儿的身心健康发展；应重视班级软环境的创设，营造温馨、安全的环境氛围；应使环境具有可活动性，让环境布置动起来，成为幼儿游戏的天堂，如可上下爬行的楼梯、可量身高的量身尺、可比高矮观察自己表情的大镜子；此外，还应考虑幼儿园教育空间的可延伸性，如幼儿到园外散散步，幼儿园所在的社区、家庭都应是幼儿园教育空间的一部分。

二、学前儿童体育教学活动的开展

（一）学前儿童体育活动开展的内容体系

1. 根据幼儿动作发展形成的内容体系

幼儿体育的发展在幼儿园教育阶段的主要任务是发展幼儿的基本动作能力及基本的身体素质，以促进幼儿的正常生长发育，并不断增强幼儿的体质。根据幼儿动作发展的特征，幼儿园体育活动的开展，主要针对幼儿基本动作的发展、基本动作技能的发展、基础专项运动技能的发展这三个方面展开。

幼儿的基本动作具有"人"最基本的动作特征，是由遗传因子所决定的。幼儿的基本动作主要表现在：走步、跑步、跳跃、投掷、攀、钻、爬等方面，同时这些方面也表现出人的基本活动能力。幼儿早期主要是以这些动作的不断展开和完善为主要目的。这个阶段也是基本动作发展的关键期。

基本动作技能是在基本动作的基础之上，不断发展形成的多元表现，是具有更多发展价值的动作形式，同时对于基本动作的发展和完善也起着重要的促进作用。在幼儿动作发展的一定时间内，基本动作和基本动作技能之间为并行的关系。

基础专项运动技能，主要是指幼儿园借助成人类的各种运动项目所开展的体育活动，为多种基本动作或动作技能的综合运用。同时，基础专项运动技能的发展，对于基本动作和基本动作技能的完善而言，也能起到很好的促进作用。

幼儿基本动作的发展、基本动作技能的发展以及基础专项运动技能的发展，这三者之间存在着不断发展和层层递进的关系。基本动作是最基本的能力表现；基本动作技能是通过一定练习后而形成的，在基本动作基础之上的复合能力；基础专项运动技能则是多种基本动作以及基本动作技能的综合反映。人的动作发展的三个方面也同时促进了幼儿机体能力的发展。在各种动作和技能的发展中，通过一定的身体负荷，幼儿逐渐获得力量、耐力、速度、灵敏性、柔韧性、平衡能力以及协调能力的发展，从而使身体的各种机能得以完善。

（1）走步。

第一，走步的基本知识。走步或称为行走，是人体移动位置最基本、最自然、最容易和最省力的一种运动方式。学前阶段正是走步能力发展和身体姿势形成的重要时期，同时走步也是幼儿锻炼身体的重要手段之一。幼儿经常步行或进行一定距离的行走，可以有效地增强身体各部位如肌肉、骨骼、关节和韧带的力量，发展下肢力量，提高身体的平衡能力和协调能力。走步又是一种以有氧代谢为主的身体运动，因此，非常适合学前幼儿练习。

第二，走步的特点和基本要求。走步的特点以及基本要求包括：①走步时，身体放松、自然，上体保持正直。行进中，肌肉活动必须是收缩和放松交替，张弛有度。收缩时，消耗能量，放松时补充能量，恢复活力。一张一弛，肌肉活动才能持久。②走步时，应保持合理而稳定的节奏。步幅小、步频快或忽快忽慢，都易使身体疲劳。③走步时，要符合生物力学的原理，应尽量减少身体重心的起伏及摇摆。④走步时，应适度地前后摆动两臂，一方面，可以保持身体的平衡；另一方面，则有助于步幅的增大，并能对步频进行调节。⑤走步时，落地要轻。脚跟着地后，将力量自然移至前脚掌，前脚掌着地向前，依次交替。

第三，走步练习的基本动作技能。走步练习的基本动作技能包括：①全脚掌着地走：左右平衡能力的发展。②前脚掌走：平衡能力及踝关节力量的发展。③脚跟走：前后平衡能力的发展。④交叉走：平衡能力及下肢协调能力的发展。⑤高抬腿走、半蹲走、全蹲走：大腿力量的发展。⑥后踢步走：大腿前后肌肉群力量及柔韧性的发展。⑦弹簧步走：下肢协调能力及踝关节力量的发展。⑧跨步走：大腿力量以及下肢柔韧性的发展。⑨顶脚走、后退走：平衡能力的发展。⑩侧身并步走：下肢平衡能力及协调能力的发展。⑪变向行走：身体灵敏性的发展。⑫结合上肢及躯体动作的行走：上体控制能力的发展。⑬轻轻地走：下肢控制能力的发展。⑭闭目行走：各种感知觉及方位感的发展。⑮持物走：平衡能力的发展。⑯走走停停：身体的灵敏性及控制能力的发展。⑰推拉物品走：上肢力量及协调能力的发展。⑱踩高跷走：平衡能力及协调能力的发展。⑲双人及多人协同走：身体的控制能力及协调能力的发展。

第四，各年龄段走步动作发展的主要内容。各年龄段走步动作发展的主要内容包括：①小班。在指定范围内四散走；一个跟着一个走；20米直线走；跨过一定的高度走；模仿各种动物或人物走的姿势；短途行走等。②中班。听信号有节奏地走；用脚尖走、蹲着走；高举手臂走；在物与物之间或平衡板上走；倒退步走；推拉物品走；上下坡走等。③大班。一对一整齐地走；听信号变速或变换方向走；快速走停；多人协调走；远足等。

（2）跑步。

第一，跑步的基本知识。跑步是人体移动最快的一种运动方式，是幼儿日常生活中最基本的活动技能，同时又是锻炼幼儿身体的重要手段之一。跑步时几乎全身各部位的肌肉都参与活动，同时由于存在着较大的运动负荷，对于内脏器官的调节也非常明显。学前儿童经常进行跑步运动，可以有效地增强下肢部位的肌肉力量，提高速度、灵敏性、耐力以及协调能力等身体素质。而且在快速跑的过程中，对于幼儿积累有关时间与空间的经验而言，促进时间知觉与空间知觉的发展，都有很好的帮助。

第二，跑步的特点和基本要求。跑步的特点以及基本要求包括：①跑步时，两脚有一个同时离开地面的过程，称为腾空的阶段。具有良好的腾空动作，可以加快人体位移的速度，增大步幅。此特点也是跑步区别于走步的最大特征。②跑步时，强调腿、脚的后蹬力量。只有后蹬力量越大，速度越快，向前的人体速度才可能越快。③跑步时，上体保持正直。低头、左右摆动等不良动作，都会影响跑步的速度。④跑步时，强调两臂的自然前后摆动。摆臂动作，不但使身体保持良好的平衡状态，也是调整步频以及步幅的重要手段。⑤跑步时，强调合理的呼吸配合。特别在较长距离跑时，应用鼻子呼吸，或用鼻子吸气、嘴巴呼气的方法。

第三，跑步练习的基本动作技能。跑步练习的基本动作技能包括：①追逐跑、障碍跑、变向跑、曲线跑：身体灵敏性的发展。②往返跑：身体灵敏性及耐力的发展。③后退跑、持物跑：平衡能力的发展。④后踢腿跑：大腿力量及步频的发展。⑤侧身并步跑、侧身交叉步跑：平衡能力及协调能力的发展。⑥小步跑：步频的发展。⑦高抬腿跑：大腿力量的发展。⑧协同跑：身体的控制能力的发展。

第四，各年龄段跑步动作发展的主要内容。各年龄段跑步动作发展的主要内容包括：①小班：在一定的距离内直线跑；听信号跑；在指定范围内四散跑；100米慢跑及走跑交替等。②中班：一个跟着一个跑；绕障碍跑；往返跑；在一定范围内四散追逐跑；20米快跑；接力跑；100~200米慢跑或是走跑交替等。③大班：听信号变速跑或改变方向跑；四散追逐跑，躲闪跑；快跑25米；慢跑或走跑交替200~300米；在较狭窄的小道上跑；高抬腿跑，大步跑等。

（3）跳跃。

第一，跳跃的基本知识。跳跃的内容丰富多彩，跳跃的动作具有较强的实用性。跳跃练习具有一定的挑战性，是幼儿非常喜欢的一种活动方式，同时也是生活中重要的活动技能之一。跳跃的教育对于发展儿童下肢爆发力、弹跳能力、协调能力、灵敏性、耐力等都有着很好的促进作用。

第二，跳跃练习的基本动作技能。跳跃练习的基本动作技能包括：①原地纵跳：踝关节爆发力的发展。②向前跳、侧向跳、向后跳：身体的控制能力及下肢力量的发展。③原地绕转跳：平衡能力及下肢力量的发展。④变向跳：身体的灵敏性及下肢力量的发展。⑤向下跳：缓冲能力及克服心理负荷能力的发展。⑥向上跳跃：下肢爆发力的发展。⑦单脚跳跃：平衡能力及下肢力量的发展。⑧单双脚的交换跳：协调能力及下肢力量的发展。⑨跨跳：协调能力、柔韧性及下肢力量的发展。⑩手臂支撑跳跃：上、下肢力量及全身协调能力等。

第三，立定跳远的动作分析。立定跳远是幼儿跳跃动作中具有一定难度的动作技能，主要强调幼儿全身协调能力及下肢爆发力量的发展。教师在教学中主要强调以下方面：①准备动作：上下肢的协调配合，强调双臂向前摆时，身体直立；双臂向后摆动时，双膝弯曲。②跳跃时，在上一步练习基础之上向前小跳。③在上一步的基础之上，向前全力跳跃。

第四，各年龄段跳跃动作发展的主要内容。各年龄段跳跃动作发展的主要内容包括：①小班：较长距离并双脚连续向前跳；原地纵跳的同时用手触物；双脚跨跳过一条小水沟等。②中班：原地纵跳并用手触物；立定跳远；单脚连续向前跳；双脚交替跳；单双脚交替跳；助跑跨（跳）过较远距离；由较高处往下跳等。③大班：行进向前侧跳；向前、向后、向左、向右变向跳；转身跳；双脚并跳过一定的障碍；助跑跨跳；跳绳；跳皮筋；蹦床等。

（4）投掷。

第一，投掷的基本知识。投掷是发展儿童上肢肌肉力量、身体协调能力及结合器械对投掷物进行有效控制的重要途径。各种投掷动作的练习常伴随着上肢、腰腹、背、腿部等部位以及视觉运动能力的综合运用，是幼儿喜欢的活动方式。

第二，投掷的特点和基本要求。投掷一般可以分为掷远和掷准两类。投掷的特点和基本要求包括：①掷远强调如何把投掷物尽可能地投远。这一动作强调速度和力量的结合，强调合理的动作、合理的角度，以达到最有效的投掷结果。一般采用单手肩上向前投掷的动作是最有效的方式。②掷准即要求尽可能将投掷物击中指定的目标。掷准动作不仅需要对肌肉力量有很好的控制能力，而且更需要有良好的目测能力以及对投掷物空间和时间的把握能力。③掷远与掷准在幼儿教育中不要求同时进行，因为两者的动作要领是不相同的。掷远则更强调全身大肌肉群的参与，掷准则强调手臂小肌肉群的运用。

第三，投掷练习的基本动作技能。投掷练习的基本动作技能包括：①单手肩上投掷：可采用向各个方向（向前、向后、侧向等）投掷的方法，并可结合转体动作来进行。②单手肩下投掷：向前（上、后）抛掷、向前抛滚、侧身投掷等各种方向的投掷。③双手肩上投掷：正面向前投掷、背向向后投掷等。④双手肩下投掷：向上抛掷、向前抛滚、向后抛滚。⑤双手胸前投掷：以屈臂向前投掷为主等。

第四，单手肩上投掷的动作分析。单手肩上投掷是掷远的最佳动作，是幼儿初步掌握的投掷动作技能之一。教师在教学过程中，主要强调投掷动作的四个要领：①准备动作：身体成侧向站立，一手执物于体侧，手臂稍伸直，身体重心稍倒向执物的一侧。②在投掷时，要求肘关节稍高于肩关节。③在投掷时，要求幼儿手臂成"鞭打"动作。④教师在投掷路线上合理的距离设置一定高度的物品，要求幼儿向物品方向投，并要求幼儿在投掷时采用合理角度来投。

第五，各年龄段投掷动作发展的主要内容。各年龄段投掷动作发展的主要内容包括：①小班：双手向前或向后抛掷投掷物；单手自然地向上方或向远处挥臂掷物等。②中班：肩上掷远；抛滚球击物；一定距离的掷准等。③大班：半侧向转体肩上掷远；将小物体投进目标物内；投篮；双手胸前投掷；用小圈套前方的物体；较远距离的掷准等。

（5）攀、钻、爬。

第一，攀、钻、爬的基本知识。攀、钻、爬的基本知识包括：①攀的动作能增强幼儿全身力量，尤其是手的抓握力量和下肢力量，有利于幼儿的平衡能力、灵敏性及协调能力等身体素质的发展，同时对于幼儿良好的心理品质和自信心的形成都有很大帮助。②钻的动作能增强幼儿腿部和腰背部的肌肉力量，发展幼儿动作的灵敏性、柔韧性及平衡能力等身体素质。③爬行练习是一种有趣且对身体练习非常有价值的运动方式，强调人体上下肢及躯干的协调配合。学前期幼儿力量发展较弱，但是不论哪个年龄段，爬行练习对于促进幼儿身体的全面发展显得尤为有效。主要表现在头颈部力量、四肢力量、背肌力及腹部力量的发展，可提高幼儿动作的灵敏性和协调能力，发展耐力素质等。

第二，攀、钻、爬的特点和基本要求。攀、钻、爬的特点和基本要求包括：①攀的动作主要包括攀登和攀爬。攀登更强调下肢力量的运用，如攀登楼梯，上肢更多地起到辅助作用。攀爬则强调上、下肢的协同运动，如攀爬肋木。②钻的动作主要包括正面钻和侧面钻。正面钻：此动作强调在钻障碍物时，正面向前，屈膝弯腰，头先钻过障碍物，然后是身体和腿穿过障碍物。此种方式对于空间要求较大，更多用于小班幼儿练习。侧面钻：此动作强调身体侧向钻过，一腿率先通过障碍物，然后是头和躯体通过，最后通过的是另一条腿。此种方式，可用于较小空间进行练习，更多用于中、大班幼儿练习。③爬的动作强调上肢与下肢之间各关节的相互协调配合。④攀与爬可以形成攀爬的动作，攀与钻可形成攀钻的动作，钻与爬也可形成钻爬组合动作。

第三，爬行练习的基本动作技能。爬行练习的基本动作技能包括：①手脚着地爬：运用手脚着地，完成向前、向后、侧向并步、侧身交叉、原地旋转等动作，是爬行中速度最快的一种方法，主要练习幼儿上下肢的协调能力及身体的灵敏性。②并手并膝爬：运用双手向前，再运用跪立姿势的双膝同步向前，依次交替进行，主要强调幼儿上下肢协调及腰腹力量的发展。③肘膝着地爬：肘关节与膝关节同时着地进行爬行，是爬行中速度最慢的一种方法，主要强调幼儿肩部力量的发展。④匍匐爬：身体匍匐在地面上，头部抬起，运用前臂以及腿内侧力量进行爬行，主要强调幼儿上下肢协调能力的发展。⑤仰身手（肩）脚着地爬：面朝上，双手或双肩着地，身体悬空，双脚着地进行爬行，主要强调幼儿肩部力量、上下肢的协调能力及腰腹部力量的发展。

第四，各年龄段攀、钻、爬动作发展的主要内容。各年龄段攀、钻、爬动作发展的主要内容包括：①小班：攀登肋木；攀登较低的攀登设备；正面钻、钻过小山洞、钻爬过低矮障碍物、倒退爬等。②中班：在各种类型的攀登设备上自由攀登和攀爬；钻过长长的小山洞、侧面钻、猴子爬、肘膝着地爬等。③大班：在攀登设备上完成各种手的交替、脚的交替等动作，攀登滑梯的斜坡，攀爬竹竿、绳索，在各种障碍物下灵活地运用各种钻的动作、各种爬行的动作来攀爬。

2. 根据体育活动的类型形成的内容体系

幼儿园体育活动的类型多种多样，既有来自幼儿身体发展所必需的内容，也有更多文化传承性的内容，以满足各种能力的发展。幼儿园体育活动主要有以下类型。

（1）感知运动类体育活动：以发展幼儿多种感知觉（听觉、视觉、触觉等）为目的的体育活动。

（2）由基本动作形成的体育活动：以发展幼儿基本动作（走、跑、跳、投、攀、钻、爬等）及动作技能为目的的体育活动。

（3）由基本身体素质形成的体育活动：以发展幼儿身体机能（力量、耐力、平衡能力、灵敏性、柔韧性、速度、协调能力等）为目的的体育活动。

（4）由各种运动器材形成的体育活动。由各种运动器材而形成的体育活动，主要包括：①从器材的大小分：大型器材类体育活动，轻器材类体育活动。②从器材的功能分：单一功能器材的体育活动，一物多玩的体育活动。③从器材的复合性分：某单一器材的体育活动，多种器材复合进行的体育活动。④从器材的可变性分：不可变形器材的体育活动，可变形器材的体育活动。⑤从器材的成品性分：自制器材的体育活动，成品器材体育活动。

（5）身体技巧性体育活动。身体技巧性体育活动主要包括身体技巧运动，如下肢技巧运动，手指、手腕、手臂和全身的技巧运动，是以大脑神经发展为主导的体育活动。

（6）民间传统体育活动及民族体育活动。民间传统体育活动及民族体育活动是指以优秀民族文化为传承的体育类活动，具有极强的文化属性和文化传递特点。

（7）由专项运动技能活动形成的体育活动。由专项运动技能活动形成的体育活动是以某种专项运动技能为基础的体育活动，是结合幼儿可接受的趣味性为手段的活动方式，旨在使幼儿获得对某种运动技能的理解和专项运动的基础能力。例如，足球、篮球、气排球、曲棍球、高尔夫球、门球、木球、轮滑、中华武术、体育舞蹈、运动体操、跆拳道等。

（8）拓展性体育活动。拓展性体育活动是指对幼儿的心理承受能力，即心理负荷进行练习的相关体育活动内容。其目的是希望幼儿通过体育运动获得较强的心理素质，是培养幼儿勇敢、坚定的意志品质的途径之一。

3. 根据体育活动的价值取向形成的内容体系

幼儿园体育活动是以身体发展为核心的，但作为重要的教育平台，幼儿园体育活动的开展存在着多元目标取向。根据教育目标达成将其分成以下主要内容。

（1）以身体发展为导向的体育活动：幼儿园体育活动以关注幼儿身体的发展为核心，主要包括身体体能的活动、基本动作及动作技能发展的体育活动及基础专项运动技能的发展的体育活动等。

（2）以兴趣满足为导向的体育活动：此类体育活动主要强调幼儿通过身体的活动，以获得心理的平衡和满足。在此类活动中，要求幼儿已有能力和经验占主导地位，通过各种手段的运用，使幼儿获得运动的快乐。

（3）以健康心理发展为导向的体育活动：该类体育活动又称为行为心理教育活动，此类体育活动主要强调幼儿在集体体育活动中，通过身体的体验和感受，能减轻心理负荷，使自身在意志力、自我情绪控制、果敢性等方面得以发展。

（4）以运动安全能力为导向的体育活动：此类体育活动又称为行为安全体育活动，旨在提高幼儿在生活、运动中形成安全行为意识及规避危险的能力，例如，运动安全技能的发展等。

（5）以社会性规范为导向的体育活动：此类体育活动主要强调幼儿在集体体育活动中，能遵从集体的需要，与教师及其他幼儿间形成良好的互动关系。它能保障各种集体教育活动的基本能力如组织纪律活动、队列队形活动、器材归整等能力的发展。

（6）以探究性为导向的体育活动：此类教学活动是指由教师发起或幼儿自身发起的体育活动。幼儿以个体或小组形式参与其中，进行深层次的探索活动，表现出对某种相对陌生内容或事物的认知，从而形成多元思维及多元动作表现形式的活动方式。例如，一物多玩、体育科学、主题动作多元表现等。

（7）以生活常识为导向的体育活动：此类教学活动目的是在体育活动中，帮助幼儿习得一系列与生活相关的生活常识（如穿衣、穿鞋、叠被等）。

（8）以运动欣赏为导向的体育活动：此类体育活动旨在引导幼儿通过视频，了解各种运动项目，获得一定的运动知识和对体育美的欣赏能力。在内容的选择上，可以是高水平运动、比赛项目，也可以是幼儿自身在运动中的一些视频等。

（二）学前儿童体育活动的指导与组织

1. 幼儿园体育活动的指导原则和规律

（1）幼儿园体育活动的指导原则。

第一，循序渐进原则。循序渐进原则是指在幼儿园体育活动中，应根据幼儿年龄的特征合理安排活动内容、方法和运动量等。不论是从幼儿整体发展水平来看，还是从每一次体育活动的安排来看，都需要遵循此原则。活动都是由易到难、由简到繁、运动量由小到大逐步提高的过程。同时，幼儿认知、动作技能的获得，生理机能的变化，活动组织的方法等方面也应循序渐进，让幼儿逐步在各种经验、能力发展和身体适应性的基础之上，提升自身素质。

第二，多感官综合运用原则。幼儿园体育活动对于幼儿感知觉能力的发展起着重要作用，同时各种感官的共同参与对于幼儿更好地掌握动作、提高理解能力、提升运动兴趣而言，都有着较大的作用。在活动中，应让幼儿多运用视觉、听觉、触觉、肌肉感觉等与思维相结合，从而更加高效地理解活动的内容，更易获得直观的经验，更能激发活动热情。

第三，合理运动量原则。合理运动量的要求在幼儿体育活动中显得尤为重要。由于幼儿时期自我机体感知能力较弱，当运动量较小时，无法达到锻炼的目的；运动量过大，则会对幼儿的身体造成伤害。因此，在体育活动中对于时间、强度、次数等的安排要求更为合理。在活动中，应多关注幼儿身体的各种变化，进行及时的调整。教师可通过观察幼儿的情绪、出汗量、呼吸、面色及疲劳程度来了解幼儿身体的变化。

(2) 幼儿园体育活动的规律。

第一，人体生理机能活动能力的变化规律。在幼儿体育活动过程中，机体功能活动能力的变化与人体有关器官系统的功能是密切相关的。在体育活动中，幼儿生理机能活动能力可以发生一系列变化，这种变化是有一定规律的。当人体开始运动时，身体由惰性状态逐步上升，这一过程称为逐步上升阶段。在一段时间内，人体机能活动的能力稳定并保持最高水平，此阶段称为稳定阶段。人体机能活动到一定程度就会产生疲劳，身体机能活动能力下降，这个阶段称为下降和恢复阶段。儿童机能活动能力的特点一般是上升时间短而快，最高阶段持续时间较短，承担急剧变化负荷的能力较低。根据这一规律，在体育活动中，上升阶段一般要求幼儿在生理及心理方面做好积极的准备，以适应后面强度较大的活动；平稳阶段一般在体育活动的主体部分，要求运动量较大时，此过程中应安排好幼儿休整的时间；下降阶段一般在体育活动的结束部分，要求多帮助幼儿进行积极的放松训练，以尽快恢复平静。不论哪种形式的体育活动，都需要教师遵循这一活动规律，以帮助幼儿科学地进行锻炼。

第二，动作技能的形成规律。幼儿在进行动作技能学习与发展的过程中由初步了解到初步掌握再到最后的灵活运用，有着较为统一的规律，教师在发展幼儿某种动作技能及专项基础技能时，应遵循此规律，将其内化为幼儿的运动能力。粗略掌握动作的阶段，即"泛化"阶段。动作表现：动作僵硬、紧张，不协调、不准确，控制能力差。粗略掌握动作的阶段应帮助幼儿形成初步的概念。此阶段表现出完成动作时，主要依靠视觉表象来控制和调节动作的特点。改进和提高动作的阶段，即"分化"阶段。动作表现：紧张动作及多余动作减少，能较顺利、较正确地完成动作。在此阶段逐步形成完整的动作概念，应进行重复性练习，使动作得以巩固。改进和提高动作的阶段主要表现出视觉表象的依赖减少、动作间的连续性增强的特点。动作的巩固和运用自如阶段，即"自动化"阶段。改进和提高动作的阶段主要表现出幼儿思维需求减少、动作肌肉记忆增强、视觉依赖进一步减少的特点，可结合其他相关内容进行综合运用。

2. 幼儿园体育活动的指导方法

幼儿体育活动中，教师的指导方法直接决定着活动开展的效果。教师应根据不同的情况采用不同的教学方式。体育活动中教师的指导方法主要包括两大类：①传授知识的方法，主要包括情境创设法、讲授法、谈话法、演示法、讲练法、讨论法等；②掌握动作技能的方法，主要包括直观示范法、完整练法、分解法、练习法、口令指示法、材料指示法、路径指示法、肢体语言指导法、辅助练习法、暗示法、游戏法、竞赛法、纠错法等。在掌握各种教学方法的同时，幼儿园教师应着重关注以下教法：

（1）情境创设法：是幼儿园体育活动中最常用的一种教学方法。在幼儿时期，幼儿更多表现出通过象征性的活动来获得对事物的认知，因此总能对此方面表现出浓厚兴趣。教师可通过对一定事件的形象化描述，用一定环境、材料模拟出特定的场景，使得幼儿获得大量生动形象的具体表象。此过程中幼儿以想象为基础，以事件发展为途径，以替代的身份为手段，从而获得积极的心理体验，使体育活动得以有效开展。

（2）直观示范法：是幼儿园体育活动中教师采取的最主要教学手段，是最生动最直观的教学方法。通过有效动作的示范，使幼儿直接获得相关动作要领及方法。由于幼儿表现为模仿能力强，因此，大量的体育活动是由教师参与并带领幼儿进行的。教师在示范中应注意动作准确、优美，节奏变化有序，示范与讲解相结合，同时要注意选择合适的位置和方向。

直观示范时主要选择四种示范方向：①正面示范：是指教师面向小朋友做示范动作，动作方向与幼儿方向相反，这种示范主要用于幼儿较熟知的动作训练中；②正向镜面示范：是指教师面向幼儿，动作方向与幼儿方向相同，是学前教师运用最多的示范方式；③侧面示范：教师选择幼儿侧面进行示范的方法，多用于前后部位动作的展示；④背面示范：是指教师背向幼儿进行动作的示范，在幼儿体育活动中也是常用的方法之一，主要用于大肌肉运动的示范。

（3）讲授法：通过形象生动的语言向幼儿传授动作技巧、规则、组织方法等。幼儿教师在运用讲授法时，需要注意，讲解的语言应通俗易懂，少而精，语言生动有趣，能结合肢体语言进行讲解。在户外开放性场地上，这种讲授法能更好地吸引幼儿的注意力。

3. 幼儿体育活动的队形与组织方法

在户外集体体育活动中，有序组织幼儿进行集体体育活动，是保障活动顺利开展的一个必要条件。队列队形活动是所有集体性、组织性活动内容的基础，每名幼儿园教师都应掌握这方面的相关知识，以提高组织的有效性，同时对于幼儿身体姿势的发展有更多的指导性。

（1）教师组织中的基本队列口令。集合、解散、立正、稍息、向前看齐、原地踏步走、向左（右、后）转、便步走、齐步走、跑步走、左（右）转弯走、立定、蹲下、坐下、起立等。预令——口令的前半部分，使听口令者注意并准备做动作的命令叫预令。动令——口令的后半部分，使听口令者立即做动作的命令叫动令。

（2）队列队形练习的基本术语。①列：左右并列成一条线。②路：前后重叠成一行。③翼：队形的左右两端，右端为右翼，左端为左翼。④正面：队列中幼儿所面向的一面。⑤后面：与正面相反的一面。⑥间隔：队形中个体彼此之间左右相隔的间隙。⑦距离：队形中个体彼此之间前后相距的间隙。⑧横队：个体彼此之间左右并列组成的队形。在横队中，队形的宽度大于队形的纵深。⑨纵队：个人或成队前后叠组而成的队形。在纵队中，队形的纵深大于队形的宽度。⑩排头：位于横队右翼或纵队之首的幼儿（一个或数个）。⑪排尾：位于横队左翼或纵队之尾的幼儿（一个或数个）。⑫步幅：步的长度（前脚脚跟至后脚脚尖的距离）。⑬步频：每分钟所走的步数。

（3）幼儿教师基本口令的要求。①口令清楚，声音洪亮、富有节奏。②预令与动令之间的时间稍长，给幼儿足够的反应时间。③动令要短促，声音洪亮。④教师在喊口令的时候，多结合肢体动作来进行指挥。⑤在进行有方位变化的队列队形练习时，教师要提前到达幼儿所需到达的方位面，面向幼儿，再喊口令。⑥幼儿在完成队列队形的练习中，只要节奏允许，教师就应该要求幼儿在统一完成动作的过程中，喊"一二一"口令，进行有节奏的回复，以达到整体动作的统一和协调。

（4）幼儿园体育活动中基本队形的组织方法。

第一，平行横向站位。横向站位，是以横队的方式进行的，方法主要包括集中平行站位、等距间隔平行站位、平行对应站位、平行间隔错位站位等。平行横向站位是幼儿园中最常见的组织方式之一，多用于中班及大班中。

第二，纵向站位。纵向站位，是以纵队的方式进行的，方法主要包括集中纵向站位、等距间隔纵向站位、分段对应纵向站位、分段纵向站位等。纵向站位也是幼儿园中最常见的组织方式之一。

4. 幼儿园体育活动中的组织方式

（1）集体平行式组织方式：在幼儿园体育活动中集体平行式的组织方式运用较多，主要用于小班及中班阶段。在进行此类活动的组织时，幼儿以较松散的队形，或以某一较为简单的队形一起做着相同内容的练习，更多表现为全体幼儿跟随着教师进行某些动作的模仿。

（2）自由选择式组织方式：此组织方式，强调幼儿在教师设置的内容中，根据自己的能力，自由选择活动的内容。此组织方式是以能力发展为导向的，在幼儿能够达成的能力与可能达成的能力之间进行多项设计，幼儿通过自主选择与练习，不断促进某种能力的发展。自由选择式组织方式主要用于中、大班中。

（3）轮换式组织方式：轮换式组织方式多种多样，既可以是组与组之间进行不同内容的轮换，也可以是同组内幼儿依次形成的轮换。此类活动主要针对运动负荷较大或是需要两人以及多人配合进行的体育活动，多用于中、大班中。

（三）学前儿童体育活动开展的实践

1. 幼儿园体育游戏的开展

幼儿园各种体育活动的开展都是以体育游戏为基本形式的。体育游戏是幼儿最喜欢的活动方式，此形式具有多元发展的价值，既可满足幼儿的心理需求，同时也可提高其生物内驱力。在幼儿园教育中，体育游戏是幼儿园综合教育平台中重要的组成部分。学前儿童体育游戏是一种以幼儿的年龄特点为基础、以服务幼儿身体发展为核心、以幼儿可接受的游戏方式为手段的内容丰富、形式多样的活动形式。

（1）幼儿园体育游戏的分类。幼儿园所开展的体育活动都能成为幼儿体育游戏的内容，除此之外还可依据其他不同的标准，分成的类型包括：①按游戏的对象分，可分为小班、中班、大班体育游戏；②按组织的方式分，可分为个体、两人及三人、小组、集体体育游戏等；③按运动量的大小分，可分为小运动量、中等运动量、大运动量、超大运动量的体育游戏等；④按基本动作的类型分，可以分为走步、跑步、跳跃、投掷、攀、钻、爬等体育游戏；⑤按身体素质的类型分，可分为力量型、耐力型、柔韧型、灵敏型、平衡能力型、协调能力型等体育游戏；⑥按有无器材辅助分，可分为有器材、无器材的体育游戏；⑦按器材的性质分，可分为成品器材、自制器材的体育游戏；⑧按器材的组合方式分，可分为单一器材、复合式器材的体育游戏；⑨按文化属性分，可分为民间、民族、现代、创造性体育游戏；⑩按游戏的性质分，可分为表现型、主题型、探索型、规则型体育游戏。

体育游戏的编写主要包括以下内容。

第一，体育游戏的名称。游戏的名称是游戏内容主体的直接反映。在编创幼儿园体育游戏名称时，名称应简短、明确、生动有趣，符合幼儿的经验与认知水平。

第二，体育游戏的对象。体育游戏的对象是指合适年龄段的儿童，游戏必须符合幼儿的能力及经验发展需要。教师需要对幼儿整体有着清晰的认识，合理确定游戏的对象，才能使游戏的目的具有有效性。

第三，体育游戏的目的。体育游戏的目的是游戏的起点以及终点，体育游戏有了明确的目的性，才能使游戏的内容、规则、组织形式等方面得以具体化。它是游戏编写的核心内容。由于体育游戏的多功能性，身体的发展和情感的发展应作为其核心内容，社会性、思维能力、认知水平等方面也可成为目的。

第四，体育游戏的准备。体育游戏的准备主要包括场地、主体材料、辅助材料、能力基础、情境创设准备等方面的内容，既反映了游戏的特征，又符合幼儿的年龄特点。

第五，体育游戏的方法及图示。在编写体育游戏时主要涉及组织方法及操作方法。组织方法强调集体的队形、场地的规划、路线的长短、材料的设置等方面。在编写时，应加以图示进行说明，图示能进一步细化游戏的过程，帮助设计者完善游戏的设计思路。操作方法是指对游戏进行中幼儿的玩法，以分步骤的方式递进编写，要求有清晰的条理性。

第六，体育游戏的规则。体育游戏的规则是保障游戏顺利进行的必要条件。幼儿体育游戏规则必须符合幼儿的理解力，一般情况下，游戏的规则都很简单。当游戏规则较复杂时，教师可采用分步骤的方式，不断完善规则内容，使幼儿能够由浅入深，逐步理解相关规则内容。

第七，体育游戏的建议。体育游戏的建议主要针对游戏编创完成后可能存在的游戏内或外的相关问题。游戏内的建议更多针对游戏操作的过程、组织者在组织游戏过程中应注意的事项；游戏外的建议可针对游戏各个部分的再创造提出新的想法。

（2）幼儿园体育游戏操作要求。

第一，体育游戏应满足快乐的要求。快乐在体育游戏中是最重要的表现之一，是幼儿情绪、情感的宣泄和获得，是幼儿自我需求的表现。在体育游戏中教师应按照幼儿生理以及心理发展需要，不要过多脱离游戏中的核心内容，或打断幼儿的游戏，即应保证幼儿游戏质量。同时在游戏中，应始终以幼儿的需求为重点，在情况允许下，保证游戏规则的灵活性。在游戏过程及评价中，教师应多给予幼儿肯定，不要因出现差错而对幼儿进行负面评价。

第二，体育游戏应基于自愿的要求。在集体体育游戏中，往往会出现个别幼儿不接受或不愿意参与的情况。除特殊情况外，应从这些幼儿的角度出发，认可幼儿的自我选择，不应强迫其参与到游戏中来。应该允许幼儿在教师的视野内进行自由活动，以最大限度地体现游戏的内涵。

第三，体育游戏对教师多重角色的要求。在集体体育游戏中，教师应根据情况不断调整自我的角色。当游戏需要引领时，教师应多以示范者的角色为主；当游戏需要互动时，教师应以互补角色为主；当游戏需要调节时，教师应以管理者的角色为主；当游戏需要幼儿自我表现时，教师可以选择跟随者的角色等。这样能保证游戏高质量地完成。

第四，体育游戏对合理情境设置的要求。在幼儿时期，对于各种象征性事物、生活化的事物表现出浓厚的兴趣，体育游戏中教师应多运用各种合理情境，使幼儿的身体活动与想象思维相结合，更加激发幼儿对体育游戏的热情。

第五，体育游戏应加强保护与辅助的要求。体育游戏存在着开放性的特点，内容本身及组织的方法常常存在着一定的挑战性，教师应根据具体的情况及不同幼儿可能存在的问题，对幼儿进行合理的保护及辅助，使幼儿在相对安全的情况下，获得能力的发展。

第六，体育游戏应注意合理运动量的要求。体育游戏是以身体发展为核心目的，同时又是幼儿喜欢的身体活动方式。在开展活动的过程中，教师应密切关注幼儿的运动量。运动量太小，无法满足幼儿身体的自我需要；运动量太大，则极易对幼儿身体造成伤害。教师应注意对活动时间的控制，让幼儿更多在有氧状态下进行体育游戏。

第七，体育游戏以服务全体幼儿为目的要求。在幼儿园由教师组织进行的集体性体育游戏，是针对每个幼儿而开设的。因此，教师在选择体育游戏内容或创设体育游戏时，应考虑到此体育游戏是否能让每名幼儿更多地参与其中，而不是作为游戏的等待者或旁观者的角色。

第八，体育游戏强调精神奖励、不强调物质奖励的要求。游戏可满足幼儿身体与情感的需求，这是体育游戏价值的最大体现。游戏来源于情感，更需要教师在评价中回归于情感，不应把情感的需要转换成物质的需要。

2. 学前儿童基本体操的开展

学前儿童基本体操是幼儿园日常性的体育活动内容之一，多用于早操活动之中，也常进行单独的操作。根据幼儿的年龄和身心发育特点，幼儿基本体操存在着明显的年龄特征及目的取向。儿童基本体操是通过幼儿肢体的运动，运用基本体操的动作，借助丰富形式，以提高幼儿基本活动能力、发展幼儿身体姿势、锻炼幼儿身体、促进幼儿机体协调发展的一种简便、易于普及的体育活动。

（1）学前儿童基本体操的主要类型。学前儿童基本体操就其内容和表现形式来看，主要包括徒手体操和器械体操两大方面。幼儿园基本体操中，徒手体操和器械体操所占比例相当大。

第一，幼儿徒手体操。徒手体操是基本体操的内容之一，一般而言，可以分成一般性徒手体操、模仿体操、拍手体操、韵律体操、武术体操、健身健美体操等。幼儿园体操主要以模仿体操和韵律体操为主，其他形式的徒手体操也占一定的比例。模仿体操主要是借助幼儿生活之中，熟悉的各种相关事物，结合肢体进行练习，这是幼儿喜爱的内容之一。模仿的内容例如，动物类、植物类、生活行为类、人物类、交通工具类、自然现象类、各种故事情节与歌曲类等。此种类型更强调各类模仿内容的针对性，使模仿的内容服务于幼儿各关节的运动，以促进幼儿身体的全面发展。韵律体操则是强调以优美的音乐为背景，以幼儿可接受的舞蹈动作作为手段，针对幼儿身体进行练习的形式。由于音乐种类较多，因此，可选择的内容形式也是多种多样的。

第二，幼儿器械体操。幼儿器械体操主要包括轻器械体操和辅助器械体操两类。轻器械体操是指幼儿手持较轻器械练习的一种基本体操形式。轻器械体操所用器械主要来自成品材料、自制材料等。在选择轻器械材料时，应注意材料本身的安全，其体积、重量、长短及美观方面都要符合幼儿的年龄特点及基本体操的要求。辅助器械体操所用的器械（如踏板、椅子、垫子、皮筋、轮胎、工具箱、海绵垫等）是放于地面之上的，不用手来操作。

（2）学前儿童基本体操的编排方法。

第一，编排的动作程序。幼儿基本体操动作的编排，是由若干节内容组成的，每节内容都有针对性，从而使幼儿全身各个部位都能得到较为均衡的发展。编排时一般是由身体的局部练习再到全身的练习，由较小运动量逐步过渡到较大运动量，由身体的远端再到近端。因此，一般程序主要为：头颈部动作—上肢或四肢伸展动作—扩胸动作—下肢动作—腰部动作—全身动作—跳跃动作—整理放松动作。

第二，编排的内容要求。在编排幼儿基本体操内容时，必须符合幼儿可操作的能力，因此要求动作简单、易学，同时应具有生动、活泼、节奏鲜明、动作优美等特点，使幼儿在愉快的氛围中得以锻炼身体。编排的主要目的是促进幼儿正确身体姿势的形成，并具有锻炼身体的价值。

第三，节奏控制的方法。幼儿体操的主题不同，其节奏的控制方法也有多种选择方式。以音乐为背景进行节奏的控制是最常用的方法，在此过程中主要依托音乐的词意或音乐的旋律进行内容的编排。以儿歌为背景控制节奏的体操在中、小班运用较多。除此之外，借助各种古诗、现代诗、有节奏的故事、各种材料发出的声音、基本口令、幼儿的声音或掌声等也能成为节奏控制的方法。控制幼儿体操节奏需要各种有趣的方式共同参与，一方面，可提高幼儿参与集体活动的兴趣；另一方面，借助幼儿体操的形式可使幼儿获得更多能力的发展。

（3）各关节基本动作。

第一，头颈部动作。颈前屈、颈（左、右）侧屈、颈后屈、颈（左、右）侧转、向左（右）颈绕及绕环、颈前伸等。

第二，上肢动作。平举（侧平举、前平举）、上举、斜上举、斜下举、屈臂（胸前平屈、肩侧屈、头后屈）、两臂绕及绕环、肩绕及绕环、振臂、摆臂等。

第三，躯干动作。上体前倾、上体前屈、体（左、右）侧屈、体后屈、体绕及绕环、转体等。

第四，下肢动作。蹲（全蹲、半蹲）、举腿（前、后、侧）、踢（前、侧、后）、各种步法（弓步、弓箭步、虚步、马步、仆步等）、踝关节的屈伸及跳跃等。

（4）幼儿体操的编写内容。幼儿体操的编写内容包括：①体操活动的名称；②操作的对象以及人数；③节奏控制的相关方法；④体操练习的总体时间；⑤队列队形的安排；⑥体操所需材料；⑦具体步骤：每节体操的名称、每节体操的组数及拍数、预备动作、每拍动作、后几组动作是否要重复；⑧编创人。

3. 幼儿园集体体育教学活动的开展

（1）幼儿园集体体育教学活动的组织方式。幼儿园集体体育教学活动依据不同年龄段的年龄特点，在小班中，一般安排20分钟左右；中班一般安排25分钟左右；大班则提高到30分钟左右。集体体育教学活动按人体生理机能活动能力变化的规律来划分，大体可以分为：开始部分（或称为准备部分）、基本部分、结束部分（或称为放松部分）三个固定结构。

第一，开始部分。开始部分的主要任务是能快速地把幼儿组织起来，从生理及心理两方面，使幼儿做好集体教学活动需要的准备。不论是肌肉、关节、机体器官系统，还是情绪控制等，都能进入合理的工作状态。开始部分占一次集体教学活动总时间的10%~20%。主要活动内容包括整队、队列，各种形式的热身操、舞蹈，小运动量进行走、跑、爬练习，小游戏等，使幼儿的身体得以较好地舒展，以中小运动量为主。进行热身活动时身体的准备工作包括一般性准备和专门性准备。一般性准备主要是指幼儿全身各关节不分侧重进行的准备活动；专门性准备则强调准备内容与活动内容衔接好，为基本部分的主体内容而服务。在进行热身活动准备时一般将以上两者结合进行。

第二，基本部分。基本部分的主要任务是完成本次活动的主要内容和教学任务。在教学中一般采用多层次递进的方式进行总设计，要求从简到繁、从易到难、从小运动量到大运动量、从分到合等，使幼儿能逐步完成目标任务。基本部分占一次集体教学活动总时间的70%~80%。主要内容包括基本动作、基本动作技能及基础专项技能训练等。

第三，结束部分。结束部分的主要任务是有目的地使幼儿身心得以放松，使幼儿尽快恢复到相对安静的状态。结束部分占一次集体教学活动总时间的10%左右。主要内容包括小游戏，舞蹈，按摩，情绪及呼吸的调整，小运动量进行走、跑、跳，集体归放器材等。此部分以小运动量的活动为主。

以上三个阶段虽各有不同的任务，但总体来说是一个整体，是自然的延伸和发展。在不同年龄段的教学活动中，应针对不同年龄段幼儿的年龄特点，进行合理安排。

（2）幼儿园集体体育教学活动的操作。

第一，教学内容的选择。幼儿园集体体育教学活动的内容更多服务于幼儿身体的发展，同时作为幼儿教育的重要平台之一，集体体育教学活动也存在着多元价值取向，例如，幼儿的心理教育、创新思维、安全行为、科学素养、音乐舞蹈等都可能成为体育教学活动的重要组成部分，因此，可选择的内容也是非常广泛的。但在幼儿园集体体育教学活动中，最主要的任务是帮助幼儿不断完善基本的动作及基本的动作技能。

第二，以游戏作为教学的重要手段。幼儿的年龄特点，决定了幼儿园集体体育教学活动必须体现游戏性的特点。体育游戏作为体育教学活动开展的基本形式，提高了幼儿在教学活动中的融入性，使幼儿在生理及心理方面都得到积极调适，这样才能满足幼儿健康成长的需要。

第三，集体体育教学活动的准备。集体体育教学活动的准备主要包括教学目标的准备、幼儿经验的准备、场地的准备、材料的准备、组织方法的准备、教法的准备等。在进行相关准备时不断完善该次教学活动，使教学得以有序进行。

第四，集体体育教学活动对运动密度和强度的要求。集体体育教学活动中对于运动密度和运动强度有着较为严格的规定，从而使体育教学活动真正服务于幼儿的身体发展需要。运动密度是指一次教学活动中一名幼儿活动的总时间与教学活动的总时间之比。运动强度主要是指单位时间内的生理负荷量。运动强度大的内容，要求运动密度要减少；反之，运动密度应提高。运动密度和运动强度决定了运动量的大小。幼儿集体体育教学活动一般要求一次活动教学课运动密度达50%~70%，运动强度应该达130~150次/分钟的平均心率，以符合幼儿的生理需要。

第五，幼儿园集体体育教学活动教案的编写。在编写教案过程中，应注意三个基本环节固定不变。在基本部分，要求说明每个环节的层次划分、内容、操作方法、学法，同时应说明每个环节操作的时间及次数，在组织方法上要求以图示的方式追加说明，使教师更加明确操作中的细节问题。

第四节　学前儿童健康教育的评价体系

评价渗透于人类生活的各个方面，几乎与人类的历史一样悠长，人们无时无刻不在评价，也无时无刻被他人或自己评价着。从词义来理解，评价就是评定事物的价值，英文中的"evaluate"（评价）是从"value"加上前缀"e"变化而来的，"value"指价值，前缀有"引出""出自"之意，那么，"evaluate"就具有了引出价值的含义。由此可见，中英文的评价均有评定和判断事物价值的含义，反映"评价"一词的本质属性就是进行价值判断。

评价是评价主体对评价客体进行价值判断的过程，也就是对"有用与无用""适宜与否""好坏"等方面的判断。判断就需要标准，评价标准的实质就是评价主体所把握的、理解的价值主体的需要，价值判断的过程就是评价者，以这种需要为尺度衡量价值客体意义的过程。例如，当人们饥饿时，食物是富有价值的，其满足人们食欲的程度越高，价值就越大。在健康教育中，我们要判断学前儿童健康教育的开展过程及质量，就需要评价主体（可以是管理者、教师或者家长）对幼儿园健康教育的各个方面进行评价。

对于教育评价的界定而言，有许多不同的表述。首先，教育评价是对教育活动满足社会与个体需要的程度进行判断的过程，是对教育活动现实的价值进行判断，以期达到教育价值增值的活动。该界定对教育评价的本质进行了说明，说明教育评价就是对教育活动是否满足人们的需要以及满足的程度进行价值判断。其次，可以从教育评价的过程和活动性质进行界定，指出教育评价是根据一定的教育价值观或教育目标，运用可操作的科学手段，系统收集信息和资料，分析和整理资料，对教育活动、过程和结果进行价值判断，从而为不断自我完善和教育决策提供依据的过程。在此界定中，我们可以了解教育评价的基本过程：教育目标（教育价值观）—用科学的手段收集分析资料—判断教育活动的价值—提升教育和相关政策水平。

学前儿童健康教育评价的界定相对比较清晰。学前儿童健康教育评价，就是对学前儿童健康教育活动，满足社会与个体需要的程度进行判断的过程，需要根据学前儿童健康教育目标，通过观察、问卷等多种方法对学前儿童健康教育的各个方面进行资料收集、处理，并作出价值判断，旨在提高学前儿童健康教育和相关政策的水平。理解学前儿童健康教育评价，应注意以下方面：第一，学前儿童健康教育评价是评定以及判断学前儿童健康教育价值的过程，主要判断学前儿童健康教育，是否可通过教育促进学前儿童健康及其促进程度；第二，学前儿童健康教育评价需要用评价标准来进行相应价值判断，评价标准具有相对性和开放性；第三，学前儿童健康教育评价需要通过观察、问卷等客观的方法，收集能够反映学前儿童健康教育水平的丰富资料，因而具有客观性，但同时需要评价者通过这些资料进行价值判断，因而又具有主观性，反映了人的需要、动机和价值判断标准；第四，学前儿童健康评价是为了完善学前儿童健康教育课程，提高学前儿童健康教育水平。教育评价是幼儿园教育工作的有机组成部分。教师应自觉地运用评价手段，了解教育的适宜性，调整、改进工作，以提高教育质量。

一、学前儿童健康教育评价的目的

学前儿童健康教育评价的目的是评估和监测学前儿童在健康教育方面的学习成果和发展情况。这种评价旨在提供对学前儿童健康教育计划的有效性和质量进行评估的信息，以便制定改进策略和提供更好的支持。以下是学前儿童健康教育评价的主要目的。

（一）评估教育目标的达成程度

学前儿童健康教育评价的首要目的是评估学前儿童是否达到了既定的教育目标。通过评估学前儿童在健康知识、技能和态度方面的掌握情况，可以确定他们是否已经获得了所期望的健康教育成果。

（二）提供个体发展情况的反馈

学前儿童健康教育评价的另一个目的是为个体提供关于他们自身发展情况的反馈。评价结果可以帮助教育者和家长了解每个儿童在健康教育方面的强项和需改进之处，从而为个性化的支持和指导提供基础。

（三）评估教育方案的有效性

学前儿童健康教育评价还用于评估教育方案的有效性。通过比较教育计划前后的评估结果，可以确定教育方案对学前儿童的影响和效果。这有助于改进教育方案，加强其对学前儿童健康发展的促进作用。

（四）指导决策和政策制定

学前儿童健康教育评价还可以为教育决策和政策制定提供依据。评估结果可以提供对学前儿童健康教育现状的了解，指导决策者和政策制定者制定相关政策和投入资源，以提升学前儿童健康教育的质量和影响力。

（五）提供教育改进的指导

通过评价学前儿童健康教育的效果，可以发现教育过程中存在的问题和不足之处。评价结果可以为教育者提供有针对性的反馈和建议，以便他们改进和调整教学方法、内容和策略，从而提升教育的质量和效果。

（六）促进专业发展和知识更新

学前儿童健康教育评价可以为教育者提供一个反思和学习的机会。评价结果可以帮助教育者了解自己的教学效果，并鼓励他们进行专业发展和知识更新，以不断提升自身的教育水平和能力。

（七）为学前儿童健康政策提供支持

学前儿童健康教育评价结果可以为相关的政策制定和实施提供支持。评价数据和信息可以作为政策制定者制定健康教育政策、课程标准和指导方针的依据，以确保学前儿童的健康需求得到充分重视和满足。

（八）考查学前儿童健康教育的效果

学前儿童健康教育具有明确的目的性。目的是否达到、目标是否实现是教育教学特别关注的问题。学前儿童健康教育评价可以帮助我们考查健康教育的效果，判断教育目标的实现程度。

（九）完善学前儿童健康教育的课程体系

学前儿童健康教育课程包括健康教育的环境、健康教育的各项活动等多方面。通过健康教育评价，既可以诊断健康教育课程中存在的问题，也可以发现学前儿童健康教育课程的优势和特色，发挥评价的诊断功能、调节功能和改进功能，不断完善学前儿童健康教育的课程体系。

（十）发展学前儿童健康教育的特色课程

健康教育是学前教育中最基础的首要的教育领域，为许多幼儿园所重视。幼教工作者在实践中也摸索出了很多行之有效的健康教育方法和经验。如何使这些方法和经验成为可以不断传承推广的经验体系，建构自己幼儿园的健康教育课程，这既要以课程的思路去整合自己的园本经验，从健康教育的课程目标、课程内容、课程实施去架构自己的园本特色课程，还要通过学前儿童健康教育评价的环节，发现园本课程中存在的问题，在不断发现、解决问题的过程中，逐渐建立自己的健康教育特色课程体系。

二、学前儿童健康教育评价的类型

评价类型决定着收集资料的方法和评价的方法，从评价作用和时间进程上来划分，主要分为以下三种评价类型。

第一，诊断性评价。在某种课程或教育计划开始之前，对教育或者课程的观念、体系、问题和效果等做出的评价称为诊断性评价。诊断性评价是选择、制定学前儿童健康教育课程或教育计划的基础。例如，有数种学前健康教育课程，为了能够选出一种最科学、适宜的课程，我们可以在实施前对这些课程进行诊断性评价。

第二，形成性评价。形成性评价又称过程评价，是在课程计划或是实施过程中，所作出的动态评价，具有行动研究的属性，其作用在于诊断完善课程。

第三，总结性评价。总结性评价又称终结性评价，是对课程或者教育效果所作出的评价，主要判断课程或教育的效果和成功程度。

总而言之，学前儿童健康教育评价的意义：督导幼儿园学前健康教育的过程，检验学前儿童健康教育的效果，规范幼儿园健康教育的管理，发现幼儿园健康教育的问题，促进幼儿园健康教育的改革，为相关部门制定政策、作出决策提供依据。

三、学前儿童健康教育评价的原则

（一）方向性原则

方向性原则是学前儿童健康教育评价的根本性原则。评价的目的是对学前儿童健康教育进行价值判断，没有对学前儿童健康的深刻理解，没有对学前儿童健康教育目标的通透把握，往往会使学前儿童健康教育评价失去正确的方向。因此，在进行学前儿童健康教育评价时，一定要坚持方向性原则。坚持方向性原则，首先，要有正确的健康观、健康教育评价观；其次，要对学前儿童健康教育的目标有充分的把握和理解，在评价过程当中，始终坚持正确的目标和方向，不会被评价中的各种细枝末节所左右。

（二）全面性原则

评价不能顾此失彼、以偏概全。所以，在坚持全面性原则的时候，要注意三个"全面"，即全面地确定评价指标和标准；全面地收集数据和评价资料；全面地判断健康教育的成效、问题。例如，在评价幼儿健康习惯时，不仅要了解幼儿在幼儿园中的表现，还要明晰幼儿在家中的表现，才能对其健康行为习惯是否养成进行客观的评价。

（三）实效性原则

评价是个系统工程，涉及面比较宽，如果不讲究实效，往往会浪费大量的人力、物力和时间。评价是为了改进教育教学方法，为了达到教育目的，必须以尽可能少的评价投入，获得更多评价成果。在坚持实效性原则时，要做到：①评价前要有充分的准备，对目标、内容、指标、标准、评价者、可能出现的问题及解决方案、评价的步骤等进行深思熟虑，并形成评价计划；②在评价过程中，分工合作，把握重点，高效实施评价计划；③对收集到的丰富的评价资料进行归类整理，形成价值判断，明确学前儿童健康教育之中存在的问题和未来发展方向；④有效运用评价结果改善教育教学效果。

（四）可行性原则

评价是对教师工作效果的评估，对改进教育教学质量是非常重要的环节。但是，评价同时又是一个任务艰巨、专业性很强的工作。正因为如此，很多幼儿园做而不评，或者只是经验性地进行简单评价，达不到评价的效果。所以，在评价过程当中，必须坚持可行性原则。在坚持可行性原则时，需要做到：首先，评价指标全面、科学、关键，尽可能以少的评价指标获得全面的评价信息，这样可以节省人力、物力和时间。其次，评价标准要有一致性，要与健康教育的相关政策相一致；要在实践过程中保持标准一致；要根据自己的实际情况确定评价内容和评价的深度、广度，如果人力、物力和专业性都比较到位，就可以进行全面深入的评价，否则，就要选择自己力所能及的评价内容和评价深度。

（五）过程性原则

评价是一个过程，并不是最终的结果，每次评价都希望推进整个教育教学的过程向更好的方向努力，而不是过早定性。因此，在坚持过程性原则的时候，首先，要以发展的眼光看待评价的结果，充分利用评价结果改进教育教学；其次，评价不是一个一蹴而就的过程，需要连续不断地多次评价，评价应该作为一个常规工作。

四、学前儿童健康教育评价的模式

（一）目标评价模式

目标评价模式围绕"目标"进行。目标是评价的起点和终点，是目标模式的核心。评价的目的就是发现实际结果与预期目标之间的差距，进而改进完善课程。目标评价可分为七个步骤。下面以学前儿童健康教育为例，说明这一评价过程。

第一，确定教育目标或课程目标，即确定学前儿童健康教育的总体目标和年龄阶段目标。

第二，以具体行为以及具体内容的方式阐述每一个目标，即将目标转化为可操作性的目标，如可以双手抓杠悬空吊起 10 秒左右。这些具体的行为目标，既便于实施教学，也便于评价。

第三，确定使用目标的情景。目标只有在具体的情景中，才能够体现出它的具体内容、目标指向和目标特点，如可以单脚连续向前跳 5 米左右。

第四，确定情景呈现的方式。在具体的教学和课程实施中，我们要明确目标情景用怎样的方式来呈现，如发展幼儿连续跳的能力时，应该设计哪些游戏和情景让幼儿在游戏中主动实现这些目标。

第五，确定获取信息的记录方式。确定评价资料的收集与处理方法，如用测试法了解幼儿动作发展水平是否达到目标要求。

第六，确定如何赋分。我们要确定评价所使用的计分方法、计分单位和计分形式，还要确定在赋分过程中的权重问题。

第七，确定获取样本的手段。评价必须采取抽取样本的方法，对样本进行评价，推测样本整体情况。所以，必须说明通过哪些样本进行评价。例如，抽取一个年龄阶段的一些集体教学活动，评价某幼儿园学前儿童健康教育的基本状况。

（二）目的游离评价模式

目的游离评价模式是针对目标评价模式的弊端而提出的。目标模式只关注预期结果的实现与否，不关心教育过程中的意外收获，因而，应该进行目的游离评价，评价教育中的非预期效应。由此，评价的重点从评价课程（教育）预期结果，转向评价课程（教育）的实际结果。尽管在编制课程时需要制定课程目标，但是，课程目标不应是评价的准则。评价者需要对课程实施的实际结果进行全面评价，既评价预期目标，也评价非预期结果；既评价积极结果，也评价消极结果。只有这样，才能对课程（教育）做出准确、全面的判断。

（三）CIPP 评价模式

CIPP 评价模式的倡导者是斯塔弗尔比姆。在 CIPP 评价模式的认知中，评价不应仅仅考察目标是否达成，而要为课程决策提供有价值的丰富信息。CIPP 评价模式包括背景评价（context evaluation）、输入评价（input evaluation）、过程评价（process evaluation）、成果评价（product evaluation）四种评价，CIPP 就是这四种评价的英文单词的第一个字母所组成的缩写词。

CIPP 模式收集材料的四个步骤包括：①背景评价：确定课程实施机构的背景和需要，明确评价对象及其需要，确定满足需要的机会，诊断需要的基本问题，判断目标是否已反映了这些需要。②输入评价：包括对课程的材料、方法、程序、设备、人员、环境等加以分析，判断其可行性，帮助决策者选择达到目标的最佳手段，对各种可供选择的课程计划进行评价。③过程评价：首先是课程开展前的过程评价，即对课程计划和设计的实施过程进行考察，提出可能存在的问题；其次是对课程实施的实际过程进行观察评价和检查，及时发现存在的问题。④成果评价：对课程实施的结果进行测量、解释和评判。总而言之，CIPP 评价模式可以考虑到影响课程（教育）计划的各种因素，能够比较客观、全面、具体地把握课程设计和实施的具体情况，是一个比较全面具体的评价模式。

（四）外观评价模式

斯塔克提出的外观评价模式强调对被评事物进行全面详尽的描述和判断，认为描述与判断相结合才能完成对课程的全面完整评价。进行外观性评价应从三个方面收集评价材料：前提因素、过程因素和结果因素。前提因素是指教学之前已存在的、可能与结果有因果关系的各种因素或条件；过程因素是指教学过程中师生之间的活动、互动和相互关系；结果因素是指课程（教育）实施的效果。在评价时，需要对上述三个方面的材料进行描述与评判，既要描述和评判预期的目标、内容和标准，也要描述和评判实际情况。外观评价模式需要在整个课程实施过程中，进行观察和收集资料，既要检查教学结果，也要注重描述和评判在教学过程中出现的各种动态情况。

（五）应答性评价模式

应答性评价模式其实就是评价的具体步骤和方法。应答性评价模式的提出者斯塔克指出，评价应该包括12个步骤。下面以幼儿园安全教育的评价为例，来说明应答性评价模式的具体内容。

第一步，要确定安全教育的评价范围。安全教育不是安全工作，幼儿园安全工作的范围比较广，包括环境的安全检查、安全意识、安全措施等，而要检查幼儿园安全教育效果，主要围绕安全教育来进行，评价的范围应该是安全教育的目标、内容、实施和效果等。

第二步，了解评价活动就是对整个安全教育评价了然于胸，把握这种评价的主要特点。

第三步，确定安全教育评价的目的和重点。例如，评价的目的是提高幼儿园安全教育水平，发现安全教育的问题，对事不对人，针对幼儿园的实际情况，确定幼儿园安全教育的重点。

第四步，形成议题和问题。评价人员要分析、讨论、研究安全教育评价各个环节的可能问题和应然要求，列表说明主要评价的问题。

第五步，确定所需的资料。根据评价需要确定所需的资料。

第六步，选择观察者、判断者和评价工具。主要确定采用什么工具，由谁来收集评价资料，谁来进行判断等问题。

第七步，观察幼儿园安全教育的前提因素、过程因素和结果因素，收集各种相关资料。

第八步，理论总结。对收集来的资料进行描述和个案研究，从中试图发现规律。

第九步，检查评价的有效性。让不同的人对评价结果进行检查和判断，了解其有效性。

第十步，对评价结果进行分类整理，供园长或教师筛选组合。

第十一步，准备正式报告。根据幼儿园的需要收集信息，准备报告。

第十二步，与幼儿园安全教育的相关各方进行交流交谈，通过交谈、沟通，了解和激发各类人员的兴趣，以对幼儿园安全教育的现状、问题及对策进行最好的评价。

由此可见，应答性评价不是评价者的评价，而是评价者与参与各方的协商和不断应答讨论，目的不在于形成结论，而在于如何更好地改进教育方式或者课程内容。这种思路对我们的启发是很大的。

（六）其他评价模式

1. 差距评价模式

差距评价模式主要关注课程或者教育应该达到标准（应然）与实际达到标准（实然）间的差距。也就是说，差距评价模式主要考察教育或者课程中的应然与实然的差距，而后找到出现差距的原因和解决的办法。

2. 自然式探究评价模式

自然式探究评价模式强调用自然观察的方法、用描述的方法进行评价，不用固定的方法，注重从事实归纳理论、个案分析，重视缄默的、不言而喻的知识，是建立在现象学、解释学、日常语言分析哲学，以及符号互动等理论基础之上的评价模式。

总而言之，上述多种评价模式侧重点虽各不相同，却有如下共性：①评价的目的是改进工作；②评价是一个动态推进的过程，需要充分收集评价对象的相关信息和证据；③评价是一个进行价值判断并进行取舍的过程，旨在发现现实与理想或目标之间的差距。

五、学前儿童健康教育评价的内容

（一）学前儿童健康制度评价

幼儿园健康制度是健康教育的制度保证，既会直接影响保教人员的健康教育活动，也会间接地影响幼儿健康行为的养成。制度评价包括对生活作息制度、健康检查制度、膳食调查和营养评价制度、常见疾病管理制度、传染病管理制度、体弱儿健康管理制度、日常消毒制度和安全制度等各项健康制度的评价。

（二）学前儿童健康教育课程评价

如果以课程的视角来看待学前儿童健康教育，学前儿童健康教育课程就是为实现学前儿童健康教育的目标，帮助幼儿获得有益的健康教育学习经验所组织的各种健康教育活动以及创设的各种环境。因此，评价的范围就非常广，既有对环境的评价，也有对各种活动的评价。环境的评价要考察幼儿园的室内外环境是否有利于对幼儿进行健康教育，例如，是否有利于幼儿卫生习惯的养成，在盥洗室，盥洗台的高度、洗手液的方便易用性、水龙头的适用性和美观度等物理环境等，它们都会影响幼儿洗手习惯的培养。盥洗的墙面上有没有正确洗手的提示，则会影响幼儿洗手能力的发展。由此可见，学前儿童健康教育的环境评价也是不可或缺的。

总而言之，学前儿童健康教育活动的评价包括对区域活动中的健康教育评价、专门组织的健康教育集体活动评价、生活活动中的健康教育评价、健康教育家园共育评价等。

（三）学前儿童健康教育效果评价

学前儿童健康教育的效果如何，往往是人们最为感兴趣的话题，因而也成为学前儿童健康教育评价的重要内容。然而，如何评价学前儿童健康教育的效果却不是一个容易的问题。健康教育的效果可以从环境和课程去考察，但更重要的，是从幼儿健康水平和健康行为的养成去评价。健康水平包括生长发育状况、营养状况、患病率、心理健康水平、社会适应能力、运动能力和动作水平等，健康行为包括健康行为习惯、生活自理能力、自我保护能力等。换言之，学前儿童健康水平，尤其是学前儿童的健康行为，这是学前儿童健康教育效果评价的重点。

六、学前儿童健康教育评价的主体与客体

评价的主体和客体是一对相互依存的存在。评价主体就是评价者，评价客体就是被评价者或是被评价的事物。在学前儿童健康教育评价中，先要确定评价客体，也就是评价哪些的问题。选择评价健康教育环境、活动还是评价幼儿的健康行为，或是全面评价，这都是确定评价客体的过程。评价客体的选择是根据评价目的而定的。确定了评价客体，就可以选择评价主体，即评价者了。评价与管理和保教工作相比，评价既是引领性的工作，更是一项考量专业性的活动。如果将评价工作交给并不十分专业的人员完成，不仅会浪费人力、物力，还可能误判误导，带来不必要的矛盾。所以，选择评价者的主要依据就是评价者的能力和专业水平。例如，评价学前儿童的健康行为，必须由对学前儿童健康行为的指标、标准、评价方法等方面比较熟悉的人员来评价，方可较好地完成任务，如果仅凭经验进行评价，就会顾此失彼、误导误判。

在确定评价主体和客体的同时，也必须处理好两者的关系。处理得好就是对立统一的存在。处理得不好，就会带来很多矛盾和问题，例如，同事关系紧张甚至师幼关系紧张。所以，必须明确评价的主体、客体及两者之间的关系。应该说，管理者往往是学前儿童健康教育评价的主体，他们制订评价计划，收集可以反映保教人员健康教育水平和问题的各种资料，最后还要对保教人员的健康教育水平进行评价，并敦促相关工作人员进行相应的改变。但是，如果这一过程只是管理者的单方行为，往往收效甚微。而要提高健康教育评价的实效，真正实现发展课程、了解效果等评价目的，必须在评价过程中与保教人员密切合作。

另外，双方必须先达成这样的共识：学前儿童健康教育评价不是对幼儿或者对教师进行评级打分，而是为了促进幼儿健康行为的发展，改进教育教学质量，发展自己的课程体系。参与各方既是评价的主体，同时也是评价的客体，既要接受评价，也要评价自己的工

作、他人的工作和幼儿的健康行为发展、健康教育课程等。而后，将规范细致的自评与他评结合起来作出客观的评价，敢于甚至乐于发现问题，并不断改进工作。在此过程中，参与各方都是评价的主人，目的是改进工作。

对于幼儿而言，他们也不是被动的评价客体。他们的健康水平尤其是健康行为习惯反映了健康教育的效果，他们对健康教育环境、活动及教师教育行为的反应是他们作出的"行为评价"。例如，在人们认知中，一套方法对培养幼儿良好的饮食习惯很有用，但在实际教育中，幼儿对这套方法不感兴趣，更不积极主动，那么，这种教育方法的有效性和适用性就值得怀疑。所以，幼儿既是评价的客体，同时也是评价的主体，他们不是用语言和观点来评价，而是在用自己的行为表达自己的观点。我们可以通过对幼儿行为的解读来判断健康教育的效果和状态。

七、学前儿童健康教育评价的指标与标准

人们对标准和指标的理解各不相同，本书中的评价指标是指学前儿童健康教育评价应从哪些方面进行评价，解决的是评价哪些的问题。评价标准是在各项指标上分别应该达到怎样的水平和程度。评价标准是对评价指标的进一步明确，具有不同的程度要求，根据这些不同的要求，可以确定优、良、中、差等级别。

（一）学前儿童健康教育评价的指标

指标必须具有关键性，是能够反映学前儿童健康教育总体情况的关键指标。指标应具有不同的级别水平，如一级指标、二级指标等。选择关键指标要根据自己的评价重点进行选择。例如，若要全面评价学前儿童健康教育的状况，应该把学前儿童健康教育的目标、内容、实施、评价、效果等确定为一级指标，再根据不同的一级指标确定二级指标，例如，评价学前儿童健康教育的效果，可以将学前儿童的身体发育、心理发展、健康行为习惯等作为二级指标。另外，指标的选择要注意选择全面、关键、具体的指标。

（二）学前儿童健康教育评价的标准

确定指标之后，就可以开始为各项指标确定标准。所谓标准，就是衡量指标的尺度。标准在评价中起到了至关重要的作用。首先，标准具有导向作用，可以为学前儿童健康教育提供基本的导向，强化正确行为，纠正不良行为；其次，标准具有鉴定作用，可根据评价发现优点与不足，对自己或他人的健康教育工作及效果进行评价；最后，标准具有规范作用，通过标准进行评价避免了经验之谈和随意性，可以提高评价的科学性和规范性。

八、学前儿童健康教育评价的具体步骤

（一）设计评价计划

1. 明确评价目的

评价目的即系统评价所要解决的问题和所能发挥的作用。通过评价想达到哪些目的，是为了检验制度、了解学前儿童健康教育的效果，还是想完善学前儿童健康教育课程，这是评价的起点和终点，必须先明确。

2. 确定评价内容、指标与标准

明确评价目的之后，就要确定评价内容、指标和标准。如果希望了解学前儿童健康教育的效果，学前儿童健康水平以及健康行为就是主要的评价内容。衡量学前儿童健康水平和健康行为，可以利用直接指标和间接指标。直接指标就是通过健康教育直接产生的效果，如健康教育制度、健康教育课程尤其是学前儿童的健康行为；间接指标就是通过健康教育规范学前儿童的健康行为而后获得的身体素质和健康水平的提升。健康水平和身体素质就是间接指标。当然，健康水平的提升与多个因素有关，如幼儿园的营养、保健防病等，健康教育并非唯一的因素，而是重要因素之一。标准的制定比较复杂，可以是比较精确的标准，如身高、体重等可以量化的指标，更多的指标只能采用等级标准，有相应的评分标准，如"优""良""中""差"。

3. 确定评价方法

确定评价的方法主要包括收集资料的方法和具体的评价方法。评价学前儿童的健康行为，需要用问卷法了解学前儿童的健康态度、行为和习惯，用访谈法了解这些行为习惯的行为表现，用观察法验证或修正所获得的发现。为了能够客观地进行评价，要同时向其他教师、家长了解儿童在幼儿园和家庭中的健康行为。选择具体的评价方法，可以在目标评价、目的游离评价、应答评价或其他评价方法中选择，根据评价的目的可以选择诊断评价、过程评价或者结果评价。

4. 制定评价实施步骤

为了使计划有条不紊地进行，提高评价工作的效率，必须制定评价的步骤。从人员的组成到评价工具的选择；从资料的收集到资料的分析再到价值判断得出结论，都要进行周密的布置，并且落实到位。

（二）收集整理评价资料

1. 收集评价资料

根据评价计划，进行具体的资料收集。在收集资料的过程中，态度要认真、负责、客观，收集的技术要运用娴熟，应根据实际情况灵活调整，认真完成资料收集任务。例如，在观察幼儿的健康行为时，一定要用观察量表，客观全面地记录幼儿健康行为的各种表现。

2. 分析评价资料

收集的资料非常丰富，但如果没有分析整理，就难以发挥资料的价值。资料的分析有定量、定性两种方法。对于身高、体重、血红素水平这样的定量资料而言，应用统计分析的方法发现规律和问题；对幼儿健康行为这样的资料，就需要对照标准进行等级评价，然后发现规律和问题。针对健康教育课程实施情况，也要制定相应的标准，对教师行为、内容安排、实施效果进行等级评价或者定性评价。

（三）利用评价资料

1. 形成评价结论

形成评价结论是评价的目的所在，也是评价的关键问题。如何从资料的分析中得出客观、专业的评价结论是一个非常考验评价能力和专业水平的环节。评价结论的形成是以目标为出发点，以评价收集的资料信息为依据，在资料的分析基础上进行归纳综合，找出表层问题和深层问题，从中发现规律和找出不足的过程。

2. 应用评价结果改进工作

评价是为了改进，良好的评价机制，可以为后续的教育工作奠定坚实的基础。如何充分利用评价信息改进工作是评价的根本目的所在。所以在评价的最后一个环节，应该提出具体的改进建议。

第六章 学前儿童社会教育与教学发展

第一节 学前儿童社会教育体系的探索

"注重幼儿园社会教育是20世纪我国幼儿教育的新特点,也将成为21世纪我国幼儿教育的一项重要目标。"① 新学期伊始,幼儿进入幼儿园之后,开始了新的群体生活。适应新的环境,遵守班级规则,与同伴交往是幼儿进入新的群体后必须面对的问题。为此,明确学前期是儿童社会性发展的关键期,根据学前儿童的社会性发展特点,确定社会教育的目标,选择适当的教育内容,遵循科学的原则,通过有效的途径与方法来组织与指导,就应成为每个教师必须了解的内容。

人类个体在其一生发展的过程中具有两种属性,即生物属性与社会属性。生物属性是保存和维持人的有机体生命成长的属性,例如,维持机体成长的饮食、睡眠、运动、排泄,等等。人类个体的发展是从"自然人"走向"社会人"的过程,仅仅具备生物属性是不能满足个体发展的。社会属性是指个体在与他人和环境相互作用中产生的社会认知、情绪情感、人际关系、行为习惯等方面的变化。由于社会属性的发展,儿童才由出生时的自然人逐渐变成适应社会生活环境、参与社会生活、掌握社会规范、履行社会角色,能与周围人正常交流、互动,并以自己独特个性对社会产生影响的社会人。

一、学前儿童社会教育的意义

学前儿童社会教育的界定会因为人们对社会教育基本事实与价值认识的差异而有所不同。幼儿社会教育是教育者按照社会价值取向,通过多种途径,不断向幼儿施加多方面的教育影响,使其逐渐适应社会环境的过程。学前儿童社会教育主要是对幼儿进行社会认知、社会情感、社会行为方面的教育,具体是指帮助幼儿正确地认识自己、他人以及社会(社会环境、社会活动、社会规范、社会文化),形成积极的自然情感以及社会情感,掌握与同伴、成人相互交往以及与周围环境相互作用的方式,以便使幼儿能有效地在社会中生存和发展的教育。

---

① 滕少卿. 关于学前儿童社会教育教学分析 [J]. 赤子, 2015 (2): 207.

学前儿童社会教育是以儿童的社会生活事务及相关的人文社会知识为基本内容，以社会及人类文明的积极价值为引导，在尊重儿童生活、遵循儿童社会性发展的规律与特点的基础上，由教育者通过多种途径，创设有教育意义的环境和活动，陶冶儿童心灵，培育具有良好社会理解力、社会情感、品德与行动能力的完整、健康的儿童。

学前儿童社会教育能够促进幼儿社会性朝着积极的、健康的、和谐的方向发展的，一切外在的、有组织的、有目的的教育活动，统称为幼儿社会教育。学前儿童社会教育是一种在成人引导和良好环境陶冶下，以发展幼儿的个性和社会性为目标，以增进幼儿的社会认知、激发幼儿的社会情感、培养幼儿亲社会行为为主要内容的建构活动。幼儿社会教育注重的是幼儿基本的生活态度和能力的培养，让幼儿在生活中学会协商、合作、轮流、分享、表达等交往技能。学前儿童社会教育是指在成人的引导下，为促进幼儿社会性发展，在成人的引导下，以增进幼儿的社会认知、激发幼儿的社会情感、培养幼儿亲社会行为为主要内容的教育活动。

幼儿个体从自然人向社会人转化的整个过程，也是其社会性发展的过程，学前儿童社会教育起着至关重要的作用。学前儿童社会教育要在幼儿身心特点的基础上，促进幼儿个人成长，同时，还要将幼儿培养成适应社会需要的人。具体而言，学前儿童社会教育对幼儿个体发展与社会文化的发展都有着促进意义。

（一）对幼儿个体发展的意义

幼儿社会领域的学习与发展过程，就是其社会性不断完善并奠定健全人格基础的过程。人际交往和社会适应是幼儿社会学习的主要内容，也是其社会性发展的基本途径，幼儿在与成人、同伴交往的过程中，不仅学习如何反思，还会习得与成人、同伴的交往能力，不断发展适应社会生活的能力。良好的社会教育，对幼儿身心健康和其他各方面都产生重要影响。

第一，高质量的社会教育有助于幼儿自我意识的发展。自我意识是对自己身心活动的觉察，即自己对自己的认识，包括自己的生理状况、心理特征以及自己与他人关系的认识。良好的自我意识在幼儿日常生活中有着极其重要的意义，开展相关自我意识的社会教育活动，能够让幼儿知道自己的身体特征、自己的爱好、自己的优缺点、自己的情绪情感体验，这些有利于形成幼儿自信、乐观的健康心态，也会形成积极的自我概念。

第二，高质量的社会教育有助于幼儿交往能力的提升。幼儿的交往是指幼儿与成人及同伴，在生活中学会表达自己的愿望、了解别人的情绪，学会沟通，相互理解。学前儿童社会教育中有关人际交往的内容，能让幼儿学习与人交往的方法，掌握最初的交往技能，逐渐知道分享、谦让、合作等行为会得到同伴的认同，而争抢、喊叫、无理取闹等行为是不受欢迎的。同时，在交往能力培养中，也有利于幼儿克服以自我为中心的行为，促进了幼儿语言、社会认知的发展。

第三，高质量的社会教育有助于幼儿适应社会生活。适应能力是幼儿应对外界社会的基础能力。从自然人转化为社会人是人类个体必经的过程，幼儿只有习得所在社会群体的价值观和行为方式，才可以成为社会中合格的一员，幼儿良好的适应能力是其习得社会群体价值观和行为方式的重要支持条件。良好的社会教育会让幼儿获得适应群体生活的能力、适应社会规范的要求，从而应对社会生活。

（二）对社会发展的意义

教育是保存和传递社会文化的有效手段。社会中的文化、文明的保存都要通过受过良好教育的社会群体来实现。高质量的学前儿童社会教育，能够让幼儿习得社会角色、社会交往与社会规范，能够培养出更加适合这个社会发展的成员。儿童是社会的未来，是具有潜力的种子，良好的社会教育对幼儿产生着重要影响，间接对社会的发展起到促进作用。

具体而言，一方面，为社会输送更加适宜、优秀的合格公民。例如，教育在于使年轻一代系统社会化，使幼儿的身体、智力和道德状况都得到发展，以适应整个社会对儿童发展的要求，从而成为合格的公民，为国家和社会承担相应的责任和义务；另一方面，对社会经济发展、社会文化传递起到重要作用。由于各个教育阶段产生的社会效益在减少、个人收益在增加，这也就意味着，作为人生奠基阶段的学前教育，相对于其他阶段教育所产生的社会效益是最为可观的。同时，社会文化的传承有赖于优秀的个体与群体，学前儿童社会教育，能够帮助幼儿形成正确的社会认知、社会规范与交往能力，能够将社会文化保存与延续下去。

二、学前儿童社会教育的目标

（一）学前儿童社会教育目标的确立依据

1. 儿童身心发展的规律

学前儿童社会教育的落足点在于促进幼儿健康发展，社会教育目标的制定，必须考虑幼儿的需求以及发展，尤其需要关注幼儿的认知发展、社会性发展、情感萌芽和个性形成规律，诸多要素关乎着幼儿社会教育的目标能否落到实处。

例如，在幼儿认知发展层面，儿童思维方式的变化，是从直观行动思维到具体形象思维以及抽象逻辑思维，学龄前的儿童在2~3岁主要是直观行动思维方式，3~6岁主要是具体形象思维方式，儿童的学习主要依靠动作、直观的形象等方式，如果此时提供给儿童的学习环境主要以语言、概念等抽象形式为主，没有动作、直观形象加以辅助，那么儿童是不能够有效地进行学习的。又如，幼儿的情绪变化。新生儿已有明显的情绪反应，刚刚出生的婴儿会因为外在环境的变化（气温、噪声、空气等），产生悲伤等情绪而哭泣，随着年龄增长，幼儿的情绪反应主要从生理需要的满足，逐步过渡到社会性需要的满足，孩子会因为同伴争吵、教师批评等产生消极情绪，也会因为同伴接纳、教师表扬而产生积极情绪。总而言之，幼儿身心发展特点为幼儿社会领域目标的确定提供前提基础。

2. 社会发展的要求

幼儿生活在社会中，必定会受到社会环境的熏陶。婴幼儿从最初依靠条件反射到后天依靠学习，逐渐成为一个能有效参与社会的主体，除了自身主动与社会外界环境的互动，还会在这个过程中受到社会的影响。不同的社会发展时期，由于外界生存环境和社会发展不同，对幼儿个体素质有着不同的需求。如果我们缺乏对社会发展的明确定位，盲目地对幼儿进行社会教育，会导致儿童不能适应未来的生活。由此，学前儿童社会教育目标的确定、内容的选择必须考虑社会的需求。当今社会是快速发展的社会，对个体的合作交往、社会适应能力有着更高的要求。人们需要进行心理上、生理上以及行为上的各种适应性的改变，才能应对社会的快速变迁。由此，学前儿童社会教育中需要关注幼儿社会生活适应能力以及人际交往能力的培养，使得幼儿在未来生活中能够根据外界的变化调整自己，能够接受新情境中的社会规范，融入多变的社会交往，适应多元的社会氛围。

3. 国家政策的导向

学前儿童社会教育目标的确定与学前教育相关政策的规定密切相关，并且会受其影响。诸多政策是国家学前教育发展与改革的指向性规定，代表着最为科学、专业、全面的学前教育改革取向。学前儿童社会教育作为学前教育内容的重要组成部分，必然要遵循政策的相关规定，密切关注政策的价值导向与规定要求。幼儿园教育是基础教育的重要组成部分，是我国学校教育和终身教育的奠基阶段。幼儿园教育应尊重幼儿的人格和权利，尊重幼儿身心发展的规律和学习特点，以游戏为基本活动，保教并重，关注个别差异，促进每个幼儿富有个性的发展。

（二）学前儿童社会教育目标的整体结构

1. 学前儿童社会教育的总目标

学前儿童社会教育的总目标，体现在幼儿园的相关政策文本之中。总体目标为学前儿童社会教育提供了正确的价值导向与影响，提供了方向性的引领。例如，有些总目标对社会教育目标的表述与要求侧重教育的角度，而有些总目标，则更为关注从儿童学习的视角来阐述与分析幼儿社会教育的目标，这都对幼儿园社会教育的具体实施有着重要的引领作用。

2. 学前儿童社会教育的阶段目标

学前儿童社会教育的阶段目标在学前儿童社会教育总目标的指导下，对3~6岁每个阶段的幼儿社会教育提出不同层次的要求，是对教育总目标的具体化。阶段目标的确定能够帮助我们细化总目标，并能更好地掌握学前儿童的年龄特点，为具体的社会活动设计提供依据。

3. 学前儿童社会教育活动目标

在学前儿童社会教育目标体系中，教育活动目标是最具体的，它是根据学前儿童社会教育总目标和年龄阶段目标，结合社会领域活动内在的特点以及幼儿社会的关键经验而制定的具体的、可操作性的目标。总体目标与不同的年龄目标，需要通过一系列的教育活动设计和实施才能逐步完成，将不同年龄阶段的社会教育目标分解，并且落实到一个个具体的社会教育活动中。活动目标一般包括三个维度，即知识、能力与情感。

知识维度目标包括自我意识发展方面的知识、人际交往的知识、社会适应的知识、社会规范的知识等，可以通过了解、指导、掌握等词汇表达；能力维度目标包括幼儿合作能力、交往能力、自主能力、独立能力等方面，可以通过学会、做到、能够等词汇表达；情感维度目标包括良好的态度、良好的个性品质等，可以通过愿意、喜欢、保持等词汇表达。

三、学前儿童社会教育的原则

"学前儿童社会教育是学前教育专业的核心课程，是社会领域的课程，更是幼儿园五大领域之一的重要内容。"[1] 学前儿童社会教育原则，是幼儿园为实现社会教育目的而制定的。学前儿童社会教育原则包括目标、法则和规则在内的完整体系，是幼儿园实施社会教育必须遵循的一些基本准则和基本要求。它对幼儿园社会教育的有效进行起着指导性作用，对达成幼儿园社会教育目标，提高教育质量，完成教育任务有着重要影响。另外，幼儿园社会教育原则同样也是幼儿社会关键经验获得的准则和保障，明确了幼儿园社会教育中的不同行为。

（一）正面性原则

正面性原则是指在学前儿童社会教育中，充分地利用积极和赏识教育来影响幼儿，使幼儿树立自我意识，形成积极的互动交往能力。幼儿的身心特点决定了幼儿容易受到周围人和环境的影响，幼儿通过模仿来习得能力。因此，坚持正面性原则就显得至关重要。一方面，要为幼儿创设宽容与接纳的环境。由于环境对幼儿有着重要影响，因此，宽容、平

---

[1] 李献媛.PCK理念下学前儿童社会教育课程的学习困境与对策[J].幸福家庭，2022（14）：184.

等、宽松与接纳的环境对于幼儿而言，就是积极的、正面的影响，幼儿在氛围中习得与他人、外在环境相互作用的能力。另一方面，他人要为幼儿树立榜样作用。由于儿童社会行为的习得主要是通过观察、模仿现实生活当中重要人物的行为来完成的，家长与教师作为幼儿生活中的重要人物，应该树立正面形象，并关注自身行为对幼儿的影响。

（二）一致性原则

学前儿童社会教育一致性原则，是指教育者应该为幼儿创设连续与统一的环境影响，从而对幼儿的成长产生前后一致的影响。幼儿的社会学习是一个长期系统的过程，外在环境与教育者行为的一致性有利于幼儿内化良好的行为。一方面，教师要言行一致。教师作为幼儿接触最为频繁的重要他人，其一言一行都对幼儿产生重要影响。如果教师的言语或是行为要求前后不一致，或者具有矛盾性，会对幼儿造成认知错误，长此以往会造成幼儿在生活中出现行为上的矛盾。另一方面，从横向范围来看，幼儿园有责任协调家庭与社区，为幼儿创造一致性的环境，为幼儿良好的社会行为塑造基础条件。幼儿的社会行为与发展是长期的过程，在这个时期内，周围环境的一致性对幼儿至关重要，家庭、幼儿园、社区作为最关键的环境，应通力合作，在幼儿的社会教育理念与方法层面达成一致，促进幼儿社会性发展与社会适应能力提升。

四、学前儿童社会教育的内容

幼儿园课程内容是指依照幼儿园课程目标选定的，通过一定的形式表现和组织的基本知识、基本态度和基本行为。而学前儿童社会教育内容是按照社会教育目标选定的，通过一定的形式和组织，儿童学习获得的健康知识、态度和行为的总和。一方面，学前儿童社会教育内容为目标服务，目标是内容选择的首要依据，内容的选择要与目标一致；另一方面，学前儿童社会教育内容不仅包括学科的知识，还包括幼儿在学习过程中形成的态度、价值观以及相应的行为方式。

（一）学前儿童社会教育内容的范围

学前儿童社会教育的内容范围是指学前儿童社会教育包含哪些内容，对内容范围的准确分析，能够帮助我们确定社会教育内容的边界。学前儿童社会教育包括的内容如下。

第一，引导幼儿参加各种集体活动，体验与教师、同伴等共同生活的乐趣，帮助幼儿正确认识自己和他人，养成对他人、社会亲近、合作的态度，学习初步的人际交往技能。

第二，为每个幼儿提供表现自己长处和获得成功的机会，增强其自尊心和自信心。

第三，提供自由活动的机会，支持幼儿自主地选择、计划活动，鼓励他们通过多方面的努力解决问题，不轻易放弃克服困难的尝试。

第四，在共同的生活和活动中，以多种方式引导幼儿认识、体验并理解基本的社会行为规则，学习自律和尊重他人。

第五，教育幼儿爱护玩具和其他物品，爱护公物和公共环境。

第六，与家庭、社区合作，引导幼儿了解自己的亲人以及与自己生活有关的各行各业人们的劳动，培养其对劳动者的热爱和对劳动成果的尊重。

第七，充分利用社会资源，引导幼儿感受祖国文化的丰富与优秀，感受家乡的变化和发展，激发幼儿爱家乡、爱祖国的情感。

第八，适当向幼儿介绍我国各民族和世界其他国家、民族的文化，使其感知人类文化的多样性和差异性，培养理解、尊重、平等的态度。

（二）学前儿童社会教育内容的类别

通过对学前儿童社会教育内容范围的描述，我们可以将其内在线索进行梳理，并将社会教育内容的范围进行逻辑归纳，方便人们更清晰地理解学前儿童社会教育的内容。学前儿童社会教育内容的类别，具体如下。

1. 自我意识

自我意识是对自己身心活动的觉察，包括认识自己的生理状况（身高、体重、体态等）、心理特征（兴趣、能力、性格、气质等）以及自己与他人的关系。自我意识的结构是从自我意识的三层次，即知、情、意三方面分析的，是由自我认知、自我体验和自我调节（或自我控制）三个子系统构成。自我意识的具体内容如下。

（1）帮助幼儿认识自己和接纳自己，增强幼儿的自我价值感和自信心。如幼儿能够知道自己的特点，了解自己的优缺点，能够接纳自己的不足，同时也知道自己是独立的个体，与其他小朋友不同，具有自信心。

（2）创造环境让幼儿有自主选择的机会，培养孩子独立抉择和处理问题的能力，并知道要对自己的选择担负责任。

（3）帮助幼儿认识并能表达和调节自己的情绪。幼儿的情绪情感具有易变性、易传染、易冲动等特点，根据这些特征，教育者要让幼儿正确认识情绪、了解情绪、能够学会表达自己的情绪，并对消极情绪进行调节。教师可以专门组织情绪认识与调节的主题活动，帮助幼儿正确地认识和表达自己的情绪，也可通过渗透式的方式在其他领域活动中让幼儿了解情绪。

（4）鼓励幼儿大胆表达自己的观点、想法与态度。尤其是当自己的想法与其他人不同时，能够坚持自己的想法。

2. 人际交往

幼儿在社会化的过程中，需要正确处理同伴关系，试图从他人的角度去考虑问题，学会轮流分享、互助合作等能力，掌握与同伴相处的技巧。人际交往能够帮助幼儿获得归属感，并且对周围环境、任务有正确的认识，对其社会认识有着重要帮助。人际交往的具体内容包括：①培养幼儿乐意与人交往、学习互助、合作和分享，有同情心；②培养幼儿关心、理解、尊重他人的能力，掌握基本的交往技能；③帮助幼儿能有礼貌地与他人交往，能关注别人的情绪与需要，并能在自己能力范围内提供帮助。

3. 社会适应

适应能力是人类个体在社会生存中不可缺少的一种能力，通常包括两种，即个体对内外环境及其变化的适应以及个体对社会环境的适应。幼儿期是幼儿身体迅速成长的时期，也是对外界探索欲望极其强烈的时期，是幼儿对社会不断认知的时期，在这个时期，幼儿会对外界的环境有很大的反应。此外，适应能力还包括幼儿对社会的适应，具体指向幼儿对群体的适应、幼儿对交往的适应、幼儿对社会规则的适应、幼儿对社会任务的适应，等等。另外，幼儿社会适应的内容分为适应群体、适应交往、适应规则、适应周围环境的突变等。

4. 社会规范

幼儿的社会规范是调节幼儿与其他行为主体间关系、规约行为主体参与社会生活的行为准则。幼儿社会规范教育则需要在活动与交往中引导幼儿掌握适宜的道德规范、集体规范与交往规范。幼儿的社会规范包括：①初步理解班级规则的意义，能够遵守班级规则、游戏规则，并与同伴协商确定活动规则；②认知道德规范与行为准则，如公德意识、环保意识、文明礼貌的用语、文明行为规范以及日常卫生习惯等；③理解人与环境之间相互依存的关系，培养爱护、保护环境的意识，逐渐萌发社会小公民的意识。

5. 社会环境

幼儿的成长与环境密切相关，社会领域的学习要充分挖掘幼儿所在环境资源。幼儿的社会环境，具体包括：①了解幼儿所生活的特定社会环境，如了解家庭、幼儿园、社区及公共场所等社会环境中特定的物质设施、人物关系、职业角色及行为准则；②初步了解家乡的地名、特产、名胜古迹、名人等，萌发喜爱家乡的情感；③了解祖国和世界的相关知识，如国名、国旗、国歌和国徽、自然景观、名人、名胜古迹等，萌发喜爱国家和世界的情感；④初步了解社会职业和经济，如初步了解有关劳动和利益关系、市场与买卖关系、货币与理财关系等有关社会经济生活的粗浅知识。

6. 归属感

归属感是个人自觉被别人或被团体认可和接纳时的一种感受。归属感是幼儿社会认知中的重要情感，对于幼儿的人际交往而言，有着重要影响。归属感的获得使幼儿具有安全感、舒适感、责任感与成就感。总体而言，幼儿归属感包括家庭归属感、集体归属感、民族归属感和国家归属感。幼儿归属感的具体内容如下：首先，知道和自己一起生活的家庭成员及其与自己的关系，体会到自己是家庭的一员，能感受到家庭生活的温暖，敬爱父母，亲近与信赖长辈；其次，喜欢自己所在的幼儿园和班级，积极参加集体活动，愿意为集体做事，为集体的成绩感到高兴；再次，能说出自己家所在地的省、市、县（区）名称，知道当地有代表性的物产或景观，能感受到家乡的发展变化并为此感到高兴；最后，知道自己的民族，知道中国是一个多民族的大家庭，各民族之间要互相尊重，团结友爱。

五、学前儿童社会教育实践的途径

（一）生活活动

学前儿童的社会性发展和教育是一个长期且持续的过程，学前儿童的生活中蕴含着许多社会教育的机会。教育的根本意义是生活之变化，生活中无时不含有教育的意义。生活是幼儿社会性发展与教育的重要土壤。生活活动中的社会教育，需要把握两个方面的内容：一方面是幼儿一日生活各个环节的社会教育。例如，幼儿入园时打招呼等礼貌渗透、幼儿喝水时排队遵守规则、幼儿午睡时不吵闹其他小朋友的集体规范等。另一方面是日常生活中偶发事件的社会教育。教育具有情境性，尤其在幼儿的班级生活中，有着无限的可能性，诸多教育契机就发生在这些偶发事件（如由于玩具缺少而引起的幼儿争抢行为）中，教师要善于把握这些偶发事件，能够灵活有效地处理，促进幼儿社会性发展。

（二）教育活动

专门的教育活动凸显目的性与计划性，是指幼儿园教师根据社会领域的教育目标和幼儿社会性发展的年龄特点，有目的、有计划地对学前儿童进行社会教育的活动。学前儿童社会教育活动包括专门的社会教育活动、社会教育主题活动、各领域的渗透活动。专门的社会教育活动是根据幼儿的身心、年龄特点确定活动目标，围绕目标选择适合的内容，精心设计活动过程与方法，环环相扣、逻辑分明，最后围绕孩子获得的经验进行评价。

社会主题活动，指的是在一段时间内，围绕一个中心内容，即主题来组织的教育教学活动，它突破了学科之间的界限，将各种学习内容围绕一个中心或主题有机地结合起来，让学习者通过该单元活动的学习，能够获得与主题有关的较为完整的、有联系的经验。此外，还有一些社会教育活动是渗透在其他领域的教育活动之中的，例如，在"你是我的好朋友"的语言活动当中，渗透社会领域中的交往经验；在"有趣的交通路线"的科学活动当中，渗透社会领域中的社会规范；在"我长大了"的美术活动当中，渗透社会领域中幼儿对自我的认识。总而言之，社会领域是贯穿整个学前教育的重要领域，能够在各领域有机渗透，才能达到更好的教育效果。

（三）游戏活动

游戏是学前儿童的基本活动，强调游戏对于儿童早期学习和发展的重要性，以及让幼儿在游戏中学习与发展的观念，已经成为幼儿教育的重要原则。游戏能够使幼儿积极主动地与周围环境相互作用，能够最大限度地唤起幼儿的活动兴趣，幼儿在游戏中探索、发现、思考、积极主动地建构自己的经验。游戏能够为幼儿的主动学习和经验建构提供一种具有"发展适宜性"的游戏生态。这种生态能够为幼儿提供创新的活动经验，能够整合幼儿的娱乐需要与学习兴趣。由此，游戏作为幼儿重要的活动，也是幼儿社会领域学习的重要途径。例如，在游戏中，幼儿学会遵守规则，习得人与人交往的技能（包括：商量、沟通、分享、轮流、帮助等），同时，幼儿在游戏情境中所获得的社会规范，游戏中的角色理解，都是社会领域学习的重要内容。

第二节　学前儿童的社会教育活动构建

开展专门的学前儿童自我意识的课程是促进学前儿童自我意识发展的重要途径，是学前儿童社会性发展的最重要和最直接的形式。与其他形式的活动相比，学前儿童自我意识的课程具有目的性、连续性和系统性等特点。下面以学前儿童自我意识发展的活动设计与指导为例，阐述学前儿童的社会教育活动构建。

一、学前儿童自我意识发展的体系

（一）学前儿童自我意识发展的目标

课程目标是课程设计的起点，决定着课程设计的方向和内容。学前儿童自我意识课程的目标应该根据学前儿童教育的总目标和学前儿童心理发展水平来确定，包括自我认知、自我体验、自我控制方面的目标，具体而言，可以归纳为以下方面。

1. 小班（3~4岁）自我意识教育的目标

（1）自我认识：认识自己，知道自己的姓名、年龄、性别；知道自己与家庭成员的关系。

（2）自我评价：知道自己与别人不同。

（3）自我体验：了解自己的情绪，初步感知成人对自己的关爱；能用语言表达自己的需要和情感；具有初步的自信心。

（4）自我调节：学会自己选择活动内容，遇到困难、挫折不害怕，会寻求帮助；学会做自己能做的事；初步学会合理表达自己的情绪。

2. 中班（4~5岁）自我意识教育的目标

（1）自我认识：认识自己与别人的不同。

（2）自我评价：初步学会简单地评价自己和他人的行为。

（3）自我体验：具有初步的自尊心和责任感；有同情心，愿意为有需要的人提供帮助。

（4）自我调节：能主动表达自己的想法和感受，具有基本控制自己情绪和行为的能力；遇到困难，能努力克服。

3. 大班（5~6岁）自我意识教育的目标

（1）自我认识：勇于承认自己的缺点，能努力去改变。

（2）自我评价：学会评价自己和他人的行为。

（3）自我体验：具有一定的自尊心和自信心；具有较强的责任感。

（4）自我调节：初步学会明辨是非，懂得应该学习好榜样，远离不良行为；能够比较自觉地控制自己的情绪和行为；学会独立解决日常生活中自己能够解决的困难。

（二）学前儿童自我意识发展的内容

1. 小班（3~4岁）自我意识教育的内容

（1）自我认识：认识自己身体主要部位的基本特征和主要功能，能说出自己的姓名、年龄和性别；知道和自己一起生活的家庭成员以及其与自己的关系，体会到自己是家庭中的一员。

（2）自我评价：意识到自己与别人的不同。

（3）自我体验：感受到父母对自己的关爱，懂得感恩；了解自己的情绪反应；能在集体面前大胆讲话，既不害羞，又能说得清楚；感受自己独立做事的快乐与满足，体验自尊和自信。

（4）自我调节：明白自己有些事情暂时不会做，可以求助，但是不提出无理要求，更不哭闹，也不发脾气；学习向他人寻求帮助的方式和方法，自己遇到困难或麻烦时，会主动、有礼貌地请求别人的帮助；初步懂得应该做自己力所能及的事情，不依赖别人，逐步学会自己吃饭、喝水、脱衣、睡觉、刷牙、洗脸、如厕等，具有初步的生活自理能力；学会向教师或同伴表达自己的需要和情感；知道人都会有高兴、生气、悲伤等情绪反应，是正常现象，学会用合理的方式表达出来。

2. 中班（4~5岁）自我意识教育的内容

（1）自我认识：意识到自己与别人有不同的兴趣、爱好和想法，能够大胆地用语言表达自己的想法和感受。

（2）自我评价：学会客观评价自己和他人，知道每个人都有优点和缺点，可以互相学习。

（3）自我体验：愿意承担教师安排的任务，初步形成责任感；对自己有认同感，有一定的自尊心和自信心；留意、关注自己和别人的情绪，能主动关心和安慰别人，有同情心。

（4）自我调节：能主动表达自己的想法和感受，并在成人的引导下，学会控制自己的情绪和行为，不影响或妨碍同伴的活动；学做值日生，认真完成各项任务，对自己的行为负责，愿意承担责任；学会自主安排活动内容和选择同伴，能按自己的想法进行游戏或其他活动；遇到困难不放弃，努力寻找解决的方法，并有一定的坚持性。

3. 大班（5~6岁）自我意识教育的内容

（1）自我认识：认识自己的能力和特长，勇于承认自己的缺点，能努力去改变。

（2）自我评价：学会评价自己和他人的行为，能分辨某些行为的对与错，做错事能承认，并愿意改正。

（3）自我体验：尝试实现自己的想法、愿望和活动计划，体验成功的快乐，有成就感；敢于在大家面前表现自己，有自信心；面对挫折不气馁，努力寻求改变；做了好事或取得了成功后还想做得更好；明确自己的任务，做事认真，有始有终，有责任感。

（4）自我调节：初步学会明辨是非，懂得应该学习好榜样，远离不良行为；尝试独立完成任务，遇到困难能够坚持，而不轻易求助；学习控制自己的欲望和情绪，遇到不顺心的事或挫折，能安慰自己，调节自己的心态，控制自己的行为；初步明白自己的成长与成人为之付出的劳动密切相关，能够为班集体和父母做一些力所能及的事，如擦桌椅、扫地、整理房间等；能主动发起活动或在活动中出主意、想办法。

（三）学前儿童自我意识发展的教学方法

学前儿童自我意识发展的教学方法主要有练习法、情景表演法、游戏法、角色扮演法、讨论法、讲解法等。考虑到学前儿童身心发展的特点，主要采用如下教学方法。

1. 游戏法

游戏法是指以游戏的形式组织学前儿童进行锻炼的方法，是学前儿童教育最主要的方法之一。这种方法能将学前儿童难以理解或枯燥的动作和身体素质等练习变成有趣的模仿活动或具体的游戏情节，提高他们练习的兴趣，是学前儿童最喜欢的活动。

2. 角色扮演法

角色扮演法是一种设定某种情境与题材，让学前儿童扮演一定的角色，通过行为模仿或行为替代来影响学前儿童心理过程的方法。结合教育内容，让学前儿童扮演活动中的角色，进行现场表演，通过观察、体验、分析讨论，从而使学前儿童受到教育。

3. 讨论法

讨论法是指在学前儿童参与教育的过程中，让他们提出问题，发表自己的意见和看法，最后得出结论，达成共识。这种方法能有效地帮助幼儿表达自己的真实想法，在讨论中提高辨别是非的能力和对健康的认识水平。

4. 讲解法

讲解这种方法是教师主要利用语言和多媒体教学手段，通过生动、有趣、内涵丰富的讲授和演示来启迪和教育学前儿童，以影响学前儿童的心理和行为的一种方法。例如，通过讲寓言、童话故事，使学前儿童了解其所表述的意义，明白做人做事的道理。

二、学前儿童自我意识发展的活动设计

（一）学前儿童自我意识发展的活动设计原则

学前儿童自我意识发展的活动设计的基本原则包括活动性原则、主体性原则、渗透性原则、发展性原则和启发性原则。

1. 活动性原则

活动性这一原则要求活动设计应突出以活动为主的特点，充分考虑教育者、教育环境、课程和教学方法，把内容渗透在灵活多样，富有情趣的活动中，注意活动的综合性、趣味性，寓教育于生活、游戏中，强调活动过程的教育性和科学性，让幼儿在参与体验中获得有关经验，得到成长与发展。

2. 主体性原则

主体性这一原则要求活动设计必须充分尊重学前儿童的主体地位，以学前儿童为主体，所有工作都要以学前儿童为出发点，充分发挥学前儿童的主体作用，把教师的教学与幼儿的积极主动参与真正有机结合起来，使学前儿童认识自己的各种行为表现，体验在活动之中的各种情感，从而实现教育目标。

3. 渗透性原则

渗透性这一原则要求对学前儿童的教育，不能局限于专门的社会教育中，为了实现该领域的教育目标，要通过渗透，对学前儿童进行长期的教育，让学前儿童自然地进行学习。渗透性的方法包括渗透到各领域中、渗透到各游戏中、渗透到一日生活中、渗透到家庭教育中。

4. 发展性原则

发展性这一原则要求在教育活动设计中，必须以发展的眼光来看待学前儿童。认识人的潜能性，尊重学前儿童身心发展的特点和规律，对幼儿的成长和未来持有乐观肯定的态度。重视教育与发展的关系，以发展为重点，辅以预防和矫治，辩证地看待幼儿的缺点。

5. 启发性原则

启发性这一原则是指在教育活动中教师必须善于启发诱导，充分调动学前儿童学习的主动性和积极性，激发学前儿童的求知欲望和探索精神，引导学前儿童积极思考，提高学前儿童主动获取知识和运用知识的能力。教师应该采用多种方法，如观察、示范、讲解、情境创设等，让学前儿童多看、多听、多说、多做，积极进行想象思维和创造性的智力活动，从而使儿童得到一定的发展。

（二）学前儿童自我意识发展的活动设计流程

学前儿童自我意识发展活动的设计流程主要包括活动名称的设计、活动目标的设计、活动过程的设计、活动延伸的设计。

1. 活动名称的设计

活动名称即教育活动的主题、名字，一般而言是对活动内容和活动目标的反映。活动名称的设计没有特殊的要求，在选取名称的时候，尽量符合儿童化的特点，简单明了，直接切入主题。此外，可以在活动名称前面或后面注明年龄班，如"中班主题活动：认识自己"或是"认识自己（中班主题活动）"。

2. 活动目标的设计

教育活动在实施前一般都确定了目标，活动的实施即为了实现活动的目标，但教师也应该根据幼儿的反应适时调整目标。具体的活动目标是自我意识发展总目标和年级阶段目标的细化。在表述中应该简洁清晰、具有可操作性。目标条目不宜过多，一般而言2~3条。教育活动目标在内容上一般包含认识、情感态度和能力三个方面，但是，并不意味着每一个活动需要在上述三个方面确定目标。

3. 活动过程的设计

活动过程设计的质量影响到教学活动的现实效能。活动过程主要包括三个环节。

（1）开始部分（或称为导入）：此部分一般通过各种形式的活动引出本次活动的主题，调动幼儿的学习兴趣和积极性。导入要注意简短，贴近主题。活动方案中，教师的导入语言、导入方法的运用要尽量写得具体。

（2）基础部分：此部分是活动的主体，是为了实现目标服务的部分，是活动内容、活动过程设计的具体表现。基本部分的叙述要做到纲目清楚、详略得当、重点突出，能够具体体现教师实施教学活动的步骤、方式方法。

（3）结束部分：此部分是对本次活动的一个总结，简单而概括地结束活动，能使幼儿获得对本次活动的整体认识与下一阶段活动相衔接。

4. 活动延伸的设计

活动延伸指在教育活动后，教师继续设计一些与此相关的辅助活动，使教育内容渗透到一日生活中，使学前儿童受教育的时间能够持续，使教育目的能够更好地实现。活动延伸的形式，可以是家园共育、领域渗透、环境创设、区角活动、游戏等。

第三节 学前儿童的社会教育评价研究

所谓的学前儿童教育，是指出生至入学前儿童的教育，它包括学前社会教育和学前家庭教育，是人生初始教育的源头。学前儿童教育水平会直接影响个人今后的学习和工作。学前儿童教育一方面在家庭中进行；另一方面组织学前社会教育。到目前为止，我国的学前儿童教育已经取得了一定的成效，但是，在传统的教育体系中，幼儿的学前教育体系还存在很大问题，需要进一步深入研究和探讨。学前儿童教育体系构建中存在问题的解决对策如下：

一、对框架式教育的评价及其对策

由于社会需要高层次的人才，成人对幼小的孩子寄予过高的期望等，在孩子很小的时候，家长急于求成，揠苗助长，对孩子们进行计算、体操、芭蕾、钢琴、古筝、武术等特长方面的教育，导致孩子压力过大。因此，尊重孩子自己的意愿，适当引导发展才是正确的儿童学前教育方法。在幼儿的发展过程中，了解幼儿个性的特点，提供适合他们发展的教育，仍然是摆在教育工作者和家长面前的一项重要任务。只有让儿童通过自身经验、社交活动、与人交往、游戏等方式，自发地、自主地去学习，或者由家长、教师进行引导式教学，例如，通过观察生活之中的点点滴滴，发现孩子的特长、兴趣，针对这些方面加以开发，在促进孩子自由学习的同时，也不影响孩子的自由成长，两者相辅相成，才能更利于孩子的自身发展。

二、对教育提前的评价及其对策

幼儿园自由式学习，原本是以幼儿的自主式学习为主，幼师辅助式教育为辅。目前，幼儿的教育趋向小学化，不少家长都以小学生的要求来规范自己的小孩，以至于不少幼儿园为了招生和迎合家长，将小学对学生的行为规范要求转移至幼儿课堂中。例如，上课不许随意张望、上课要专心听讲、必须服从教师的安排、不管哪科教师布置的作业都必须按时完成等一系列规范条约。这些要求用于规范小学生尚且过于严苛，用于规范幼儿的行为就更显荒唐。幼儿园不是以学习为主，要求幼儿像小学生那样处处都受到行为准则的约束的办学理念，从根本上就是阻碍幼儿身心的健康发展，与社会要求背道而驰，与小学的教育相悖，对小学教育形成负面作用。

从根本上来看，之所以会造成这种现象，是由于家长教育理念的落后、陈旧直接造成的。家长提前让幼儿学习他们根本无法理解的知识，甚至是超额进行技能技巧的训练。故而，造成幼儿知识的衔接出现偏差，造成社会中有些技能人才饱和，甚至过剩，而有些技能人才却缺失的现象。针对这一现象，我们需要全方位加强儿童学前教育的理论研究工作，提高儿童学前教育科学水平，改善儿童学前教育的整体现状。例如，打造一支高素质、懂业务的幼儿教师队伍；尊重幼儿身心发展规律、合理安排课程教学；加强对教师的管理和培训；办出高质量、有特色、有知名度的幼儿园。

总而言之，学前社会教育的发展，在学前儿童教育体系的构建中充当了桥梁的作用，儿童今后的发展是否成功，就要看学前社会教育体系是否完善。学前教育、社会发展、儿童发展形成三维立体框架结构，互相作用、互相制约也互相扶持，缺一不可。在加强儿童学前教育的同时，不可忽略幼儿自身的健康发展，强加在幼儿身上的压力，只会让幼儿不堪重负。

第四节　学前儿童社会教育课程实践性

加强对学前教育专业学生实践能力和创新能力的培养，不仅可以使学前教育专业学生今后适应工作岗位，同时也是时代发展给学前专业教育提出的新要求。因此，在我国学前教育专业教学中，教师应该积极转变教学观念，并以就业为导向，对教学方式进行创新。同时，教师还需要加强对学前儿童社会教育课程的重视，并将其对学生的指导作用充分发挥出来，进而切实提升学生的专业水平以及工作能力，让他们今后能够更好地适应工作岗位。因此，对学前儿童社会教育课程教学实践性研究已经迫在眉睫，应强化学前儿童社会教育课程教学实践性的策略。

一、挑选合适的实践性教学内容

学前儿童社会教育课程的实施，能够帮助学前教育专业学生明确学前教育研究和实践这二者相互结合的重要性。但是，在学前儿童社会教育课程的教学实践过程中，教师往往只注重对学生社会活动设计能力的培养，忽视了对于学前儿童社会教育研究能力的培养，从而导致学前教育专业学生在今后的工作中，不能很好地通过教学研究来对自身的教学方式进行合理调整，从而无法很好地适应学前儿童思想观念和发展需求。针对这样的现象，学前教育专业在开展学前儿童社会教育实践课程时，要将教学研究和实践相结合，为学生选择合适的教学内容，并通过实践设计、实践研究以及理论基础等内容，使教学变得更加全面，进而在提升学生实践能力的同时，促进学生教育研究能力不断提升。

二、加强社会实践活动设计指导

随着信息时代的到来，信息内容更新迭代的速度也在不断提升，而只有提升学生的社会实践能力，才能使他们今后更好地适应不断发展变化的学前教育形势。因此，在学前儿童社会教育课程教学中，教师应该注重对学生社会认知和社会实践能力的培养。但是，在目前学前专业教学中，学生的活动范围局限于校园，很少有机会进行社会实践，深入地接触社会，导致学生的社会实践能力普遍偏低。针对这样的现象，在学前儿童社会教育实践活动设计教学中，教师不仅需要传授学生基础的知识和技能，同时，还需要加强对学生的引导，帮助学生对社会现实进行了解，并在此基础上对社会实践活动进行设计。在具体的教学当中，教师可以向学生提出一些社会问题，并引导学生对这些问题进行深入分析，找到解决方法，在此基础上，利用这些社会问题来进行社会实践活动设计，以此来强化学生的活动设计能力。

三、大力发挥学生的主观能动性

充分发挥学生的主观能动性是提升学前儿童社会教育课程实践性的关键。因此，在学前儿童社会教育课程实施过程中，教师应该多鼓励学生参与到教学活动当中，并大胆提出自己的见解和质疑，通过师生协作的方式共同探索问题解决方案。在这种教学模式中，不仅能够增强学生对知识的理解，同时对培养学生的自主学习能力也非常有利。例如，在社会实践活动设计教学中，教师就可以鼓励学生共同参与其中，并让学生将自己在学习中存在的问题讲出来，与教师、同学共同探讨，通过师生相互协作，找到问题解决的方法，从而使学生实践活动设计能力得到有效提升。

四、构建完善的实训模块

构建实训模块是提升学前儿童社会教育课程实践性的重要途径，在具体教学中，学前教育专业教师可以结合教学内容和学生的实际需求，将实训分为以下模块。

第一，感知体验获取。教师为学生播放相关的教学视频，让学生对视频中的教学目标、教学环节等内容进行观察和学习，并将视频当中教师所采取的教学方式以及话术等进行记录，便于今后学习和工作中学习和借鉴。

第二，案例辨析。教师可以要求学生针对教学内容收集相关的实践教学案例，并引导学生对这些案例进行分析和评价，以此来增强学生对教学内容的理解，提升学生的专业能力。

第三，实践练习。教师可以将教学活动的范围延伸到校外，带领学生走进社会，开展相应的社会实践活动，并且将实践中遇到的问题进行记录和分析，以此来提升学生解决问题的能力。

第四，丰富工作经验。教师可以带领学生去到幼儿园进行实践体验，让学生对幼儿教育工作有着更加直观的认识和了解，以此来丰富学生的工作经验。

总而言之，加强学前儿童社会教育课程教学实践性，不仅能够帮助学前教育专业学生更好地了解学前儿童的行为习惯、思想方式以及发展规律等，而且还有效地提升了学前教育专业学生的专业能力和今后工作水平，同时，对学生实践能力和创新能力的提升也具有显著的作用。因此，学前教育教师应该清楚地意识到学前儿童社会教育课程的重要性，并针对其中存在的问题采取积极有效的改进措施，以此来将该课程的优势充分发挥出来，从而使学前教育专业学生，在今后能够更好地适应学前教育教学形势不断发展变化的需求。

参考文献

[1] 安珍珍. 学前儿童科学教育活动内容的选择原则探析 [J]. 新智慧，2020（26）：37.

[2] 陈晨. 翻转课堂在学前儿童健康教育与活动指导中的运用研究 [J]. 教师，2022（1）：75.

[3] 陈思睿，蒋尊容，赵俊. 学前教育活动设计与实施 [M]. 成都：西南交通大学出版社，2015.

[4] 陈卫红. 优化儿童散文教学的策略 [J]. 广西教育，2016（13）：27+37.

[5] 崔庆华. 学前儿童玩教具设计与制作 [M]. 武汉：华中科技大学出版社，2013.

[6] 范红. 语文教学与儿童文学 [M]. 成都：西南交通大学出版社，2015.

[7] 龚欣，曲海滢. 高质量学前教育体系：基本构成、主要特征及建设路径 [J]. 现代教育管理，2021（11）：34-42.

[8] 韩寒，李忠宴. 我国积极发展学前教育的社会意义 [J]. 新课程（下），2011（3）：111.

[9] 韩颖. 浅谈学前儿童文学教育对儿童素质培养的作用 [J]. 课程教育研究，2014（27）：47.

[10] 何进军. 学前教育研究方法 [M]. 广州：世界图书出版广东有限公司，2012.

[11] 侯静雯. 寓言的文体特点与教学策略 [J]. 文学教育（上），2022（2）：92-94.

[12] 胡云聪，申健强，李容香. 学前教育评价 [M]. 北京：人民邮电出版社，2015.

[13] 黄瑾，熊灿灿. 我国"有质量"的学前教育发展内涵与实现进路 [J]. 华东师范大学学报（教育科学版），2021，39（3）：33-47.

[14] 黄岩梅，郅瑞丽. 新媒体视角下学前教育课程资源共享研究 [J]. 教育理论与实践，2015，35（31）：61-64.

[15] 霍力岩，孙蔷蔷，龙正渝. 中国高质量学前教育指标体系建构研究 [J]. 华东师范大学学报（教育科学版），2022，40（1）：1-18.

[16] 柯亮. 学前教育公共服务供给的需求逻辑和现实选择 [J]. 湖南师范大学教育科学学报，2021，20（2）：114-122.

[17] 李路，李沛新. 学前儿童中华民族共同体意识教育：意义旨归与实践逻辑 [J]. 广

西民族研究，2022（1）：81-87.

[18] 李娜，陈飞环. 论情感素养在学前儿童文学教育中的培育研究［J］. 陕西青年职业学院学报，2022（1）：63.

[19] 李五洲. 学前教育信息化的思考和建议［J］. 教育信息技术，2021（Z1）：124.

[20] 李献媛. PCK理念下学前儿童社会教育课程的学习困境与对策［J］. 幸福家庭，2022（14）：184.

[21] 李晓巍，刘倩倩. 学前儿童家庭教育的社会支持：回顾与展望［J］. 河北师范大学学报（教育科学版），2021，23（1）：126-134.

[22] 柳阳辉. 学前教育学［M］. 郑州：郑州大学出版社，2012.

[23] 柳阳辉. 学前教育学教程［M］. 上海：复旦大学出版社，2015.

[24] 陆青雯. 面向学前教育的主题微课程开发研究［J］. 中国电化教育，2016（11）：134-137.

[25] 梅俊宇. 浅析学前儿童美育培养途径［J］. 青年文学家，2010（16）：75.

[26] 农丽颖，廖琛. 学前教育中如何加强幼儿卫生保健——评《学前保健学》［J］. 中国食用菌，2020（11）：277.

[27] 宋光艳. 学前儿童音乐欣赏活动中的主动参与性分析［J］. 关爱明，2015（2）：443.

[28] 宋辉. 高职现代学前教育专业发展理念刍议［J］. 教育与职业，2005（23）：27.

[29] 滕少卿. 关于学前儿童社会教育教学分析［J］. 赤子，2015（2）：207.

[30] 王芳. 学前教育课程改革的文化审视——价值取向和实践路径［J］. 教育学术月刊，2018（2）：105-111.

[31] 王小毅. 活动：儿童故事教学的打开方式［J］. 教育科学论坛，2023（7）：62-64.

[32] 温小勇，周玲，王志军. 教育游戏支持学前儿童思维发展的研究［J］. 现代中小学教育，2016，32（7）：73-76.

[33] 吴翔宇. 跨学科拓展与中国儿童文学学科化的演进［J］. 西南民族大学学报（人文社会科学版），2021，42（3）：175-182.

[34] 吴翔宇. 思想资源与中国儿童文学的学术化建构［J］. 西南大学学报（社会科学版），2020，46（3）：127-136.

[35] 吴翔宇. 新时期儿童文学主体性建构的机制、过程及反思［J］. 浙江师范大学学报（社会科学版），2022，47（1）：68-78.

[36] 徐虹. 学前儿童品性教育［M］. 福州：福建教育出版社，2022.

[37] 闫静，张鑫. 应用型学前教育专业课程模式研究［M］. 长春：吉林出版集团股份有限公司，2018.

[38] 晏波. 学前儿童教育中文学教育的重要性探析 [J]. 芒种，2016（4）：30-31.

[39] 杨颖. 媒介时代背景下的学前儿童文学教育浅谈 [J]. 数码世界，2018（2）：178.

[40] 张金梅. 我国学前儿童戏剧教育的范式分析 [J]. 西北师大学报（社会科学版），2017，54（2）：92-100.

[41] 甄明友. 学前儿童教育学 [M]. 北京：中央广播电视大学出版社，2011.

[42] 郑丽. 试析学前儿童文学阅读中的唤醒教育 [J]. 牡丹江教育学院学报，2016（3）：63.

[43] 郑荔. "语言资源观"与学前儿童语言教育 [J]. 学前教育研究，2014（10）：11-16.

[44] 周德锋，秦莉，韦世祯. 学前教育课程理论与实践研究 [M]. 北京：中国书籍出版社，2015.

[45] 周莹瑶，吴翔宇. 中国儿童文学"性别地理"的生产与表征 [J]. 浙江学刊，2022（4）：192-198.